金融机构参与 PPP 项目操作指南

王经绫　著

中国金融出版社

责任编辑：曹亚豪
责任校对：刘　明
责任印制：张也男

图书在版编目（CIP）数据

金融机构参与 PPP 项目操作指南／王经绫著.—北京：中国金融出版
社，2019.9
ISBN 978 - 7 - 5220 - 0029 - 9

Ⅰ.①金…　Ⅱ.①王…　Ⅲ.①金融机构—关系—政府投资—合作—社会
资本—指南　Ⅳ.①F830.59 - 62　②F014.391 - 62

中国版本图书馆 CIP 数据核字（2019）第 050093 号

金融机构参与 PPP 项目操作指南
Jinrong Jigou Canyu PPP Xiangmu Caozuo Zhinan

出版
发行　**中国金融出版社**

社址　北京市丰台区益泽路 2 号
市场开发部　(010)63266347，63805472，63439533（传真）
网 上 书 店　http://www.chinafph.com
　　　　　　(010)63286832，63365686（传真）
读者服务部　(010)66070833，62568380
邮编　100071
经销　新华书店
印刷　保利达印务有限公司
尺寸　169 毫米×239 毫米
印张　14.5
字数　240 千
版次　2019 年 9 月第 1 版
印次　2019 年 9 月第 1 次印刷
定价　42.00 元
ISBN 978 - 7 - 5220 - 0029 - 9
如出现印装错误本社负责调换　联系电话(010)63263947

序 □□□

　　Public - Private Partnership（PPP），直译为公私合作伙伴关系。在中国，这一模式被赋予了更丰富的内涵，其中国化的名称为政府和社会资本合作模式。这一模式在国际上并不是新鲜事物，我国也早在20世纪90年代就开始以BOT的方式推行一些基础设施的建设，但规模十分有限。直至2013年，这一模式才开始大肆扩张。

　　PPP模式在这个阶段兴起，有政府推动的因素，也是我国经济发展阶段中的必然选择。财政收支的缺口持续扩大。作为中国PPP大规模兴起的元年——2013年，经济下行的压力带来了财政收入的锐减，公共财政收入增速降到10%左右，而且是连续三年下降，从2011年的24.8%降到2012年的12.8%，到了2014年，中国公共财政收入情况更糟糕，仅增长了8.6%。地方财政缺口从2008年的2.06万亿元扩大至2016年的7.32万亿元，地方债务规模同步扩大，2016年末我国地方政府债务余额约为15.32万亿元，债务率约为80.5%。

　　在这个关键时点，PPP模式不期而至，其融资功能被地方政府极度放大，却被人为地忽略了风险部分。不到四年时间，在2017年底财政部进行PPP项目退库之前，我国的PPP项目规模一度高达17.8万亿元。这种无序的盲目扩张，带来了规模更为巨大的潜在风险。从2017年下半年起，财政部开始对PPP项目库进行整理，一些不符合规范或不适合使用PPP方式的项目逐渐被清理出PPP项目库。截至2018年4月，清理退库的PPP项目总规模达到5.3万亿元，其中，仅2018年4月的退库规模就约为9684亿元。截至2018年10月18日，不包括储备库中的项目，财政部PPP项目管理库中的项目仍有8113个，总金额高达12.13万亿元。

　　值得正视的是，除PPP模式的融资功能被各级政府追捧以外，随着我国经济的快速发展，我国公民对公共产品与服务的需求无论是在数量上还是在质量上都有了更高的要求。在PPP模式引入社会资本后，公共产品供给效率将得到较大提升，这不仅体现在经济效率上，PPP 模式的时间效率也同样明显，公共产品与服务的供给水平也能够得到有效改善。政府资本和社会资本共同参与，以发挥参与主体各自的功能和优势为目的，以市场机制为资源配置的原则，以期提供更好的公共产品和服务。在中国如此庞大的 PPP 项目规模下，以 PPP 模式本身所固有的优势和其长周期的特点，可以预见的是，PPP 模式在中国仍将存续很长一段时间。

然而，在我国 PPP 模式的实践中，主要的风险几乎都由金融机构承担。一方面，PPP 项目公司一般为有限责任公司，作为项目公司的社会资本方只在其出资额范围内承担有限责任。按照惯行的做法，PPP 项目的股东方出资额几乎都不超过 30%，剩下 70% 的资金都来源于银行等金融机构。事实上，现阶段我国非金融机构的实际出资额大多数还不到项目总投资额的 10%，很多项目的资本金都是通过各种渠道从金融机构手中融得。另一方面，由于 PPP 项目本身的特点，绝大多数的 PPP 项目在建设期内不但没有收入，还需要大额的资金投入，且进入运营期后，前期资金也非常有限。这就意味着，PPP 项目公司所保留的风险大部分实际上成了以银行为代表的主要金融机构的风险。

对金融机构而言，如此巨大规模的投资额必然让人垂涎三尺。某种程度上说，如何有效地参与 PPP 项目，决定了未来较长一段时间内金融市场的版图。同时，这么大规模的投资，又如同"潘多拉的魔盒"，存在巨大的风险。因此，摆在金融机构面前的课题不是是否应该参与 PPP 项目，而是如何有效地参与 PPP 项目，最大限度地控制风险。在这样的现实背景下，笔者萌生了对金融机构参与 PPP 项目进行系统研究的想法。

本书从开始动笔到成稿耗时两年，其间得到了中国人民大学、中国长城资产管理股份有限公司的教授和领导的支持。在此，谨向他们表示由衷的感谢。尤其感谢对本书行文给予重要指导意见的许光建教授和胡静波总经理，感谢同窗好友周小付远在千里之外为本书的框架出谋划策，感谢赵伟同学长期以来的帮助与支持。

王经绫

2018 年 10 月

前 言 □□□

近年来，我国境内的政府和社会资本合作模式（Pubilc – Private Partnerships，PPP）飞跃发展。推广运用政府和社会资本合作模式，是促进经济转型升级、支持新型城镇化建设的必然要求。这一模式在较长的一段时间内，都将是我国公共产品供给的重要方式。一方面，作为为 PPP 项目输送"血液"的金融机构，如何抓住新的公共产品供给方式带来的发展机遇，既是我国金融机构长期稳定发展的重要利润点，也是新时代赋予中国金融机构的重要使命；另一方面，当前我国 PPP 项目风险频发，诸多 PPP 项目被财政部清理出库，如何在风险可控的前提下有效地参与到 PPP 项目，是需要重点研究的。在这一背景下，本文围绕金融机构参与 PPP 项目的运行方式，试图回答以下几个问题：金融机构参与 PPP 项目的原则是什么，如何参与？参与后，如何控制 PPP 项目的各种风险？如果需要退出，有哪些退出方式，要如何退出？本文分为八章，以期系统地回答上述问题。

第 1 章是绪论，梳理了本文的研究背景、与论题相关的文献综述、研究目标与内容、研究方法与技术、可能的创新点及不足。

第 2 章试图回答金融机构参与 PPP 项目的原则。本章在对 PPP 进行科学定义与分类的基础上，依据控制权理论从三个维度剖析 PPP 项目，即目标的公共性程度、参与双方对项目的相对价值评估以及唯一投资者的不可或缺性。通过控制权理论的模型构建和深入分析，从效率的角度来看，金融机构参与 PPP 项目时，要坚守两个原则，一是参与本质上属于准公共产品的 PPP 项目，尽量不参与纯公共产品或纯私人产品；二是在参与项目时，争取共享控制权。

第 3 章试图回答金融机构参与 PPP 项目的主要方式。本章主要采用规范研究与案例研究相结合的研究方法，首先研究了金融机构参与 PPP 项目需要关注的基本事项，并辅以案例进行说明；随后论述金融机构参与 PPP 项目需要关注的几个重要因素，包括合法合规性、经济与财务的可行性、地方政府的财力与信用、其他社会参与方的资信等；再分别研究金融机构以股权与债权手段参与 PPP 项目的具体方式；最后以一个典型、完整的案例直观指导金融机构参与 PPP 项目。

第 4 章试图回答金融机构如何控制参与 PPP 项目的风险。本章从风险识别、风险管理到风险分配框架的设计最后辅以案例进行说明。要避免或最小化可控风险，而对于不可控风险，则应在 PPP 项目各参与人之间进行分配。根据"对风险最有控制力的一方控制相应的风险的原则""风险承担程度与所得回报相匹配原则"与"风险承担上限原则"，我们研究了 PPP 项目风险的具体分配方法与分配框架。

第 5 章试图回答金融机构如何退出 PPP 项目。金融机构退出 PPP 项目的主要方式包括清算、股权回购、股权转让与资产证券化。长期来看，我国 PPP 项目的资产证券化将会是金融机构最可行且最为常用的退出方式。从学术上来看，PPP 项目的资产证券化有其自身的特点，本章更为详细地研究了 PPP 项目资产证券化的操作方式。

第 6 章列出了几个金融机构参与 PPP 项目时需要重点关注的问题。一是税收筹划问题，在"营改增"的大背景下，我们重点研究了 PPP 项目的增值税的成本效应问题；二是金融机构以"明股实债"方式参与 PPP 项目的法律风险问题，再次强调了此种行为可能存在的风险。

第 7 章介绍了一个金融机构参与 PPP 项目的完整案例。本章不仅系统地描述了整个 PPP 流程中，金融机构需要关注的项目情况、融资交易结构与风险控制等，还给出了一整套金融机构参与 PPP 项目的合同体系，为金融机构参与 PPP 项目提供了全流程、全方位的可借鉴案例。

第 8 章是总结性章节，根据前面章节的研究成果，更有针对性地从参与原则、参与方式与风险控制等方面提出金融机构参与 PPP 项目的建议与应对措施。

▌ Preface ☐☐☐

  In recent years, Public – Private Partnerships (PPP) have taken a leap frog development in China. Promoting the use of PPP is an indispensable requirement for promoting economic transformation, upgrading and supporting new – type urbanization. It is also an institutional mechanism for accelerating the transformation of government functions and improving national governance capabilities. It is a deepening reform of the fiscal and taxation system, and building a modern financial system. This model will be an important way for the supply of public goods in China for a long period. As an asset management company of a centrally – affiliated financial institution, how to seize the development opportunities brought about by the new model, and how to effectively participate in the PPP projects under the premise of controllable risks is obviously of great significance. This paper revolves around the way that financial institutions participate in the operation of the PPPs and tries to answer the following questions: What are the principles for financial institutions to participate in PPPs, how to participate? Once in participation, how to control various risks of PPP projects? If the demand exits, what are the exit methods and how to quit it? We divide the paper into six chapters, in order to systematically answer the above questions:

  Chapter 1 is an introduction. The paper reviewed the background of this study, the literature review related to the topic of this paper, research objectives and contents, research methods and techniques, possible innovations and deficiencies.

  Chapter 2 attempts to answer questions about the principle of financial institutions participating in PPPs. Based on the scientific definition and classification of PPPs, the book analyzes the three dimensions of PPP projects under the theory of control rights: the degree of publicity of the target, the relative value of the participating parties on the project, and the indispensability of the solc investor. Through the model construction and in – depth analysis of control rights theory, from the perspective of efficiency, when financial institutions participate in PPP projects, they must adhere to the two – bottom linear principle. One is to participate in PPP projects that are essentially quasi – public products, and try to do not participate in pure public goods or purely private products; another is to participate in the project and strive to share control.

Chapter 3 attempts to answer questions about the main ways that financial institutions participate in PPP projects. This chapter mainly adopts a combination of normative research and case studies. First, it studies the basic issues that financial institutions need to pay attention to participate in a PPP project, supplemented by case studies, and then discusses several important factors that financial institutions need to pay attention to participate in a PPP project. Including legal compliance, economic and financial feasibility, local government's ability to benefit credit, and other social participants' credit, etc; then study the specific ways in which financial institutions participate in PPP projects with equity and debt rights; Cases to intuitively guide financial institutions to participate in PPP projects.

Chapter 4 attempts to answer questions about how financial institutions control the risk of participate in PPP projects. This chapter from the part of risk identification, risk management to the design of the risk allocation framework and finally supplemented by a case description. To avoid or minimize controllable risks, and for uncontrollable risks should distribute among PPP participants. According to the principle of "Controlling Risks of the Party with the Most Controlled Risks", "Principles of Matching Risks and Returns," and "Capacity of Risks," we have studied the specific allocation methods and allocation framework of PPP project risks.

Chapter 5 attempts to answer questions about how financial institutions withdraw from PPP projects. The main ways for financial institutions to withdraw from PPP projects include liquidation, share repurchase, equity transfer and asset securitization. Asset securitization of PPP projects is the most commonly used exit method for financial institutions, and has its own characteristics. Therefore, this chapter has studied in more details the operation mode of asset securitization of PPP projects.

Chapter 6 shows several issues that financial institutions need to focus on in the PPP project. One is tax planning. We focus on the cost – effectiveness of VAT in PPP projects. Another is the legal risk of financial institutions participate in PPP projects in the form of "open – ended real debt", which again emphasize the possible risks of such actions.

Chapter 7 is a complete case of financial institutions participate in PPP projects. This chapter not only systematically describes the whole PPP process, financial institutions need to pay attention to the project situation, financing transaction structures and risk control.

Chapter 8 is a summary chapter, in order to save readers' time, according to the research results of the previous chapters, more targeted from the participation principle, participation methods and risk control and other aspects of financial institutions to participate in PPP project proposals and countermeasures.

目 录 □□□

1 绪论

1.1 研究背景

政府和社会资本合作（Public – Private Partnership，PPP）是促进经济转型升级、支持我国城镇化发展的重要方式。我国的城镇化进程在未来的十年内仍将保持快速发展的势头。城镇化是我国现代化的历史任务，也是扩大我国内需的最大潜力，是促进经济增长、社会全面发展的巨大引擎。城镇化的进程，既对基础设施有刚性需求，又需要提高公共服务水平如教育、医疗、卫生、养老等，让农民真正成为城市居民。通过 PPP 模式，政府可以通过特许经营、购买服务、股权合作等方式，与社会资本建立利益共享、风险分担及长期合作关系。开展政府和社会资本合作，有利于创新投融资机制，拓宽社会资本投资渠道，形成多元化、可持续的资金投入机制，增强经济增长内生动力，促进经济结构调整和转型升级；有利于推动各类资本相互融合、优势互补，促进投资主体多元化，发展混合所有制经济，从而增强公共产品和服务供给能力、提高供给效率。推行 PPP 模式是国际经济环境、我国财政与货币政策的客观需求。当前，在国际经济不景气、我国经济增长压力较大的大环境下，一方面，财政收入增长速度下滑，地方融资平台融资功能受限；另一方面，财政支出的规模存在"棘轮效应"，政府财政压力大。为了扩大内需、保持经济稳定增长，需要大量的投资拉动，这些投资不得不通过社会资金等渠道提供。推广运用政府和社会资本合作模式，是加快转变政府职能、提升国家治理能力的一次体制机制变革。规范的政府和社会资本合作模式能够将政府的发展规划、市场监管、公共服务职能，与社会资本的管理效率、技术创新动力有机结合，减少政府对微观事务的过度参与，提高公共服务的效率与质量。政府和社会资本合作模式要求平等参与、公开透明，政府和社会资本按照合同办事，有利于简政放权，更好地实现政府职能转变，弘扬契约文化，体现现代国家治理理念。十八届三中全会指出：要允许社会资本通过特许经营等方式参与城市基础设施投资和运营。

我国的社会投资机构有参与 PPP 项目的现实需求。推广政府购买服务，凡属于事务性管理服务，原则上都要引入竞争机制，通过合同、委托等方式向社会购买。推广运用 PPP 模式，并以此作为财政部门发挥财政职能作用的切入点和深化财政体制改革的抓手。城镇化的发展带来了巨大的潜在机会。城镇化的进程既是基础设施建设刚性需求的重要因素，也是医疗、教育、卫生、养老等公用事业的刚性需求的驱动因素。在城镇化基础设施建设中，最为典型的就是现代综合交通运输体系的发展，它是城市之间、城乡之间协调发展的重要纽带与支撑。时至今日，我国的公路、铁路、港口、城市轨道、航空等领域的发展需求仍然十分巨大。医疗、教育、卫生、养老等公用事业的发展是城市发展的重要内涵，是农民成为真正市民的重要保障，是城市的"软实力"，在我国的城镇化进程中，重基础设施、轻"软环境"发展的现象十分普遍，导致我国的养老、教育、医疗等行业的供需矛盾非常突出。

根据全国政府和社会资本合作（PPP）综合信息平台的统计，财政部2014 年第一批 PPP 示范项目有 26 个，2015 年第二批示范项目有 206 个，共232 个，截至 2017 年 6 月 30 日，两批示范项目的总投资额为 8025.4 亿元，而截至 2017 年 7 月底，在国家发展改革委前两批公开推介的 PPP 项目中，已有 619 个项目签约，总投资额约为 1 万亿元，2017 年 9 月中旬，国家发展改革委向社会公开推介新一批传统基础设施政府和社会资本合作（PPP）项目 1233 个，总投资额约为 2.14 万亿元。从全国范围来看，地方 PPP 项目需求不断扩大，截至 2017 年 6 月末，入库项目有 9285 个，入库的 PPP 项目总投资额达 10.6 万亿元，我国已成为全球最大的 PPP 市场之一。

根据全国政府和社会资本合作（PPP）综合信息平台的统计，截至 2017年第二季度末，财政部公布的两批示范项目中，民营企业分别占比 36% 和21%，而同期国有企业分别占比 55% 和 40%，联合体模式占比有所增加，单纯民营企业参与 PPP 项目仍然处于弱势地位。"满满的都是套路。"有民营老板感慨："从标准评分、投标，到后期的融资、项目结算，我们民营企业处处受牵制、时时被差别对待。"另有国企人士感慨："国有企业申请PPP 项目更多是政治任务，赚钱是其次。如果同类公司或者集团下属其他公司都申请了 PPP 项目，我们不申请就是'落后'了。"对于前期民营企业参与 PPP 项目少于国有企业的现象，李慧勇认为：一是因为前期试点项目涉及资金量较大，一般小企业被排除在外；二是试点阶段，政府部门从便于管理的角度考虑，会挑选一些资金实力雄厚、对政府项目经验丰富的国有企业去做。"未来，随着条件具备，国家会允许更多不同资本以不同形式参与 PPP 项目，只要符合条件，大小公司均有机会参与；过去以大项目为主进行试点，未来则会从国家到地方政府全面展开，对项目因地制宜地进行分层，方便不同资本实力的公司参与。"

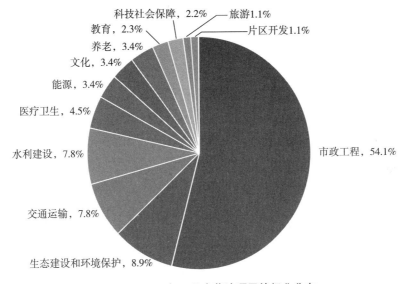

图 1-1　2017 年 6 月底落地项目的行业分布

1.2　文献综述

1.2.1　公私合作伙伴关系（PPP）的基本理论

合作伙伴关系是指在相互信任的基础上，双方为了实现共同的目标而采取的共担风险、共享利益的长期合作关系，合作伙伴关系既不是一体化后的科层关系，也不是一次性的市场交易关系。从边界的角度来看，公私合作伙伴关系打破了传统的经典理论。第一，关于公共部门和私人部门分离的假设已经不成立，公共部门和私人部门日益互相依赖。第二，各部门的核心特征发生了变化，竞争机制已经成为公共产品供给的一个部分。第三，私人企业之间形成了关系型网络，政府和社会群体、政府和企业之间也形成了关系型网络，公共政策的推进不仅依赖于市场机制和科层机制，还依赖于政府、社会群体、企业之间的关系型网络。第四，随着时间的推移，公共部门和私人部门之间的边界不断变化，公私合作伙伴关系既可以避免政府单一行政，也可以减少治理碎片化。

公私合作伙伴关系主要有四个目的：第一，公共部门和私人部门的目标不同，在公私合作伙伴关系下，可以减少目标的冲突；第二，公私合作伙伴关系共享资源和信息，增加了部门之间的沟通；第三，公私合作伙伴关系可以促进公共部门和私人部门服务的无缝对接；第四，公私合作伙伴关系既可以避免政府单一行政，也可以减少治理碎片化。

从风险的角度来看，公私合作伙伴关系是公共部门和私人部门共同执行公共政策所产生的风险共享和风险分配关系。需求风险一般是主要风险，当然也有例外，一些项目的建设风险或者运营风险是主要风险。澳大利亚的公私合作伙伴关系法律认为，在标准的公私合作伙伴模式中，需求风险会转移给私人参与方。没有需求风险的转移，公共部门和私人部门之间的合同就仅仅是融资性租赁。但是，在很多情况下，政府比私人部门更适合管理需求风险。在以公共服务为项目主体的公私合作伙伴关系中，需求风险的特殊性更为明显。例如，学校、医院、公路等的位置和层次都是由公共决策决定的。政府不能过于依赖一个标准模式，而需要对风险分配的原则有更恰当的理解。公私合作伙伴关系的核心特征是把需求风险转移给私人部门。如果需求风险没有转移给私人部门，那么公私合作伙伴关系在实质上是融资性租赁关系，项目的资产和负债应当计入政府的账户。但是，在很多时候，公共产品的需求风险属于公共风险，政府更适合管理和控制需求风险。

与常规的公共产品供给方式不同，PPP 项目具有不确定性和间断性的特点。在常规的公共产品供给中，财政资源相对稳定，收入和支出大多都呈现经常性和重复性的特点，政府在相应领域和工作上一般都具有计划性和持续性的特点，从而导致行为的可预测性和稳定性。而 PPP 项目往往因事而定，因时而变，且经常一事一议，不确定性较大。在现阶段，制度与规则不明确，PPP 项目资金很多并未纳入各级政府的财政体系，在项目的选取上有着较大的 "自由裁量权"。由于我国的 PPP 项目依附于政府常规的科层制行政体制，而 PPP 项目的运行机制与科层制的运作机制经常相悖，这一方面可能会造成 PPP 项目执行效率降低，另一方面会诱发新的制度性紧张（史普原，2014a）。

在 PPP 项目中，参与选择权与专有性关系是项目中最为重要的两个要素：第一，参与选择权主要是指社会资本参与或退出某一项目的选择权。与自上而下的财政支出方式不同的是，参与选择权赋予了社会资本参与项目与否的主动权。正是这一机制引入了竞争机制，诱发了社会资本争取项目的主动性，进而产生行为差异。这一权利同时隐含了配套的激励机制。第二，专有性关系是指委托方和承包方之间围绕项目而产生的特定关联，具体到养老机构的 PPP 项目，主要是作为委托方的政府和作为承包方的社会资本围绕机构建设、运营等项目而产生的特定关系。

1.2.2 PPP 合同的产权特征

（一）从不完全契约、产权到控制权

控制权理论是建立在不完全契约理论基础上的。在 PPP 项目中，政府是项目委托方，而双方合作成立的项目公司是代理方，各方之间形成的委托代理关系本质上是有一定授权和资源配置的契约，由于有限理性、未来的不确定性和信息不对称，无法制定完全契约。由于契约的不完全性，不能以资产这一产权理论的术语来界定所有权。在不完全契约下，资产的使用不能事先完全确定，而那些可以预见、执行的权利对资源配置并不是关键的，取而代之的是那些契约中没有提及的资产的控制权利，即剩余控制权。因此，对资产的所有者而言，任何谈判达成的契约都是由资产所有者达成的剩余控制权，关键是对资产剩余控制权的拥有。

在不完全契约理论下，产权不是资产或者其他收入的剩余索取权，而是资产使用的剩余控制权，所有权是控制权的基础，所有权配置与控制权配置是一致的。在 PPP 模式下，政府更多是以平等的参与人身份参与到契约谈判中，项目的目标、生产、激励设计、绩效评估等由参与人谈判决定，剩余控制权在参与双方间进行分配。Hart 认为，PPP 模式的控制权扩展于私人部门间合作的控制权（Hart，1998），在私人部门间的合作中，均衡状态下的所有权结构是能够产生最多社会剩余的所有权结构（Hart，2001）。Bseley 和 Ghatak（1980）提出了纯公共品情形下的控制权配置问题，即 BG 理论，他们认为，如果双方投资生产的是公共物品或服务，那么不论投资的相对重要性或其他生产技术方面的因素如何，控制权应当由对产品价值判断较高的一方拥有。显然，这一理论只考虑了纯公共物品的情况，在他们研究的基础上，Francesconi 和 Muthoo（2006）研究了准公共品时公私合作之间的控制权分配问题。他们认为，最优的控制权应当由投资重要性、双方

对产品价值的评价以及产品公共化程度三方面因素共同决定。

（二）控制权理论下 PPP 项目的三个维度

PPP 项目的控制权主要存在三个维度。

1. 目标制定权

目标制定权是制定目标任务的控制权。在 PPP 项目中，有些项目的目标是从上而下单方制定的，然后以发包的方式委托给项目公司，有些是委托方与代理方协商或谈判的契约。

2. 监督检查权

监督检查权在目标制定权的基础上，为了确保契约的落实与完成，而对契约进行监督检查的控制权。值得说明的是，这一控制权附属于目标制定权，不是绩效评估。在 PPP 项目中，项目委托方可以自己行使监督权，也可以将这一权利下放给项目公司，由项目公司检查项目目标完成情况。

3. 激励分配权

激励分配权是对代理方的激励设置以及奖惩其表现的权利。其中，项目契约执行中的资源配置和组织实施也包括在内。激励分配权独立于上述两种权利。在 PPP 项目中，项目公司的激励和考核的控制权，可能留在委托方，也可能下放到项目公司。

将 PPP 项目的控制权进行不同维度的划分，是在控制权理论框架下，结合 PPP 项目进行的有意义的探索。从控制权的思路来看，一般的 PPP 项目有以下特点：（1）作为委托方的政府（更多的是各级民政部门，或者是民政与财政等一起）行使目标制定权，然后将制定的政策目标发包给 PPP 项目公司；（2）政府作为委托方且作为项目参与方行使监督检查权，定期检查，评估项目公司上交的项目完成情况；（3）项目公司行使激励分配权以及实现项目目标的其他控制权。从参与双方的参与动机来看，公共部门关心的是政策目标的完成，即项目的完成与否以及项目完成效果，而不关心项目执行的实际部署。因此，在 PPP 项目中，作为委托方的公共部门往往拥有制定目标的控制权，同时作为参与方拥有一定的监督检查权，而更多地将激励分配权下放至项目公司，从而调动项目公司积极完成目标。不仅如此，从交易成本经济学的角度来看，即便作为委托方的政府欲行使激励分配权，项目执行的信息获取成本也较高，而作为项目执行的代理人拥有较大的信息优势，可以更好地行使激励分配权。当然，不同类型的 PPP 项目，具体的控制权分配还是有着较大的区别。

1.2.3 影响 PPP 项目成功的主要因素的研究

(一) 控制权的管理与配置

从英国财政部公布的诸多指导性文件中可以看出，英国财政部根据 PPP 项目是否成立专门的 SPV 将其划分为两大类，第一类叫契约伙伴（Contractual Partnering），第二类叫特殊目的实体（Special Purpose Vehicle）。其中，控制权的配置是由 PPP 项目组成的 SPV 中最为重要的一个因素。从企业经济学的理论视角来看，这意味着从融资成本的视角转向契约成本的视角。如果契约是完全的，政府就没必要拥有公共服务企业的所有权，政府可以通过契约条款去控制公共服务企业的行为。但是如果契约是不完全的，那么所有权就非常关键。政府获得了所有权，就等于获得了剩余控制权，而所有权的安排是为了促进投资。公私合作伙伴关系具有不完全契约属性、长期性、重资产属性、复杂的不确定性，如何配置控制权非常关键。

公私合作伙伴关系是适应合同的不完全性、环境的不确定性而产生的，并且公私合作组织是契约关系的中心。是否采取公私合作伙伴关系，取决于分散契约的成本和集中契约的成本之间的比较。长期契约需要关系型的契约，声誉和信任可以降低契约中的风险。假设 A 是某政府部门，B 是生产公共服务的企业。A 和 B 之间的关系有两种形式：第一种是 A 可以向 B 购买公共服务；第二种是 A 可以和 B 合并产生公私合作组织。第一种形式是一种市场化的形式，第二种形式是垂直一体化的形式。两种形式的选择取决于很多因素：首先是交易成本，交易成本低，市场化的交易比垂直一体化更可取。以电力公司为例，电力公司和消费者可以直接接触并发生交易，电力公司更应当独立于政府。政府部门和电力公司之间的契约仅仅是为了调节电力公司和消费者之间的交易。在这种情况下，就不存在垂直一体化的逻辑。其次是政治因素的影响，也就是政府在市场中的位置。

所有权是控制权的基础，所有权配置与控制权配置是一致的（Grossman 和 Hart，1986）。PPP 模式的控制权扩展于私人部门间合作的控制权（Hart，1998），在私人部门间的合作中，均衡状态下的所有权结构是能够产生最多社会剩余的所有权结构（Hart，2001），但是由于 PPP 模式中，参与主体特征、产品属性和合作强度等都明显有别于私人部门间的合作，Bseley 和 Ghatak（1980）提出了纯公共品情形下的控制权配置问题，即 BG 理论，他们认为，如果双方投资生产的是公共物品或服务，那么不论投资的相对重要性或其他生产技术方面的因素如何，控制权应当由对产品价值判断较高的一方拥有。显然，这一理论只考虑了纯公共物品的情况，在他们研究的基础上，Francesconi 和 Muthoo（2006）研究了准公共品时公私合作之间的控制权分配问题。他们认为，最优的控制权应当由投资重要性、双方对产品价值的评价以及产品公共化程度三方面因素共同决定。所有权应当分配给资产专用性强的一方，公私合作伙伴关系的所有权安排也是如此。

在世界范围内，关于 PPP 的研究主要应用于基础设施建设，成功案例也多集中于基础设施建设，这些研究与实践主要关注的是融资形式和不同程度的合作关系，如 PPP、BOOT、DBF、DBFO 和 DBRFOTDENG（格里塞姆、刘易斯，2008），但缺乏论证民生性公共服务中主体间的关系，而这些会对公共服务供给数量、质量、效率等造成重大影响。

值得注意的是，与基础设施建设的 PPP 不同，公共服务供给的 PPP 有其自身的特点：第一，在参与合作的私人部门主体上，参与基础设施建设的主体更多的是企业，而参与公共服务供给的主体，不仅有企业，在中国现阶段，更多的是社会组织，也就是 PSPP（Public Social Private Partnership）模式（郁建兴，2011）。第二，在资本支出方式上，前者更多的是一次性或者有限次数的支出，而后者是经常性支出（王经绫，2014）。第三，在风险分担问题上，在前一种 PPP 中，公共部门更容易将风险转嫁给私人部门；而公共服务供给的 PPP 如养老，风险是发散的，即便转移给社会资本也不能降低风险，因此需要两部门长期共担风险（周小付，2013）。

PPP 模式通常会有以下两个特点：第一，持续时间长；第二，PPP 包含固定伙伴间的一系列交易，即一系列的合作项目（张喆、贾明、万迪昉，2007），这就决定了 PPP 不仅具有经济交易的性质，还具有社会交易的性质。尤其是在中国，如果忽略了合作关系中的社会交易属性，则难以揭示我国公私部门间合作伙伴的特点。站在政府的视角看公私合作伙伴关系的流程，无论是否为基础设施建设，都包含了如下四项重要内容：项目选择、竞标、财政付费和规制（财政部，2014）。

（二）风险的配置

风险和风险分配是推动公私合作伙伴关系制度变迁的主要力量，风险管理已经成为公私合作伙伴关系发展的最大瓶颈（Shin，2008、2009）。公私合作伙伴关系的成功与否取决于风险在公共部门和私人部门之间的分配。风险分配决定了资产和负债的结构，决定了组织的结构特征。风险分配结构形成了公私合作伙伴关系的治理结构和组织结构。

风险来自主体之间的关系,而网络状的主体间关系导致风险的网络状分布(Golub 和 Jackson,2010)。Gottardi 和 Cabrales(2009)等认为,公私合作伙伴关系的治理结构不是线性的,而是网状的。风险的因和果之间不是简单的线性关系,而是循环的关系,这导致了风险的自组织特征。网络结构便于风险的繁殖和扩大。公私合作伙伴关系中的各种风险交织在一起。一种风险往往催生其他风险。当风险很小时,网络结构是维持稳定的力量;当风险很大时,网络结构或者风险的交织却成为打破稳定的力量。系统性风险是公私合作伙伴关系责任结构的反映,一个契约主体受到冲击,可能会导致整个项目的失败。如果公私合作伙伴项目不能破产,系统的弹性会降低。

在不同的公私合作伙伴项目中,同一种类型的风险会被分配给不同的主体,在公共部门将风险转移给私人部门之前,往往需要考虑如下问题(Beutler L E,Neufeldt S A.,1994):承担风险的一方是否可以预测风险?是否可以估计风险的后果?是否可以控制风险发生的概率?风险发生后,是否有能力管理风险?是否可以从风险管理中获利?所有者是否能接受对风险的收费?Rosenau P V(2000)认为,公共部门应当承担设施用地获得的风险、法律和政策风险等;私人部门应当承担设计风险、建设风险和运营风险等;市场风险与不可抗力的风险应为共享风险。

从研究的视角来看,由于公私合作伙伴关系具有不完全契约属性、长期性、重资产属性、复杂的不确定性,交易成本的视角将机会成本和上述属性均考虑进去,因此这一研究非常重要,但交易成本的视角忽视了组织的能力。另外,组织的风险管理能力由组织的资源和能力构成,要区分资源和能力: (1)其他组织可获得的,如组织的资产、信息、知识等。(2)其他组织不可以获得的,如组织的能力、组织程序、组织特征。但是,组织资源和能力的视角又忽视了组织的机会主义行为。那么如何把组织能力和交易成本两种分析框架融合在一起?事实上,两种视角在本质上是互补的。例如,在两种分析框架中,资产专用性都是一个非常关键的因素。又如,交易成本的视角认为交易频率很关键,而组织资源的视角认为,历史上的交易会产生组织程序和组织制度。所以,两种视角有很多重叠的地方。

(三)风险的分配方式与建议

Linder S H.(2009)认为,风险分配通过两种方式进行:一种是市场契约,另一种是合并后的企业组织以及同时产生的剩余控制权机制。但是,这两种方式都不能完整地分配公私合作伙伴关系中的风险。一方面,契约是不完全的，市场机制适用那些不确定性程度低的交易，而公私合作伙伴关系常常面临高的不确定性；另一方面，在公私合作伙伴关系中，政府和私人参与组织并没有合并，这两种性质不同的组织也无法合并。特殊目的实体（SPV）是在两者之外成立了一个在法律上独立而实质上处于附属地位的第三方组织，这样一个组织并不拥有剩余控制权，也不承担契约未界定的风险。Ke Y 和 Wang S Q（1999）认为，在以政府为主导的公共产品供给方式中，是政府合并了私人参与方，政府承担各种合同无法界定的风险。公私合作伙伴关系则是一个反向的过程。

风险应当分配给最适合管理风险的一方，以降低整体风险（Bloomfield P，Westerling D，Carey R.，1998）。所以，风险不是转移得越多越好，风险转移应当追求最佳而不是最大状态，应当减小公共部门和私人部门双方的风险管理成本。那么这个最佳状态由哪些因素决定？把风险转移给私人部门，公共部门是要承担代价的。如果公共部门承担了过多的风险，政府会提高税收。如果私人部门承担了过多的风险，那么项目公司会增加服务的收费。私有化也是一种公私合作伙伴关系，政府需要承担风险。那种认为公共服务的私有化就是把所有风险都转移给私人部门的观点是不成立的（Nisar T M.，2007）。政府需要规定公共产品的规模和品质，但是，如果政府具体规定了私人部门提供公共产品的方式及其细节，那么风险就又回转给了政府。

在现实中，风险常常是被分配给了谈判地位弱的那一方，而不是最适合风险管理的那一方（Klijn E H，Teisman G R.，2003）。风险分配是公私合作伙伴关系的组织治理结构的关键。公私合作伙伴关系中的风险分配应当注意以下几点：一是风险分配不能忽略系统性风险。如果各个子风险之间相互影响的渠道多、概率大，那么就会产生系统性风险，在风险分工的同时，需要强调风险合作。二是避免私人风险向公共风险转移。三是风险转移是有价格的，风险和收益应当匹配。四是市民、政府、私人投资方三者之间的风险分配。系统风险和风险的整体治理应当作为公私合作伙伴关系的基本规则，从系统性风险的角度安排公私合作伙伴关系的组织结构。

1.3　可能的创新点

（1）研究视角新颖。在笔者阅读的诸多关于 PPP 的国内外文献中，绝大多数文章都是从公共部门的视角出发，鲜有研究文献以私人部门的视角去研究 PPP，更少有文献去深入研究金融机构应当如何参与 PPP 项目，以及金融机构如何控制特定 PPP 项目风险。

（2）与传统地关注 PPP 合同范本的标准化与详细化不同，本文研究的一个重要意义就是将注意力引向那些未能明确规定的剩余控制权。事实上，且不论尚未成熟的 PPP 项目运行机制，就是在我国较为成熟的行政体制下，也经常出现政策执行的偏差，"上有政策、下有对策"的现象比比皆是。在项目落实与运营的过程中，社会资本因为其信息优势，通常都拥有项目契约规定的权利分配之外的剩余控制权。在 PPP 项目中，正式权威与实际权威①经常分离（Aghion P，Tirole J.，1997）②。也就是说，在 PPP 项目中，即便作为正式权威的政府的地位并没有发生明显变化，社会资本的信息优势也可能引致其在非正式领域的实际控制权（周雪光、练宏，2012）③。

（3）为金融机构参与 PPP 项目设计一整套具有可操作性、实用的操作指南。而这在笔者的阅读范围内，尚未见到。

1.4　研究目标与内容

本文的研究目标是在不完全契约理论的指导下，运用控制权理论，从理论上为私人部门参与 PPP 项目搭建原则性框架，并以金融控股集团为研究对象，研究私人部门是否应当参与 PPP 项目、具体如何参与、参与后如何管理和控制风险，并辅以典型案例作为实际操作借鉴，最终为金融机构参与 PPP 项目提供一套较为完整的指引。基于此，本文将重点关注：

（1）基于控制权理论的私人部门参与 PPP 项目的最优控制权选择。本部分以控制权理论为基础，结合我国 PPP 项目的特征，从原则上划分私人部门参与 PPP 项目的最优控制权选择。这部分既是全文的理论基础，也是私人部门参与 PPP 项目的大方向。

（2）不同付费机制下 PPP 项目的价值评估。本部分的主要目的是对 PPP 项目进行评价，从而指引金融控股集团有效决策是否参与 PPP 项目。我们将

---

① 正式权威指基于组织正式地位的权威，实质权威是因为信息优势而实际拥有的权威。

② Aghion P, Tirole J. Formal and real authority in organizations [J]. Journal of political economy, 1997: 1 - 29.

③ 周雪光，练宏. 中国政府的治理模式：一个"控制权"理论 [J]. 社会学研究，2012 (5): 69 - 93.

深入研究在政府付费、可行性缺口补助与使用者付费三种付费模式下 PPP 项目的特点，进而分析这三种机制下影响 PPP 项目价值的主要因素，试图建立不同的评价指标体系，系统、科学地评价不同付费机制下 PPP 项目的价值。

（3）金融控股集团参与 PPP 项目的主体选择方式。总的来说，PPP 项目分为契约伙伴（Contractual Parterning）与特殊目的实体（Special Purpose Vehicle）两大类，不同的参与方式各有优劣。本部分将从两种不同主体的管理层选择、关键职能、决策制定机制、应变弹性等多方面深入分析两种不同参与主体的优缺点。

（4）金融控股集团参与 PPP 项目的具体操作设计。本部分的主要任务是具体操作流程设计。我们将整体按照时间的推进，根据战略纲要到规划纲要再到具体的规划条例设计出一整套金融控股集团参与 PPP 项目的操作流程，并辅以案例分析，以求最终成果具有实际可操作性。

1.5　研究方法与技术

本文在研究过程中主要使用了理论研究与案例研究相结合的方法。在理论研究中，主要采用的是一般均衡分析方法。使用一般均衡方法，评估不同的因素下最优配置权的分配问题。同时，本文在各章节中大量应用了案例研究。通过案例分析，对相关的理论和操作方式进行直观的说明与解释，力求用案例说话，为理论分析提供更为可靠的事实经验证据，也为金融机构日后参与 PPP 项目提供更为直接的借鉴。

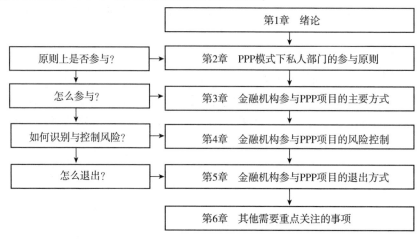

图 1-2　本文的研究框架思维导图

2 PPP 模式下私人部门的参与原则

2.1 PPP 的概念与分类

2.1.1 PPP 的概念

国家发展改革委对 PPP 的定义为："政府和社会资本合作（PPP）模式是指政府为增强公共产品和服务供给能力、提高供给效率，通过特许经营、购买服务、股权合作等方式与社会资本建立的利益共享、风险分担及长期合作关系。"

2.1.2 PPP 模式的分类

分类标准不同，PPP 的解读方式也就不同。常见的 PPP 分类标准主要有四种：一是基于任务划分的 PPP 类型，这种类型主要是根据政府委托给社会资本的任务种类、任务量、所有权性质以及剩余索取权等来划分；二是根据 PPP 项目的需求风险转移及现金流的转移情况来划分，如经济型 PPP 项目、社会型 PPP 项目；三是根据使用量与可用性来划分 PPP 项目类型；四是基于 PPP 项目供给的产品与服务划分，大致可以分为基础设施的 PPP 项目与公共产品服务供给的 PPP 项目。

（一）基于任务划分的 PPP 模式

基于任务划分的 PPP 模式，主要是根据政府委托给社会资本的任务种类、任务量、所有权性质以及剩余索取权等来进行分类。比较典型的模式有 BOT、BOO、BTO、DBFO、TOT、ROT 等。BOT（Build – Operate – Transfer，建设—运营—转移）模式，是现阶段我国基础设施建设 PPP 项目最常见的方式，主要指的是，PPP 项目公司负责项目的建设和运营，在合约约定的期限届满后，PPP 项目公司在合约约定的资产可用性的前提下，将项目相关的基础设施所有权转移给政府方。BOO（Build – Own – Operate，建设—拥有—运营）模式指的是，PPP 项目公司完成项目的建设和运营，建设完成后，项目相关的资产所有权归 PPP 项目公司，并由该 PPP 项目公司负责合同约定内容的运营。BTO（Build – Transfer – Operate，建设—转移—运营）模式，指的是 PPP 项目公司负责项目建设，建设完成后则直接将资产所有权转移至政府，政府通过租赁的方式，将相关资产租赁给 PPP 项目公司，并由其提供相应的产品与服务。因此，BTO 模式又被称为 BTL（Build – Transfer – Lease，建设—转移—租赁）。与之本质相同的模式，还可以细分为 BLOT（Build – Lease – Operate – Transfer，建设—租赁—运营—转移）模式、BLT（Build – Lease – Transfer，建设—租赁—转移）模式。将 BOT 与 BOO 进行结合创新，则又衍生出了 BOOT（Build – Own – Operate – Transfer，建设—拥有—运营—转移）模式，即在原有的 BOO 模式下增加了一个转移环节，在合同约定的期限届满后，项目设计的基础设施所有权转移给政府。

与上述几种模式相比，还有一个较为典型的模式为 DBFO（Design – Build – Finance – Operate，设计—建设—融资—运营）模式。这一模式相较于上述几类多了一项设计，即整个 PPP 项目的设计、建设、融资、运营等所有环节都由社会资本负责，值得注意的是，这一模式并未固化所有权的归属问题，而是根据项目的差异区别对待所有权的归属。DBFO 模式又被称为 DCMF（Design – Construct – Manage – Finance，设计—建设—管理—融资）模式、DBFM（Design – Build – Finance – Maintain，设计—建设—融资—维护）模式。

表 2 - 1 为基于任务划分的 PPP 模式的不同类别以及各阶段的不同负责主体。为了更为清晰地说明 PPP 的特征，本文列出了在传统的公共产品供给状态下的各阶段负责主体，以期与 PPP 模式进行有效的对比。在传统的公共产品供给中，尤其是纯公共产品的供给中，公共部门负责产品或服务的全流程，而在 PPP 模式中，总有一项或多项有社会资本方参与。多数情况下则是以 PPP 项目公司的形式参与整个项目的全生命周期，项目的持续过程也是项目收益分配过程，同时也是风险分担的过程。

表 2 - 1   **基于任务划分的 PPP 模式类别**

项目	公共项目	公私合作伙伴关系（PPP）				
合同类型	传统公共产品的供给	承包	建设—拥有—运营（BOO）	建设—转移—运营（BTO）	建设—运营—转移（BOT）	设计—建设—融资—运营（DBFO）
设计	公共部门	公共部门	社会资本	社会资本	社会资本	社会资本

项目	公共项目	公私合作伙伴关系（PPP）				
建设	公共部门	公共部门	社会资本	社会资本	社会资本	社会资本
运营	公共部门	社会资本	社会资本	社会资本	社会资本	社会资本
所有权	公共部门	公共部门	社会资本	公共部门	建设、运营期 PPP 公司；其后公共部门	社会资本
付费方	公共部门或者使用者	公共部门或者使用者	公共部门或者使用者	公共部门或者使用者	公共部门或者使用者	公共部门或者使用者
收费方	公共部门	社会资本	社会资本	社会资本	社会资本	社会资本

（二）基于风险转移与现金流划分的 PPP 模式

1. 早期的 PPP 模式——电力购买协议（PPA）

电力购买协议（PPA）最早于 1980 年出现在美国，20 世纪 90 年代初传至欧洲，并在欧洲发扬光大。在电力购买协议（PPA）中，社会资本参与方的收益主要有两部分：一部分是使用者收费，也叫可变收费，主要覆盖发电方的发电成本，如燃料成本、机器损耗等；另一部分是可用性付费，又叫容量收费，主要是电站建设的资本预算与固定成本预算。电力购买协议的核心条款是，社会资本方只负责发电，而不承担需求风险，即在电力购买协议中，社会资本方不考虑发电后的用电需求，这部分风险由偿付可用性付费的需求方来承担。电力购买协议（PPA）的项目公司同时负责发电站的建设与日常运营，如果发电能力不能满足用电需求，则容量收费则会相应地被扣除。因此，虽然 PPA 中的社会资本方不承担需求风险，但是承担了按时按质完成项目建设与运营的风险，事实上，这与今天我们所鼓励的绩效付费有异曲同工之妙。

除了需求风险的可控，PPA 的大规模推广还得益于融资风险的分散。图 2-1 所示是一个典型发电项目的风险传导图，从图中我们可以清晰地看到风险传导过程（箭头的指向是现金流动的方向）。在 PPA 项目中，股权和债务融资也是其主要的融资方式。项目公司通过建设合同、工程采购合同、原材料（主要是燃料）供应合同、运营和维护合同将项目分包出去，这一过程同时也是风险分散的过程。如建设工程的分包合同，也是将建设风险转移至承建商，运营合同、维护合同等则是将资金的供应成本转给了承包商，资金的风险如利率风险、汇率风险也一并随之转移给承包商。

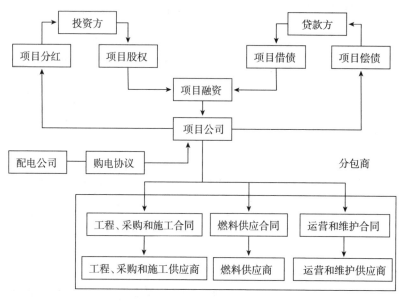

图 2 - 1　PPA 典型项目的运行框架

值得一提的是，通过电力购买协议（PPA）吸引社会资本参与公共事业的发展，不但促进了发电与送电的分离，提高了发电环节独立电源项目的竞争程度，还促进了发电行业整体效率的提高，也为现代 PPP 模式提供了融资、建设、运营等一系列合同框架的范本，是现代政府与社会资本合作模式的重要模板。

2. 经济型 PPP 模式——特许经营权

根据项目的需求风险转移与现金流的流动可以将 PPP 模式划分为经济型 PPP 模式与社会型 PPP 模式。其中，经济型 PPP 模式指的是，预期的现金流稳定且大致能覆盖项目的成本与风险，社会资本方愿意独立承担需求风险的 PPP 项目，这是最为典型的 PPP 项目，也是当前我国政府鼓励应用的 PPP 模式。经济型 PPP 模式有两个主要的特点：第一，政府赋予 PPP 项目公司特许经营权后，PPP 项目公司有较大的自主权，且独立承担需求风险。政府只对该项目进行必要的规制与监管，以及完善制度建设与机制建设，以在维护社会公众利益的基础上，保证 PPP 项目有合理的正当收益，如价格与质量的监管，进而保证项目的政策运行。第二，经济型 PPP 项目主要的付费方式为使用者付费。

图 2 - 2 所示是一个典型的公路 PPP 项目的主要合同框架与融资方式，

通过该项目，我们可以清晰地看到经济型 PPP 项目的运行框架。与 PPA 项目非常相似，经济型 PPP 项目的融资也主要依赖于股东权益与借款，与 PPA 项目差异最大的是，项目收益方式不同。PPA 项目的收益主要来源于价值链的下游，即行业的下家，而公路 PPP 项目的收费来自使用者，如使用公路的通行费。值得注意的是，现阶段，我国 PPP 模式的主要内涵还是以特许经营权为主，从国家发展改革委对 PPP 项目的定义中可见一斑。特许经营权下的 PPP 项目，政府允许 PPP 项目公司在特许经营权范围内进行收费，但不包括政府自身对项目的支出以及项目对政府的支出。

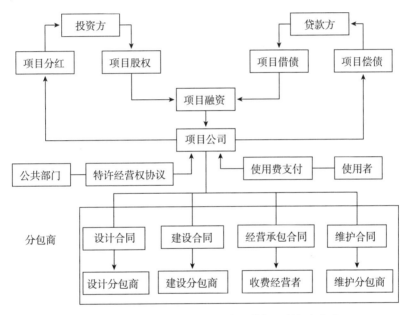

图 2 - 2　经济型 PPP 模式（特许经营权）的运行框架

3. 社会型 PPP 模式

虽然社会型 PPP 模式也是以需求风险转移以及现金流的流动为分类标准，但是与经济型 PPP 模式不同，社会型 PPP 模式也有两个主要的特点：第一，项目现金流的预期不确定或者不充足，有些公共属性更强的 PPP 项目，甚至很难向使用者收费；第二，社会型 PPP 项目的收益主要来源于政府，即主要的付费机制为政府付费或较大比重的可行性缺口补助，具体的付费金额需要政府与社会资本方进行沟通与谈判，需求风险至少最低的需求风险，往往是由政府"兜底"。在社会型 PPP 模式下，政府需要谨慎考虑自身财政承受能力与预算约束。从项目特征来看，社会型 PPP 项目与政府采购、项目外包等方式的相似性更大。当前，为了控制政府债务风险，谨慎开展社会型 PPP 项目，国家相关政策文件规定："政府 PPP 项目的累计支出，不能高于当地政府财政一般公共预算支出的 10%"，最近，财政部公布的《关于规范政府和社会资本合作（PPP）综合信息平台项目库管理的通知》也明确要求"审慎开展政府付费类项目"。可见，中央政府对社会型 PPP 项目持谨慎态度。

4. 混合型 PPP 模式

混合型 PPP 模式是经济型 PPP 模式与社会型 PPP 模式的混合，其特点是，与经济型 PPP 项目相比，混合型 PPP 项目的预期现金流不够稳定或不足以覆盖项目所有的成本，政府与社会资本就项目的收益进行协商。一般来说，主要有两种方式：一是可行性缺口补助，即 PPP 项目公司向使用者付费，不足覆盖成本及合理报酬的差额，由政府进行补足；二是政府向使用者付费，即政府根据协议向 PPP 项目公司支付费用。混合型 PPP 模式下，政府与社会资本往往共同承担需求风险，对社会资本方的要求较高，且对政府的挑战较大。如果盲目地选择社会资本方，则很有可能导致项目的失败。已有的国内外经验表明，很多 PPP 项目的失败都源于社会资本方的错误选择，使得政府不得不为 PPP 项目兜底，从而提高了政府债务风险。因此，政府需要在慎重选择社会资本方的同时，提升自身的治理能力。

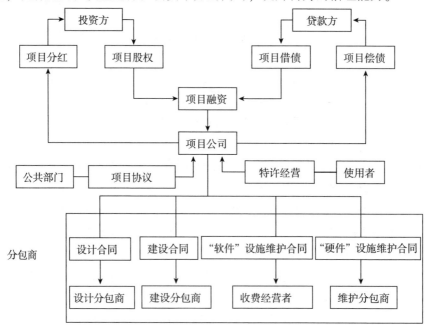

图 2-3　混合型 PPP 模式（特许经营权）的运行框架

图 2-3 所示是一个典型的教育行业 PPP 项目，在此项目中，核心要素主要包括：政府的特许经营合同、PPP 项目公司的股东组成、源于贷款融资的资金成本、设计合同、建设合同（主要是依据合同规定的价格和实践交付可用的学校校舍）、"软件"设施维护合同（包括学校安保、后勤、卫生等服务的提供）、"硬件"设施维护合同（主要包括建筑设施的维修和保养等）以及运营的现金流（主要是 PPP 项目运营权的获得，优先用于偿还工程款、工资等，然后是贷款，最后才是投资者的分红）。

（三）基于可用性和使用量划分的 PPP 模式

以可用性和使用量作为分类标准，可将 PPP 模式分为基于可用性的 PPP 模式和基于使用量的 PPP 模式两大类。这一划分标准，是 PPP 模式公共产品或服务的本质属性的体现。可用性衡量的是公共产品或服务供给的质量，而使用量则衡量的是数量。相较于数量，质量很难计量，因此，一些仅能用可用性衡量的 PPP 项目，往往采取政府付费机制。从某种程度上来看，可用性也是经济型 PPP 模式与社会型 PPP 模式的划分基础。当然，两种划分并没有严格的界限，而是互有交叉。比如，基于使用量的 PPP 模式可以是经济型 PPP 模式，也可以是社会型 PPP 模式或混合型 PPP 模式，而基于可用性的 PPP 模式，由于往往采用的是政府付费方式，因此大多都属于社会型 PPP 模式。

进一步细分，基于可用性的 PPP 模式大致又包括住宿类、处理装置类与设备类（包括系统、网络等），三个子类的情况略有不同。住宿类 PPP 项目如医院、学校、监狱等，付费的前提是建筑物达到合约约定的可用性水平，在建筑物可用的同时，这类 PPP 项目往往还包括运营，如餐饮、卫生、后勤的提供，甚至监狱的安保等长期服务等。可用性付费模式下另一个重要的子类是处理装置类，这一类最为重要的应用包括供水、垃圾、污水处理的装置。但是在实际的 PPP 项目操作中，很少单独为这些装置专门制定 PPP 项目，而是与供水、污水处理、垃圾处理等一并处理，如污水处理、垃圾处理都可以清晰地度量。付费者无须考虑装置成本问题，而是直接支付最终产品，如实际处理了多少立方米的水，处理了多少吨的垃圾。因此，这一类往往与使用量付费存在交叉。设备类 PPP 项目如系统、网络等，其应用范围不如上述两类广泛，且更多的属于社会型 PPP 项目，如城市照明、计算机系统等，往往是政府付费，付费内容也都是基于可用性。基于使用量的 PPP 模式，由于项目的产出可以清晰计量，最适宜使用 PPP 模式，应用范围也最广，如港口、高速公路、机场、给排水等。可用性与使用量两个原则在 PPP 项目的付费中都非常重要，相较而言，使用量往往更容易清晰地界定，在项目评价中，往往不需要像可用性标准一样科学、严谨地去论证，因此，可用性原则反而是主要的评价标准。

（四）基于供给的产品与服务划分的 PPP 项目

与基础设施建设的 PPP 不同，公共服务供给的 PPP 有其自身的特点：第一，在参与合作的私人部门主体上，参与基础设施建设的主体更多的是企业，而参与公共服务供给的主体，不仅有企业，在中国现阶段，更多的是社会组织，也就是 PSPP（Public Social Private Partnership）模式①。第二，在资本支出方式上，前者更多的是一次性或者有限次数的支出，而后者是经常性支出。第三，在风险分担问题上，在前一种 PPP 中，公共部门更容易将风险转嫁给私人部门；而在公共服务供给的 PPP 中风险是发散的，即便转移给社会资本也不能降低风险，需要两部门长期共担风险②。

如果一个 PPP 项目的规模非常大，收益率很高，逐利的社会资本显然有动力去追求，这种项目有"强激励"诱发社会资本积极参与与竞争，无须通过限制参与选择权划定参与者。而当一个 PPP 项目预期收益率并不高，不受社会资本的欢迎时，作为委托方不得不通过限制参与选择权来迫使社会资本参与，这些被限制的社会资本往往都与政府有着千丝万缕的联系，如相关领域的事业单位、国有企业或者是那些得到政府在其他方面的收益允诺的社会资本。事实上，现阶段我国的很多项目都是后者。不同的项目因其参与选择权与专有性关系要素的不同会存在不同的组织形态。第一种形态，参与选择权与专有性关系都显示出高度关联的联系，即委托方与代理方围绕项目建立起特殊且关联度很高的组织，如上文提到的重点项目建立起码类似于"双边契约"的组织形式；第二种形态，是另一种极端，即专有性关系和参与选择权都较弱，这种关系趋同于传统的科层关系，即社会资本几乎没有选择权，这一情况因违背了"合作伙伴关系"的原则，在PPP 项目中一般很少；第三种形态，是该项目有一定的参与选择权，但并不形成政府与项目公司专有的上下级关系，这一形态是大多数 PPP 项目的常态，当然也是机构 PPP 项目的常态，这一形态经常采用一事一议的形式，

---

① 郁建兴，高翔. 农业农村发展中的政府与市场、社会：一个分析框架 [J]. 中国社会科学，2009（6）.

② 周小付. 公私合作模式下的财政风险：基于产权的视角 [J]. 地方财政研究，2013（3）：58－62.

且有配套激励，但是往往资金使用与发放是短暂的；第四种形态，有较强的专有性关系，但是作为代理方的社会资本参与选择权较低，如某个机构的 PPP 项目试点，这些试点的项目往往都是指定的。在我国现阶段的 PPP 项目中，第三种形态更为常见，比较理想的状态是第一种，即政府有专门推行 PPP 的机构、制度与机制，且让社会资本有着较强的选择权。当然，我们列举的为理想模型，更多的 PPP 项目是这几种理想模型间的混合形态。

PPP 项目的组织形态，有可能来自最初的设计，如某一机构 PPP 项目的试点，也有可能来合作方的互动，如某个医院的 PPP 项目因为激励不足，社会资本参与积极性不高，使得委托方为了完成任务不得不限制参与选择权，从而引致某个项目的特定组织形态。

2.1.3　项目制下的 PPP 模式

政府和社会资本合作（Public – Private Partnership）模式，在我国的实践中，都是以项目制的形式来运作的，是现行财政体制常规分配渠道和规模之外的一种进行资源配置的制度安排①。近年来，PPP 模式推广进行得如火如荼，这一模式在国家资源配置中的权重日渐增加，地位和影响力与日俱增。在 PPP 项目中，参与主体特征、产品属性和合作强度等都明显有别于私人部门间的合作。

与常规的公共产品供给方式不同，PPP 项目具有不确定性和间断性的特点。在常规的公共产品供给中，财政资源相对稳定，收入和支出大多都呈现经常性和重复性的特点，政府在相应领域和工作上一般都具有计划性和持续性的特点，从而导致行为的可预测性和稳定性。而 PPP 项目往往因事而定，因时而变，且经常一事一议，不确定性较大。在现阶段，制度与规则不明确，PPP 项目资金很多并未纳入各级政府的财政体系，在项目的选取上有着较大的"自由裁量权"。由于我国的 PPP 项目依附于政府常规的科层制行政体制，但 PPP 项目的运行机制与科层制的运作机制经常相悖，这一方面可能会造成 PPP 项目执行效率降低，另一方面会诱发新的制度性紧张②。在 PPP 项目中，参与选择权与专有性关系是项目中最为重要的两个要素。

---

① 周雪光. 项目制：一个"控制权"理论视角［J］. 开放时代，2015（2）：82 – 102.
② 史普原. 多重制度逻辑下的项目制：一个分析框架——以粮食项目为例［J］. 华中师范大学学报（人文社会科学版），2014（2）.

（1）参与选择权主要是指社会资本参与或推出某一项目的选择权。与自上而下的财政支出方式不同的是，参与选择权赋予了社会资本参与项目与否的主动权，正是这一机制引入了竞争机制，诱发了社会资本争取项目的主动性，进而产生行为差异。这一权利同时隐含了配套的激励机制。

（2）专有性关系是指委托方和承包方之间围绕项目而产生的特定关联，具体到机构的 PPP 项目，主要是作为委托方的政府和作为承包方的社会资本围绕机构建设、运营等项目而产生的特定关系。

PPP 模式通常会有以下两个特点：第一，持续时间长；第二，PPP 包含固定伙伴间的一系列交易，即一系列的合作项目（张喆、贾明、万迪昉，2007）[1]，这就决定了 PPP 项目不仅具有经济交易的性质，还具有社会交易的性质。尤其是在中国，如果忽略了合作关系中的社会交易属性，则难以揭示我国公私部门间合作伙伴的特点。站在政府的视角看公私合作伙伴关系的流程，无论是否为基础设施建设，都包含了如下四项重要内容：项目选择、竞标、财政付费和规制（财政部，2014）。

2.1.4 PPP 内涵的再解释

要研究 PPP 合同中的政府的边界，首先要从 PPP 的基本概念与本质着手。Public‐Private Partnership（PPP）模式起源于欧洲。在中国，公众习惯于用 PPP 指政府和社会资本合作模式。但是，英文语境下的 PPP 模式与中国的政府和社会资本合作模式存在较大的区别，不能简单地将两者等同，而是需要回到中国语境看其内涵与外延。

（一）广义的 PPP 是公共部门与私人部门的合作

众所周知，PPP 模式并无公认统一的定义，比较有代表性的定义有，欧盟委员会认为 PPP 是公共部门与私人部门之间的一种合作关系，目的是提供传统由公共部门供给的公共项目；加拿大国家委员会定义 PPP 为公共部门与私人部门之间的一种合作经营关系，通过适当的资源分配、利益共享和风险分担机制，以满足事先清晰界定的公共需求；有些学者甚至认为，广义的 PPP 指的是公共部门与私营部门共同参与提供物品和服务的所有安排。这些定义有两个明显的共性特征：第一，PPP 模式的参与主体是公共部门与私人部门；第二，两大部门的关系是合作关系。这些以两大部门作为

---

① 张喆，贾明，万迪昉. 不完全契约及关系契约视角下的 PPP 最优控制权配置探讨 [J]. 外国经济与管理，2007，29（8）：24–29.

参与主体的 PPP 模式的定义，被普遍界定为广义的 PPP 定义。

从合作关系的本质来看，既然是合作，那么两部门之间应当是平等的关系，而不是委托代理关系，更不是命令与服从的关系。这一点在适用英美法系的国家对 PPP 项目适用的法律上体现得最为彻底，在英美法系中，PPP 合同是政府与私人部门之间签订的契约，原则上适用普通契约法。即便是在适用大陆法系的德国、法国、日本等国，公共部门与私人部门一样在法律和司法上依法承担合同暨财产责任（史际春、肖竹，2004）。这就意味着，在这些国家的制度与法律框架下，以两大部门（公共部门、私人部门）的合作为逻辑起点的 PPP 模式，不仅其顶层设计上不存在 PPP 的定义与法律上的冲突，更从法律层面上确认了两者"平等合作"关系的实质。

（二）狭义的 PPP 应是政府资本与社会资本的合作

与广义的 PPP 定义具有一致的内在特征不同，狭义的 PPP 定义差别较大，不同文献因其自身的需求对狭义的 PPP 进行了不同的定义，而忽略了其背后的逻辑和深层次的理论因素。在中国的国家治理框架下，PPP 模式是典型的"共治"模式，由社会各方对公共事务承担责任，既有代表"公"利、又有代表"私"利的组织和个人共同参与，其目的是发挥多元主体各自的功能和优势，以期提供更好的公共服务。在"共治"模式下，开放、平等、协商是基本理念，对话、竞争、妥协、合作和集体行动是核心机制，其中合作是最重要的机制之一。与自上而下或自下而上的一元治理模式不同，隶属于多元共治决策系统的 PPP 模式，通过多个主体平等交流、自由进入、协商对话等方式形成公共领域。显然，无论是国外语境还是国内语境，PPP 模式的核心都是平等、合作。从比较典型的几个定义来看，将狭义 PPP 特指为"PPP 项目的 SPV 公司"，仅仅是注意到 PPP 模式的表面形式；将其定义为"特许经营协议"，则是将一元治理模式生搬硬套至 PPP 模式，无视其背后的"共治"理念；而那些将狭义 PPP 定义为"一系列项目融资模式的总称"的，更是背离了 PPP 的本质特征和运作要求，将其狭隘地理解为"融资工具"。我们认为，在中国语境下，狭义的 PPP 应当是：政府资本与社会资本共同参与，以发挥参与主体各自的功能和优势为目的，以市场机制为资源配置的原则，以期提供更好的公共产品和服务。

这一定义明确了几个关键性问题：（1）明确参与主体是政府资本与社会资本。政府资本与社会资本共同参与是 PPP 模式微观层面运营的实质，体现了 PPP 对等的关系与合作的本质。从微观视角的 PPP 模式的具体运营来看，世界各国的 PPP 都是以成立特殊目的实体（SPV）公司为主要运营方式。在 PPP 项目的 SPV 中，政府与社会各出资本，共享利益、共担风险。从两者的对等关系来看，如果第一个 P（Public）指的是政府部门，那么第二个 P（Private）应当是私人部门，如果第二个 P（Private）为社会资本，对应的第一个 P（Public）在内涵上理应为政府资本。一方面，这一概念体现了 PPP 模式"合作"的本质，资本本身并无性质之分，资本运作仅仅是利用市场法则实现资本增值、效应增长的方式，其运动主体为资本本身。以资本合作为划分标准，并不包含任何行政属性。另一方面，也解决了"政府"与"社会资本"中文表述的逻辑错误和中英文对应的问题："政府"是法律主体，"社会资本"是法律客体，两者无法进行合作。（2）明确将提供公共产品与服务作为 PPP 模式的目标。这一目标明确了 PPP 模式作为公共产品供给的一种替代方式的创新，维护了 PPP 模式的公共利益，并从根本上否定那些并不适用 PPP 模式的市场化项目，拒绝将 PPP 作为狭隘的"融资工具"。（3）明确了资源配置的基本方式。在主体平等的情况下，以市场机制为资源配置的原则本就水到渠成，是实践的客观要求，也意味着，政府需要在 PPP 模式中尽量消除壁垒和歧视，保证社会资本能公平、公正地参与到 PPP 模式中，从而促进公平竞争与资源的合理配置，实现效率的提高。（4）体现了"共治"理念。"以发挥参与主体各自的功能和优势为目的"本质上是将社会资本纳入原本属于政府社会管理事务的职责中，体现了政府资本与社会资本由对立转向合作，并隐含了 PPP 模式的社会主体拥有自主权与自治权的内涵，体现了开放、合作的"共治"理念。

2.2　"控制权"理论视角下的 PPP 项目

无论是从理论还是从我国具体的实践来看，PPP 项目本质上是委托方与代理方就一个具体项目的契约，每个项目在任务、主要内容、资源配置等方面均有差异，合约也不尽相同，合作伙伴关系也随着项目的不同而各异。同时，PPP 项目也是委托方与代理方在资源配置和政策目标之间的互动博弈，具体表现为 PPP 合作双方的博弈。在项目的招标期，是委托方与目标代理群之间的互动博弈，这一阶段，作为委托方的政府可以通过引入市场机制，如以招标的形式，通过引入竞争而降低筛选目标代理人的成本。在确定项目代理人后，市场机制不再有效，政府作为合作方之一，由于各项目都是量身定做，信息不对称、激励等问题将是 PPP 项目的重要考虑因素。

2.2.1   从不完全契约、产权到控制权

控制权理论是建立在不完全契约理论基础上的，在 PPP 项目中，政府是项目委托方，而双方合作成立的项目公司是代理方，各方之间形成的委托代理关系本质上是有一定授权和资源配置的契约，由于有限理性、未来的不确定性和信息不对称，无法制定完全契约。由于契约的不完全性，不能以资产这一产权理论的术语来界定所有权。在不完全契约下，资产的使用不能事先完全确定，而那些可以预见、执行的权利对资源配置并不是关键的，取而代之的是那些契约中没有提及的资产的控制权利，即剩余控制权。因此，对于资产的所有者而言，任何谈判达成的契约都是由资产所有者达成的剩余控制权，关键是对资产剩余控制权的拥有。

在不完全契约理论下，产权不是资产或者其他收入的剩余索取权，而是资产使用的剩余控制权。所有权是控制权的基础，所有权配置与控制权配置是一致的①。在 PPP 模式下，政府更多是以平等的参与人身份参与到契约谈判中，项目的目标、生产、激励设计、绩效评估等由参与人谈判决定，剩余控制权在参与双方间进行分配。Hart 认为，PPP 模式的控制权扩展于私人部门间合作的控制权（Hart，1998）②。在私人部门间的合作中，均衡状态下的所有权结构是能够产生最多社会剩余的所有权结构③（Hart，2001）。Bseley 和 Ghatak④（1980）提出了纯公共品情形下的控制权配置问题，即BG 理论，他们认为，如果双方投资生产的是公共物品或服务，那么不论投资的相对重要性或其他生产技术方面的因素如何，控制权应当由对产品价值判断较高的一方拥有。显然，这一理论只考虑了纯公共物品的情况，在

① Grossman S J, Hart O D. One share – one vote and the market for corporate control [J]. Journal of financial economics, 1988, 20: 175 – 202.

② Morris G M, Goodsell D S, Halliday R S, et al. Automated docking using a Lamarckian genetic algorithm and an empirical binding free energy function [J]. Journal of computational chemistry, 1998, 19 (14): 1639 – 1662.

③ Venter J C, Adams M D, Myers E W, et al. The sequence of the human genome [J]. Science, 2001, 291 (5507): 1304 – 1351.

④ Pangaribuan W. Trust, Norms and Networks: The Role of Social Capital in Cattle Redistribution Implementation Towards Indonesian Beef Sovereignty: Case of Tanah Laut and Pulang Pisau, South and Central Kalimantan Provinces, Indonesia [M]. Erasmus University, 2012.

他们研究的基础上，Francesconi 和 Muthoo[①]（2006）研究了准公共品时公私合作之间的控制权分配问题。他们认为，最优的控制权应当由投资重要性、双方对产品价值的评价以及产品公共化程度三方面因素共同决定。

2.2.2　控制权理论下的 PPP 项目三个维度

本文借鉴周雪光（2012）[②] 的方法，根据 PPP 项目的执行流程，将控制权划分为三个维度。

1. 目标制定权

目标制定权是制定目标任务的控制权。在 PPP 项目中，有些项目的目标是从上而下单方制定的，然后政府以发包的方式委托给项目公司，有些是委托方与代理方协商或谈判的契约。

2. 监督检查权

监督检查权是在目标制定权的基础上，为了确保契约的落实与完成，而对契约进行监督检查的控制权。值得说明的是，这一控制权附属于目标制定权，不是绩效评估。在 PPP 项目中，项目委托方可以自己行使监督权，也可以将这一权利下放给项目公司，由项目公司检查项目目标完成情况。

3. 激励分配权

激励分配权是对代理方的激励设置以及奖惩其表现的权利，其中，项目契约执行中的资源配置和组织实施也包含在内。激励分配权独立于上述两种权利。在 PPP 项目中，项目公司的激励和考核的控制权，可能留在委托方，也可能下放到项目公司。

将 PPP 项目的控制权进行不同维度的划分，是在控制权理论框架下，结合 PPP 项目进行的有意义的探索。从控制权的理论来看，一般的 PPP 项目有以下几个特点：（1）作为委托方的政府（更多的是各级行业主管部门，或者是行业主管部门与财政部门等一起）行使目标制定权，然后将制定的政策目标发包给 PPP 项目公司；（2）政府作为委托方且作为项目参与方行使监督检查权，定期检查，评估项目公司上交的项目完成情况；（3）项目公司行使激励分配权以及实现项目目标的其他控制权。从参与双方的参与

---

① BI X, Jin D. The Distribution of Residual Control Rights under Self – interest Behavior ［C］//Proceedings of the 21st International Conference on Industrial Engineering and Engineering Management 2014. Springer, 2015：13.

② 周雪光，练宏. 中国政府的治理模式：一个"控制权"理论 ［J］. 社会学研究，2012（5）：69 – 93.

动机来看，公共部门关心的是政策目标的完成，即项目的完成与否以及项目完成效果，而不关心项目执行的实际部署。

因此，在 PPP 项目中，作为委托方的公共部门往往拥有制定目标的控制权，同时作为参与方拥有一定的监督检查权，而更多地将激励分配权下放至项目公司，从而调动项目公司积极完成目标。不仅如此，从交易成本经济学的角度来看，即便作为委托方的政府欲行使激励分配权，项目执行的信息获取成本较高，而作为项目执行的代理人拥有较大的信息优势，可以更好地行使激励分配权。当然，不同类型的 PPP 项目，具体的控制权最优分配有着较大的区别。

表 2 – 2　　　　　　　　　　PPP 项目控制权三维共性分布

项目	目标制定权	监督检查权	激励分配权
权利所有者	政府	政府/社会资本	社会资本

2.2.3　PPP 项目的控制权理论分析

1. 理论思路

从出资主体来看，政府部门的出资主体往往是行业主管部门，如发改委、财政、交通、住建、环保、民政、教育、卫生、国土、体育等部门，一些基础设施建设的 PPP 项目，往往涉及不止一个部门，这其中，只要项目需要政府付费，就离不开财政部门，因此，在世界各国的实践中，财政部门都是最为主要的 PPP 模式主管部门。从付费方式来看，我国现有的 PPP 付费机制主要有政府付费、使用者付费与可行性缺口补助三大类。其中，政府付费是指由政府直接付费购买公共产品和服务。使用者付费是指由最终的消费者购买公共产品和服务。可行性缺口补助指的是，当使用者付费不足以满足项目机构收回成本和合理的回报时，由政府给予 PPP 项目公司一定的经济补助，从而弥补使用者付费之外的缺口。

与其他契约的双边关系相同，PPP 项目合同体系同样存在着信息的不对称和未来事件的不确定性，在我国现行 PPP 法制不健全的现实情况下，PPP 项目合约之外的剩余控制权的分配是决定合作双方的关键性因素。在 PPP 项目中，我们完全可以将政府视作委托人，而社会资本以及最终成立的 PPP 项目公司是代理人。显然，这类项目存在信息、激励等一系列问题。不同的项目需要由不同的控制权配置来提高整个项目的效率。

事实上，且不论尚未成熟的 PPP 项目运行机制，就是在我国较为成熟的行政体制下，也经常出现政策执行的偏差，"上有政策、下有对策"的现象比比皆是。在项目落实与运营的过程中，社会资本因其信息优势，通常都拥有项目契约规定的权利分配之外的剩余控制权，在 PPP 项目中，正式权威与实际权威[①]经常分离（Aghion P, Tirole J. 1997）[②]。也就是说，在 PPP 项目中，即便作为正式权威的政府的地位并没有发生明显变化，社会资本的信息优势可能导致其在非正式领域的实际控制权（周雪光、练宏，2012）[③]。

2. 序贯博弈理论下的 PPP 模式

表 2 - 3   不同模式下的 PPP 项目不同维度控制权分配组合

控制权 ＼ 机构	BOT&TOT	O&M	DBOT	BOO
目标制定权	委托方	委托方	代理方	代理方
监督检查权	委托方	委托方	代理方	代理方
激励分配权	代理方	代理方	委托方	代理方

表 2 - 3 从控制权角度列举了不同运行模式的 PPP 项目的控制权配置方式。从控制权的理论思路来看，以 BOT 模式为例，这一模式的 PPP 项目有以下特点：一是委托方行使目标权，设置具体的服务对象，如某省棚户区改造的 PPP 项目，其目标包括两部分，第一部分为老旧小区改造，第二部分为城市道路建设。其中，第一部分涉及 26 个小区，建设内容包括楼体外墙保温改造工程、小区公共基础设施改造工程、临街楼体美化亮化工程三方面内容。这些目标均是由政府设定的。二是委托方持有代理方服务的检查验收权，也就是代理方是否能按照合约完成其提供的服务。三是代理商在其满足服务提供的基础上享受激励分配的控制权以及政策具体实施的其他控制权。

这一做法显然是合理的。首先，委托方只关心其服务提供的结果，并不关心实际部署，因此，把执行的控制权交给代理方，从而调动后者在提供服务的过程中的积极性。试想，如果负责机构的政府部门想要对机构的

---

① 正式权威指基于组织正式地位的权威，实质权威是因为信息优势而实际拥有的权威。

② Aghion P, Tirole J. Formal and real authority in organizations [J]. Journal of political economy, 1997: 1 - 29.

③ 周雪光，练宏. 中国政府的治理模式：一个"控制权"理论 [J]. 社会学研究, 2012 (5): 69 - 93.

运营进行全面检查，其成本将极高，所以大多数情况都是抽查，以确保 PPP 项目公司提供的服务符合合约。其次，我国公共产品供给实践表明，政府直接供给公共产品的效率往往很低，在任何一个有相当规模的组织中，委托方行使激励分配权所需要的信息成本都非常高昂。因此，新公共管理理论的盛行也是基于这一实际背景。再以 BOO 模式的项目为例，BOO 模式下，由于所有权转至 PPP 项目公司，具体的目标制定权与监督检查权在社会资本本身，但是激励分配权很大比例都在政府，有些项目为了在项目初期就能得到政府的支持，如贷款优惠、土地划拨等，就得满足相关政策文件，因此在设计方案之初就有明确的倾向性和目的性。从这个角度来看，政府实际行使了目标制定权，政府是实际的控制权人。可见，不同 PPP 运行模式在控制权上有不同的权重和组合，这必然就需要不同的治理组合。

从博弈论的角度来看，PPP 项目中，政府是委托方，也是主动的一方，制定相应的规则。委托方的不同目标及由目标导致的不同的成本，是影响其采用不同策略的重要原因和条件。与行政发包制不同，PPP 项目的社会资本有选择不参与的权利，作为委托方的政府必须要满足"参与约束"才能吸引社会资本参与项目。在项目合约执行过程中，由于信息不对称与不完全契约的存在，要想让代理人按照委托方的目标努力，则需要满足激励相容规则。

2.3　基于控制权理论的 PPP 项目社会资本参与原则

本质上而言，PPP 项目中不同阶段的协商是参与各方的博弈，其中包括政府与社会资本方之间的博弈，还包括社会资本方内部，如建设、运营、融资方之间的相互博弈。从理论上来说，当博弈达到了纳什均衡状态时，是可持续的状态，是最优解。根据这一思路，我们用博弈论的方法，建立了参与方谈判收益方程。我们假设，给定控制权配置和投资水平，参与方合作带来的项目收益总和要高于不合作参与双方各自收益的简单加总。

2.3.1　基本模型

PPP 项目中，有政府部门（Government，g）和私人部门（Private，p）两个参与人，我们将合作双方的主要沟通流程划分为三个阶段：第一阶段是如何分配决策权，在此之后，才是各参与方负责具体的投资，这些投资很难由第三方进行确认，需要花费的成本太大，每个参与方都可以投入它愿意投入的任意投资水平，且一方的投入能完全被另一方所知晓，第三阶段是投资后的运营谈判。

图 2 - 4　PPP 项目博弈的三个阶段

第一阶段，合作初期的控制权配置谈判。为了简化分析，我们参照 Francesconi（2006）[①] 的划分方式，假设政府的控制权为 α，其中 $\alpha \in [0, 1]$，社会资本的控制权为 $1 - \alpha$。当 $\alpha = 1$ 时，意味着政府拥有全部的控制权，社会资本的控制权为 0；当 $\alpha = 0$ 时，意味着社会资本拥有全部的控制权；当 $\alpha \in (0, 1)$ 时，则意味着合作双方共享控制权。

第二阶段，项目投资。合作双方中，至少有一方能够从项目投资中获得收益。令 y_i（$i = g, p$）为参与方的投资水平，投资过程产生的成本为 $C_i (y_i)$，其中 C_i 满足以下条件：C_i 单调递增，凸的且二阶连续可导。项目一旦进行投资，由于政府和社会资本拥有不同的信息优势，项目的决策如果是在信息共享、共同商议的情况下做出，则项目总收益为 $b(y)$，如果在这一阶段信息沟通不畅，合作双方仅依据初始的控制权配置 α 来进行决策制定，则指定项目收益为 $B(y, \alpha)$，那么 $y \equiv (y_g, y_p)$，其中 $b(y) > B(y, \alpha)$。我们假设 B 与 α 线性相关，则有

$$B(y, \alpha) = \alpha B_g(y) + (1 - \alpha) B_e(y) \qquad (2 - 1)$$

其中 $B_i(y)$ 代表当控制权全部归一方拥有时的项目收益。

第三阶段，项目运营谈判。这一阶段的谈判主要涉及实际决策权与项目收益的转移支出。由于信息优势的变化，拥有信息优势的一方在谈判中往往筹码会更多，使实际决策制定权与收益分配发生变化，需要进一步谈判。与第二阶段一样，我们认为，谈判成功后双方合作制定决策使项目总收益会大于初始控制权配置决策下的项目收益。当谈判成功时，有

$$u_g(y) = \theta_g b(y) - t$$
$$u_p(y) = \theta_p b(y) + t$$

其中，$u_i(y)$ 为各自谈判成功时的收益，θ_i 为各自的收入参数，t 为转

① Francesconi M, Muthoo A. Control rights in public - private partnerships [M]. Cambridge University Press, 2006.

移支付的额度，当由政府转给社会资本时，$t>0$，反之则 $t<0$。然而，如果谈判没能成功，则各自只能获得按照初始控制权配置进行决策而得到的收益。同时，我们创造性地引入公共性程度这一指标，我们称之为"确定性收益"，也是本项目初始控制权配置的最低收益：

$$\overline{u_g}(y,\alpha) = \theta_g[\alpha B_g(y) + \Omega(1-\alpha)B_p(y)] \qquad (2-2)$$

$$\overline{u_p}(y,\alpha) = \theta_p[\Omega\alpha B_g(y) + (1-\alpha)B_p(y)] \qquad (2-3)$$

其中，$\Omega\in[0,1]$ 为项目的公共性程度，当 $\Omega=0$ 时，为私人产品，当 $\Omega=1$ 时，为纯公共产品，当 $\Omega\in(0,1)$ 时，则为准公共物品。

由于 $b(y)>B(y,\alpha)$，则 $u_g(y)+u_p(y) > \overline{u_g}(y,\partial) + \overline{u_g}(y,\partial)$，在第三阶段，参与双方才有动力去相互合作。为了更为深入地研究这一行为，我们引入纳什谈判均衡的结论，双方合作的临界值为"确定性收益"。当合作的净收益低于"确定性收益"，参与双方会选择按初始控制权配置来获得收入分配，反之，双方则有动力去进一步谈判合作。

为了更好地证明我们的模型，将进一步做如下假设：

(1) b 是单调递增，凹的且二阶连续可微的函数，$b(0,0)>0$；

(2) B_i 是非减的，凹的且二阶连续可导的函数，$B_i(0,0)>0$；

(3) 投资的边际收益最高的是合作达成时，其次为自身拥有唯一控制权时，最低的是对方拥有控制权配置时，即 $b_1(y)>B_{g1}(y)>B_{p1}(y)$，$b_2(y)>B_{g2}(y)>B_{p2}(y)$。

本文的纳什谈判收益 V_i 取决于参与双方的投资额及控制权的初始配置，即 $y\equiv(y_g, y_p)$ 与 α，记为 $V_i(y,\alpha)$，在下文中，我们令 $V_{ki}(y,\alpha)$ 为第 k 个参数的一阶偏导，$k=1$，2，3 分别代表 y_g、y_p 与 α，简记为 V_{ki}。令 $V_{kli}(y,\alpha)$ 为二阶偏导，k，$l=1$，2，3，简记为 V_{kli}。

初始结论如下：

对于任意 y 与 α，在第二阶段中纳什谈判均衡获得的收益为

$$V_i(y,\alpha) = 0.5(\theta_g + \theta_p)b(y) + 0.5[\overline{u_i}(y,\alpha) - \overline{u_i}(y,\alpha)](i\neq j) \qquad (2-4)$$

也就是说，第二阶段的纳什谈判均衡收益为谈判达成后的项目总收益的一半加上参与方"确定性收益"差额的一半，我们将"确定性收益"代入上述方程，则有方程 (2-5)、方程 (2-6)：

$$V_g(y,\alpha) = 0.5(\theta_g + \theta_p)b(y) + 0.5(\theta_g - \theta_p)B(y,\alpha) + 0.5[\theta_p\alpha B_g(y) - \theta_g(1-\alpha)B_p(y)] \qquad (2-5)$$

$$V_p(y,\alpha) = 0.5(\theta_g + \theta_p)b(y) - 0.5(\theta_g - \theta_p)B(y,\alpha) - 0.5[\theta_p\alpha B_g(y) - $$

$\theta_g (1 - \alpha) B_p(y)]$ (2 - 6)

投资总收益与投资总成本之间差额最大化时的投资水平为最优投资水平。对参与者来说，第二阶段有关投资额度的谈判，本质上是一个静态的纯战略博弈。从博弈论的角度来说，参与双方根据纳什谈判得益与投资成本之间的差额最大化进行决策。我们将证明，这一博弈中有着唯一的纳什均衡。

同其他标准的纳什谈判限制条件一致，我们同样假设所有的博弈变量均非负，且 $|b_{kk}(y) - b_{kl}(y)| \geqslant |B_{kki}(y) - B_{kli}(y)| \geqslant 0$，我们进一步规范该博弈下的一些特征：

（1）当 $k = 1$ 时，$i = g$；当 $k = 2$ 时，$i = p$；对于任意投资水平 y，对 $V_i(y, \partial)$ 求 y 的偏导，都有，$V_i(y, \alpha) < (\theta_g + \theta_p) b(y)$；

（2）对任意投资水平 y，都有 $V_{i12}(y, \alpha) > 0$。

我们将谈判收益函数再调整一下，有方程（2-7）、方程（2-8）：

$$2V_g = \theta_g \{ \alpha(b + B_g) + (1 - \alpha)[b + \Omega B_p] + \theta_p[(1 - \alpha)(b - B_p)] + \alpha[b - \Omega B_p] \} \tag{2-7}$$

$$2V_p = \theta_g \{ \alpha(b - B_g) + (1 - \alpha)[b - \Omega B_p] + \theta_p[(1 - \alpha)(b + B_p)] + \alpha[b + \Omega B_p] \} \tag{2-8}$$

因为 V_i 严格单增且二阶可微，且 $b_1(y) > B_{g1}(y) > B_{p1}(y)$，$b_2(y) > B_{g2}(y) > B_{p2}(y)$，则有

$$\lim_{y_g \to 0} V_{g1}(y, \alpha) = \lim_{y_p \to 0} V_{P2}(y, \alpha) = \infty \tag{2-9}$$

$$\lim_{y_g \to \infty} V_{g1}(y, \alpha) = \lim_{y_p \to \infty} V_{P2}(y, \alpha) = 0 \tag{2-10}$$

又因为 $b_{12}(y) \geqslant B_{g12}(y)$，$B_{g12}(y) \geqslant 0$，有 $V_{i12}(y, \alpha) \geqslant 0$。

由于 V_i 与 C_i 均是 y 的增函数，且二阶可导，因此参与方的效用方程（$V_i - C$）同样是 y 的增函数，连续且二阶可导。由于每个参与方的纯战略集合都是非空、闭的、有界的凸集，符合均衡的存在性定理，即至少存在一个纳什真略均衡，且当且仅当投资组合 y 满足

$$V_{g1}(y, \alpha) = C'_g(y_g) \tag{2-11}$$

且 $V_{p1}(y, \alpha) = C'_p(y_p)$ 时，为纳什均衡解，记

$$y_e \equiv (y_{ge}(\alpha), y_{pe}(\alpha)) \tag{2-12}$$

由于纳什均衡解是在现有谈判筹码下参与双方所能达到的最优解，在均衡解下，没有人有动力去改变决策，因此，能达到纳什均衡解的控制权配置是最优效率的配置方式，即

$$\max_{0 \leqslant \partial \leqslant 1} s(\alpha) = V_g(y_e(\alpha),\alpha) + V_p(y_e(\alpha),\alpha) - C_g(y_{ge}(\alpha)) - C_p(y_{pe}(\alpha))$$

$$(2-13)$$

对 S 求导,并将上述纳什均衡的收益函数一阶偏导结论代入,有

$$S'(\alpha) = V_{g2}(y_e(\alpha),\alpha)\left[\frac{\partial y_{pe}}{\partial \alpha}\right] + V_{p1}(y_e(\alpha),\alpha)\left[\frac{\partial y_{ge}}{\partial \alpha}\right] \quad (2-14)$$

对于任意的控制权配置 α 以及投资组合 y,在最优的控制权配置 α 下,最优投资水平决定于 V_{g13} 与 V_{p23},这两项交叉偏导分别决定了政府与社会资本的投资的边际回报率:

$$V_{g13} = \frac{\partial}{\partial \alpha}\left[\frac{\partial V_g}{\partial y_g}\right] = \frac{1}{2}\Big[\underbrace{(\theta_g - \theta_p)(B_{g1} - B_{p1})}_{BG} + \underbrace{(1-\Omega)(\theta_g B_{p1} + \theta_p B_{g1})}_{GHM}\Big]$$

$$(2-15)$$

$$V_{p23} = \frac{\partial}{\partial \alpha}\left[\frac{\partial V_P}{\partial y_P}\right] = \frac{1}{2}\Big[\underbrace{(\theta_g - \theta_p)(B_2^P - B_{G2})}_{BG} + \underbrace{(1-\Omega)(\theta_g B_{p2} + \theta_p B_{g2})}_{GHM}\Big]$$

$$(2-16)$$

方程(2-15)、方程(2-16)的右半部分表明,这两个交叉偏导都取决于投资组合 y,而不是控制权配置 α,对所有的 y,如果上述 V_{g13} 与 V_{p23} 非负(非正)且其中一个为正数,则在所有的策略集中,参与双方的投资均衡解都是严格递增的,则

结论 1:如果任意的投资组合 y,方程(2-15)、方程(2-16)都是非负(非正)且其中一个为正数(负数),那个最优的控制权配置方式为 $\alpha = 1(\alpha = 0)$。

方程(2-15)的右半部分中,控制权配置 α 对政府部门的投资水平 y 的刺激程度又分为两个部分:第一部分为 BG 效应,又叫纯公共产品生产的控制权配置效应,从这一部分可以看出,政府部门的 BG 效应可能为正,也可能为负,这取决于政府部门与社会部门谁对该项目的评价更高,即 $\theta_g - \theta_p$。第二部分为 GHM 效应,又叫私人产品下的控制权配置效应,由于 $\Omega \in [0,1]$,因此 $1-\Omega \geqslant 0$,该部分恒为非负。当 $\Omega = 1$ 时,即为纯公共产品时,方程仅显示为 BG 效应。从模型中可以看到,政府部门的投资激励有两个相反的潜在动力。

为了更直观地得出我们的结论,假设某 PPP 项目,社会资本对该项目的价值评估高于政府。以 V_{g13} 为例,当

$$\theta_g - \theta_p$$
$$\theta_p > \theta_g$$
$$B_{g1} > B_{p1} , B_{g1} > B_{p1}$$

则 BG 效应为正，而 GHM 效应为正，根据方程（2-2）、方程（2-3）可知，当政府拥有唯一的控制权（$\alpha=1$）时，社会资本的"确定性收益"要高于社会资本拥有唯一控制权（$\alpha=0$）时的收益。在这一阶段的谈判中，政府拥有相对更多的谈判筹码。相反，GHM 效应则随着对价值判断的增加而增加。由于机构的 PPP 项目大多数属于准公共物品，也就是 $0 < \Omega < 1$，PPP 项目中合作双方的谈判力取决于上述两种相反动力的总和。

2.3.2 政府出资运营模式下的最优控制权分配

在财政部公布的 PPP 合同范本中，政府购买是典型的政府作为唯一投资者的身份进行投资，但是，即便政府是最后的供给者，也不意味着政府就是唯一的生产者，正因为如此，PPP 的意义才更为重大。这一部分，我们主要研究政府为唯一投资者的情况下，如何进行控制权的分配[①]。因此，我们主要进一步分析方程（2-15）。

与前人学者的研究结论一致，当项目为纯公共产品时，BG（2001）[②]的研究表明，唯一的控制权应当赋予对项目评价最高的一方，而不考虑投资方以及投资的重要性；当项目为私人产品时，唯一的控制权应当赋予唯一的投资者，而无须考虑对项目价值的评价高低和投资的重要性等因素（GHM，1986）[③]。在某种极端的情况下，当合作双方对项目评价完全相同时，在纯公共物品的情况下，$\Omega=1$，$\theta_g = \theta_p$，无论何种控制权的配置都是最优，但是一旦 $\Omega < 1$，最优的配置方式是将唯一的控制权赋予唯一的投资者。

在前人学者们已经作出的卓有成效的研究的基础上，我们进一步深入研究更为一般情况下的控制权配置问题。

（1）当政府对项目的价值评价高于社会资本的情况时，即 $\theta_g - \theta_p > 0$，也就是说，在方程（2-15）中，BG 效应和 GHM 效应均为正，那么最优的

---

① 事实上，下文的论证在社会资本作为唯一投资者的情况下也是完全成立的。

② Besley T J, Ghatak M. Government versus private ownership of public goods [J]. Quarterly Journal of Economics. 2001.

③ Grossman S J, Hart O D. The costs and benefits of ownership: A theory of vertical and lateral integration [J]. The Journal of Political Economy, 1986: 691 –719.

控制权配置方式是将唯一的控制权赋予政府。

（2）当 $\theta_g - \theta_p < 0$ 且 $\Omega \leqslant \theta_g/\theta_p$ 时，BG 效应为负，而 BHM 效应为正，由于 PPP 项目绝大多数都是准公共物品，即 $0 < \Omega < 1$，方程（2-15）可以被改写为

$$V_{g13} = \frac{\partial}{\partial \alpha}\left[\frac{\partial V_g}{\partial y_g}\right] = \frac{1}{2}\{(\theta_g - \Omega\theta_p)B_{g1} + (\theta_p - \Omega\theta_g)B_{p1})\} \quad (2-17)$$

方程（2-17）中的前半部分，也就是有关 B_{g1} 的那部分，可能为正，也可能为负，而后半部分则恒为正。当 $\Omega \leqslant \theta_g/\theta_p$ 时，方程（2-17）恒为正，最优的控制权配置是将唯一的控制权赋予政府。这就意味着，当 PPP 项目的标的物公共属性较低，唯一的控制权应当赋予唯一的投资者。也就是说，当 PPP 项目标的更接近于私人物品的状态时，GHM 的研究结论也是成立的。

结论 2：当 $\theta_g - \theta_p < 0$，$\Omega \leqslant \theta_g/\theta_p$ 时，方程（2-17）恒为正，最优的控制权配置是将唯一的控制权赋予政府。

（3）当 $\theta_g - \theta_p < 0$ 且 $\Omega > \theta_g/\theta_p$ 时，假设 $B_{p1}(y)/B_{g1}(y)$ 连续且独立于 y（BG，2001），当 $\Omega > \theta_g/\theta_p$ 时，方程（2-17）的前半部分为负，后半部分为正，最优的控制权配置需要进一步分析。对于任意的投资组合 y，我们令 $B_{g2}(y) = \lambda_p B_{p2}(y)$，$\lambda_g \in (0, 1)$。Hart（1996）[1] 认为，如果没有后续的进一步合作，将会有 $1 - \lambda_g$ 的收益不会被实现，也就是说，政府能够实现的收益比重仅为 λ_g，我们将比重等式代入方程（2-17），可以得到

$$V_{g13} = \frac{\partial}{\partial \alpha}\left[\frac{\partial V_g}{\partial y_g}\right] = \frac{1}{2}\left[(1 - \frac{\theta_p}{\theta_g})(1 - \lambda_g) + (1 - \Omega)(\frac{\theta_p}{\theta_g} + \lambda_g)\right]$$

$$(2-18)$$

令 $\Omega_g{}^* = (\theta_g + \lambda_g\theta_p)/(\theta_p + \lambda_g\theta_g)$，

当 $\Omega < \Omega_g{}^*$ 时，$V_{g13} > 0$；当 $\Omega = \Omega_g{}^*$ 时，$V_{g13} = 0$；当 $\Omega > \Omega_g{}^*$ 时，$V_{g13} < 0$。

结论 3：当 $\theta_g - \theta_p < 0$ 且 $\Omega > \theta_g/\theta_p$ 时，如果 $\Omega < \Omega_g{}^*$，那么应将唯一的控制权赋予政府；如果 $\Omega > \Omega_g{}^*$，应将唯一的控制权赋予社会资本。

当社会资本对项目价值的评估低于政府时，即 $\theta_p/\theta_g < 1$，此时无须考虑项目的公共性程度，在这种情况下，政府仍然拥有更高的谈判筹码，唯

---

[1] Hart, Oliver, Andrei Shleifer, and Robert W. Vishny. The proper scope of government: theory and an application to prisons. No. w5744. National Bureau of Economic Research, 1996.

一的控制权应当赋予政府。当没有进行投资的社会资本对项目的价值评价高于政府时，即 $\theta_p/\theta_g > 1$，控制权的配置就需要考虑项目标的的公共性程度了，当公共性程度超过某个点时，控制权应当赋予政府，反之则赋予社会资本部门。需要指出的是，当 $\theta_p/\theta_g > 1$ 时，有一种情况下，即便公共性程度很高，控制权也应当赋予唯一的投资者政府，那就是当政府是必须参与的，也就是说政府是不可或缺的，即λ足够大。

本部分小结：研究表明，第一，PPP 项目的最优控制权配置主要取决于三个主要因素：项目标的的公共性程度Ω、参与双方对项目的相对评估价值 θ_p/θ_g 以及唯一投资者的不可或缺性λ，而并不取决于投资的重要性，如投资的边际回报率等。第二，在仅有政府作为唯一的投资者的 PPP 项目中，任何共享的控制权配置都不是最优的。这就意味着，或将控制权全部赋予政府，或将控制权赋予社会资本。在我国现有的 PPP 模式中，外包类就是最佳的例子，最后的"埋单者"是政府，但在生产出成品之前的所有流程全部由承包部门负责。可以说，作为承包部门的社会资本拥有了全部控制权。在未来的 PPP 项目中，公办的机构可以向这种模式倾斜，从而提高机构的效率。第三，在 PPP 项目标的物的公共性程度接近纯公共物品或者私人物品时，无论是 BG 效应还是 GHM 效应的结论均成立。但是，当公共性程度超过一定范畴后，它们的结论则会出现偏差。

2.3.3　共同出资运营模式下的最优控制权分配

我们直接运用方程（2-15）、方程（2-16）就可以很快地推导出共同投资下控制权分配的初步结论。延续前一部分的假设，我们令 $B_{g2}(y) = \lambda_p B_{p2}(y)$，$\lambda_p \in (0,1)$，方程（2-16）即可改写成

$$V_{g23} = \frac{\partial}{\partial\alpha}\left[\frac{\partial V_p}{\partial y_p}\right] = \frac{1}{2}\left[\left(1 - \frac{\theta_p}{\theta_g}\right)(1 - \lambda_p) - (1 - \Omega)\left(1 + \lambda_p\frac{\theta_p}{\theta_g}\right)\right]$$

$$(2-19)$$

令 $\Omega_p{}^* = (\theta_p + \lambda_p\theta_g)/(\theta_g + \lambda_p\theta_p)$，则有

当 $\Omega > \Omega_p{}^*$ 时，$V_{23} > 0$；当 $\Omega = \Omega_p{}^*$ 时，$V_{p23} = 0$；当 $\Omega < \Omega_p{}^*$ 时，$V_{p23} < 0$。

我们很容易得出，当 $\theta_p/\theta_g > 1$，$\Omega > \Omega_g{}^*$ 时，最优的控制权是赋予社会资本唯一的控制权；当 $\theta_p/\theta_g < 1$，$\Omega > \Omega_p{}^*$ 时，最优的控制权是赋予政府唯一的控制权。

为了更好地说明在双方均有投资的情况下，控制权配置的微观经济学

基础，我们延续 BG 模型中的假设，令 $b(y) = a_g\mu(y_g) + a_p\mu(y_p)$，$B_g(y) = a_g\mu(y_g) + \lambda_p a_p\mu(y_p)$，以及 $B_p(y) = a_p\mu(y_p) + \lambda_g a_g\mu(y_g)$，其中 μ 是一个严格单增，凹的且二阶可导，$\mu(y_i) = 2\sqrt{a_i y_i} + E_i$，$E$ 是连续的正数。a_g、a_p 为两个参与者的投资重要性，严格大于零。为了简化模型，我们假设 $C_i(y_i) = y_i$，将上述条件代入方程（2-5）、方程（2-6），经过计算、整理，可以得出，政府与社会资本的纳什谈判均衡投资水平分别为 $V_{g1}(y) = \eta_g\mu'(y_g)$，$V_{p1}(y) = \eta_p\mu'(y_p)$。其中 η_g，η_p 满足方程（2-20）、方程（2-21）：

$$\eta_g = \frac{1}{2}a_g\theta_g\left\{\alpha\left[\left(\frac{\theta_p}{\theta_g} + \lambda_g\right)(1-\Omega) - \left(\frac{\theta_p}{\theta_g} - 1\right)(1-\lambda_g)\right] + 1 + \Omega\lambda_g + \frac{\theta_p}{\theta_g}(1-\lambda_g)\right\} \tag{2-20}$$

$$\eta_p = \frac{1}{2}a_p\theta_g\left\{(1-\lambda_g)\left(1 - \frac{\theta_p}{\theta_g}\right) - \left(\frac{\theta_p}{\theta_g}\lambda_p + 1\right)(1-\Omega)\right] + \left(2\frac{\theta_p}{\theta_g} + 1 - \Omega\right)\right\} \tag{2-21}$$

（1）在完全对称的情况下，即参与双方对 PPP 项目的价值评估、投资的比重以及对项目的不可或缺性（如技术的独占）都完全相同，$\theta_p = \theta_g$，$a_p = a_g$，$\lambda_p = \lambda_g$。我们将相关条件代入上述方程，得出：只要项目标的存在一定的公共性，那么最优控制权就是合作双方平等共享控制权，各为一半。

（2）在不完全对称的情况下，又会有两种方式。第一种是合作中一方的投资比重远高于另一方。在这种情况下，控制权赋予唯一一方的效率要高于合作双方共享控制权，且应当将控制权赋予投资比重更高的一方，而无须考虑对项目标的物的价值评估，这一结论与 BHM 的结论更为接近。第二种情况是，合作双方的投资比重相当。当项目标的物的公共性程度较高时，应当将控制权赋予对项目评估价值更高的那一方。当项目标的物的公共性程度较低时，共享控制权是最优的控制权配置方式，对项目标的评估价值更低的一方应获得更大比重的控制权比例。当项目标的物的公共性程度一般时，应当将唯一的控制权赋予对项目评估价值更低的一方。

在一般的 PPP 项目中，如果政府对项目较为重视，那么应当将更多的控制权赋予社会资本，反之则应当配置给政府更多的控制权。第一，当项目标的物有一定的排他性，合作双方对项目投资的比重差不多时，对项目的价值评估较低的一方在谈判时拥有更多的谈判筹码，其控制权配置的比重必然会要求增加，从而使双方的谈判筹码再次达到均衡。第二，随着项目标的物的公共性程度逐渐增加至纯公共产品时，最优的控制权配置由共享逐渐到独享。这一结论更接近于 GHM 的研究结论。第三，当标的物的公共性程度逐渐降低，甚至为私人产品时，与 BG 的结论相似，最优的控制权应当独享，且赋予对项目评估价值更高的那一方。

2.4 小结

第一，PPP 项目的最优控制权配置主要取决于三个主要的因素：项目标的的公共性程度 Ω、参与双方对项目的相对评估价值 θ_p/θ_g 以及唯一投资者的不可或缺性 λ，而并不取决于投资的重要性，如投资的边际回报率等。

第二，在仅有政府作为唯一的投资者的 PPP 项目中，任何共享的控制权配置都不是最优的。这就意味着，或将控制权全部赋予政府，或将控制权赋予社会资本，在我国现有的 PPP 模式中，外包类就是最佳的例子，最后的"埋单者"是政府，但在生产出成品之前的所有流程全部由承包部门负责。可以说，作为承包部门的社会资本拥有了全部控制权。在未来的 PPP 项目中，公办的机构可以向这种模式倾斜，从而提高机构的效率。

第三，在 PPP 项目标的物的公共性程度接近纯公共物品或者私人物品时，无论是 BG 效应还是 GHM 效应的结论均成立。但是，当公共性程度超过一定范畴后，它们的结论则会出现偏差。也就是说，在 PPP 项目中，要根据标的物公共性程度不同而采取不同的控制权配置方式。

第四，在 PPP 项目的合作双方都对项目进行投资时，尤其合作双方对投资的重要性以及投资比重基本相当时，与前人学者将控制权赋予唯一一方不同，我们认为，共享控制权配置更能激励合作双方，是最优的控制权配置方式。

3 金融机构参与 PPP 项目的主要方式

3.1 PPP 项目的资金结构与资金来源

3.1.1 PPP 项目各方的资金结构

PPP 项目的资金结构直接影响股权投资者、债务投资者和政府的风险和回报，各方对资金结构的要求是不同的，确定合理的资金结构有助于降低资金成本，减少风险和促成项目。股权投资者希望在 PPP 项目资金结构中负债比率尽量高一些，如果项目成功，股权投资者将获得较高的股本回报率，如果项目失败其承担的风险也较小；同时，较高的负债比率可使股权投资者保留一部分资金从事其他项目的开发。但是，较高的负债比率对债务投资者来说意味着较大的风险，因此，债务投资者希望资金结构中的负债比率尽量低一些。资本结构还将影响项目公司的财务风险，较高的负债比率将会使项目公司的财务结构稳定性变差。资本结构会影响股权投资者和债务投资者的风险，那么它必然需要在回报中得到反映，最终影响项目的资金成本。

对政府来说，资金成本是一个重要的财务要素，它反映了政府要为项目的产品或服务付出的代价：

$$权益资本的资金成本 = 无风险报酬率 + 风险报酬率 \qquad (3-1)$$
$$项目资金成本 = 负债比率 \times 债务资金成本 + （1 - 负债比率）\times 权益资金成本$$
$$(3-2)$$

负债比率越高，项目公司财务风险越大，风险报酬率则提高，权益资金的成本将提高，即权益资金的成本与负债比率成正比。

对债务投资者来说，在某一负债比率之内，债务资金成本基本不变，达到一定程度后，由于项目公司财务风险提高，债务资金成本将随项目资金成本债务负债比率提高而提高。综合考虑税收的影响，由于利息偿还是在缴纳所得税之前，利润分配是在缴纳所得税之后，而且权益风险大于债务风险，因此一般情况下，权益资金成本要高于债权资金成本 10% 以上，债务资金成本显然较低。随着负债比率的提高，初始阶段项目资金成本将降低，负债比率超过一定比率后，项目资金成本会开始增加。对政府而言，最低的资金成本所对应的负债比率是一种理想的资金结构，这时政府为项目付出的代价最低。

通过分析可以看出，项目的资金结构取决于债务负债比率、资金成本和权益资金成本，后两者分别取决于债务投资者和股权投资者所承担的风险，因此降低并合理分配两者的风险是降低项目资金成本，获得理想资金结构的有效途径。

一般来说，在 PPP 项目中，政府在招标文件中对投标人的财务能力会提出明确要求，包括资金结构的基本设计、提供权益资金的能力和金融机构愿为其提供贷款的声明等。投标人的财务能力在资格预审阶段尤为重要，它往往是投标人能否通过预审的决定性因素。在正式建议书中，项目资金结构也是测算项目取费的基本假设之一，而后者更是评标时的重要财务指标。接受邀请的投标人作为可能的股权投资人，对于较大的 PPP 项目，一般是由对 PPP 项目感兴趣的不同角色组成的财团。在投标阶段，还没有形成 SPV 公司前，这些角色要签订初步合资协议。协议将规定如何分摊可行性研究费用、雇佣咨询顾问费用和其他前期工作费用，最重要的是协议将规定项目中标后签字各方提供股本投资的数量，且根据需要各方应以备用股本或附加债务的形式提供额外支持，以保证项目融资成功。

签署 PPP 项目的核心授权后，股权投资人要签订项目公司协议，除初始发起人外，权益投资人可能包括建筑商、供应商、东道主国政府或公用事业机构、运营商、证券投资人、机构权益投资人等；在投标准备阶段，发起人就要和贷款银团协商，并认真进行可行性研究，吸引金融机构尤其是投资，争取得到贷款承诺。项目公司成立后，项目公司要与贷款银团签订融资合同，最后落实项目贷款。在典型的 PPP 项目中，商业银行可能仅提供建设贷款，也可能提供长期贷款。项目在不同阶段的风险不同，所以 PPP 项目融资可能是分阶段的，每一阶段的融资包含不同级别的优先债务和附属债务。项目建成并开始运营时项目风险开始减少，保险公司和退休基金等在这种情况下可以为项目提供长期融资，在得到上述资金后项目公司可以全部或部分偿还成本较高的商业银行建设贷款。为了促成项目，债务投资人也应保证在项目超支、延期等出现资金短缺的情况下为项目提供备用贷款或备用股本。

在中国，PPP 项目资金结构的突出特点是负债比率高，一般在 70% ~ 90% 之间，而且是无追索融资或有限追索融资，这样以银行贷款的投资人将承受比传统贷款项目高得多的风险。如何降低债务投资人的风险是以合理成本获得借款，促使项目融资成功的关键环节。一般来说，PPP 项目资金还款有以下两种方式。

（1）偿还 PPP 项目的贷款只能靠项目的资产和现金流量，PPP 项目往往是基础设施项目，资产一旦建成便不能移动，因此贷款者最注重的是现金流量。政府在保证现金流量方面可以做这样一些工作：第一，为 PPP 项目供给的产品购买协议担保，保证政府代理机构履行该协议，保证正常运行情况下项目的现金流入；第二，保证项目最低现金流入，如电力项目采取"或取或付"的方式，交通项目在交通量低于预测值时延长特许期等。一旦现金流量有了保证，借款的风险就会减小，获得借款和降低借款成本的可能性都将增加。

（2）发挥中间资金的作用。对债务投资人来说，中间资金通过附加权益安全余量或附属债务增加了项目的信用，降低了优先债务的风险。中间资金有以下几种形式：第一，在项目协议中规定当项目资金出现困难时，发起人提供部分备用股本或附属债务；第二，在特许协议中规定当项目资金出现困难时，政府以附属债务形式为项目提供紧急贷款以偿还优先债务；第三，在融资协议中规定当项目资金出现困难时，债权人为项目提供附属贷款或备用股本。有了这些中间资金，就可以保证项目在资金困难时渡过难关，这对项目成功是极其重要的。

3.1.2　PPP 项目的资金来源

在中国，PPP 模式的极速扩张是在政府财政压力持续扩大，人民群众对公共产品的需求日益增加的背景下进行的。这种"运动式"的模式推广，虽然有其必要性，但也伴随着大量的项目论证不充分、盲目上马的情况。因此，在以建筑商为主要的股权投资者，以银行为代表的金融机构作为债权投资人的结构下，较大的风险是毋庸置疑的。随着中国金融市场的不断完善，在中央政府对 PPP 项目风险更为谨慎的情况下，各种风险偏好的金融机构广泛地参与到 PPP 项目中，不同的金融机构提供不同类型的资金，有时一个投资者也可以提供多种类型的资金。

（一）权益（股权）资金的来源

项目最初的股权投资人是项目发起人或其他感兴趣的主动投资者，包括建筑商、设备供应商、产品购买商、政府、企业等。这些投资人在一定的条件下可以退出。从国际惯例看，如果需要，权益投资人可以增加一些被动投资人，如机构投资者（如养老基金、保险公司和互助基金）和资本市场上的普通公众。投资机构和个人作为被动投资者意味着他们将不参与项目的开发、管理和运营，他们的资金只用来增加项目所需的权益资金。不仅如此，以中国政府和社会资本合作融资支持基金为代表的权益基金，专门投资"以纳入国民经济和社会发展规划、基础设施和公共服务领域专项规划以及党中央、国务院确定的其他重大项目中的优质 PPP 项目为主要目标"①。这些基金是根据中国经济高速增长需要大量资金建设基础设施的情况设立的。这种基金与其他基金和机构投资者不同，他们精通基础设施，希望得到比被动投资者更高的回报，因此他们具有专业知识的管理队伍，在 PPP 项目中发挥着积极的作用。

（二）作为债权资金和中间资金来源的商业银行

商业银行是传统的债权资金来源，在中国，也是中间资金的最终来源。商业银行的行为在于赚取存贷利差，而不是获得资本收益。因此商业银行不进行股本投资，强调贷款的回收。多数商业银行都提供中短期活动利率信贷，贷款期一般三到五年，最长不超过七年。但由于 PPP 项目周期普遍较长，有的甚至长达 30 年，且中国的 PPP 项目背后往往有政府的隐性信用作为支撑，因此，以国有商业银行为代表的银行也积极地为 PPP 项目提供贷款。当然，由于商业银行对风险的审查普遍严于其他金融机构。因此，在中国规模巨大的 PPP 项目投资下，PPP 项目发起人往往会寻求其他资金作为项目的长期融资来源，而使用商业银行贷款作为流动资金和建设资金。商业银行贷款的特点是比较灵活，更容易设计满足需要的信贷结构，而且在项目出现故障时不是简单地强迫借款者破产，而是与借款者共同寻找解决问题的办法，重新安排还款计划。同时，商业银行也注重贷款的安全结构，且在某种程度上对项目施加影响。商业银行在 PPP 项目融资中发挥着重要作用，有时候商业银行贷款是项目优先债务的主要组成部分。

（三）提供债务、股权和中间资金的机构投资者

机构投资者指非银行金融机构，如保险公司、养老基金和投资基金。

---

① 引自该公司官网 http：//www.cpppf.org/index.html。

与商业银行不同，机构投资者的资金是长期合同存款，因此，机构投资者可以提供长期信贷、中间资金或纯权益资金。机构投资者注重项目的前景，而不是项目的短期还贷能力。但是，机构投资者与项目发起人不同，一般不参与项目开发，也不参与项目的管理和运营，因此他们不承担项目的开发和建设风险。机构投入的资金一般要在项目施工结束和运营时刚开始注入。为了吸引机构投资者或个人投资者参与 PPP 项目的权益投资，我国中央与省级政府成立了 PPP 项目引导基金，这些权益基金通过对多个基础设施项目进行组合投资降低风险，其中有些基金提供混合融资，如权益、附属债务和完工担保等。

政府与 PPP 项目的 SPV 公司应根据项目的成本费用和完工进度制订财务计划，不仅应做好产权、债务和中间资金的比例安排，而且应做好各期资金的周转安排。财务计划应做到优化各种资金的利用，保证项目资金结构的稳定和项目的顺利开发。

PPP 项目的总投资构成包括：第一，投资前费用，指确立项目和初步项目设计所发生的费用；第二，招投标费用，指政府准备招标文件和发起人准备投标文件以及双方进行谈判所发生的费用；第三，项目开发费用，指在初步项目设计的基础上进行可行性研究等所需的费用，包括建设费用（即项目进行土建施工、设备购置和安装所发生的费用，是总投资的主要组成部分）、运营费用和移交费用。

项目投资前费用和开发费用在项目运营前不会有任何结果，若项目失败则可能无任何回报。因此，这部分资金来源是发起人提供的风险资金。项目公司成立后，投资前费用和开发费用计入项目的权益资金。招投标费用由政府和发起人分别负担，政府承担可行性研究和准备招标的费用，发起人承担投标费用，发起人的费用在项目公司成立后计入权益资金。有时，根据合同安排，发起人获得特许权后要部分偿还政府发生的招标费用，或者政府为减少发起人风险可能会为发起人提供部分补贴，项目建设开始时发起人已经获得了特许权并成立了项目公司，项目所需的所有债务、权益和中间资金都已落实。

在项目建设阶段，各种资金的支付顺序为：第一，发起人注入部分权益资金；第二，商业银行按权益资金的比例注入贷款，对于有些国家级的项目，贷款也可能先于权益资金注入；第三，双边机构和出口信贷机构注入购买设备或服务所需要的资金；第四，在建设工程结束后运营工作开始前，项目风险减小，机构投资者的长期债务、产权和中间资金开始注入，偿还短期商业银行贷款，这等于为项目进行了再融资。一旦项目开始运营，PPP 设施就需要流动资金，项目公司的内部资金和商业银行的短期贷款是流动资金的主要来源。PPP 项目结束时，如果项目协议要求 PPP 项目移交时必须处于有效的物理状态和财务状态，那么使设施处于这种状态所发生的费用由项目公司支付。如果移交以设施的自然状态为基础，那么使设备达到有效状态的费用将由接管项目的机构支付。有些项目中，按照合同，接管 PPP 项目的机构应该向项目公司支付一定的款项。

3.1.3 金融机构参与 PPP 项目的主要模式

由于 PPP 项目投资金额较大，项目周期长，在实践中，很少有单一的金融机构作为唯一的社会资本方参与到 PPP 项目中，需要政府与社会资本方就设计、融资、建设、运营、管理等通力合作，因此，在 PPP 项目中，往往会涉及建筑商、运营商与金融机构等联合投资体。为了提高效率，政府也往往会采用联合体招标，建筑商专注建筑，运营商专注运营管理，金融机构专门负责融资，在规模较大的 PPP 项目中，更是经常有金融机构的联合投资体。通过各方的通力协作，实现整体效率的最大化。一般来说，常见的金融机构参与 PPP 项目的方式有以下几种。

1. 政府 + 金融机构

在 PPP 模式中，政府是不可或缺的一方，在我国的 PPP 项目实践中，无论项目大小，政府都对 PPP 项目公司进行注资，虽然比重往往仅占项目投资的 5% ~30%。从资金的来源来看，在全球范围的 PPP 项目中，金融机构都是主要的资金来源，银行、保险、信托、证券、基金，甚至资产管理公司等，各类金融机构纷纷参与 PPP 项目。根据金融机构的类型不同，主要有以下几个类别。

（1）政府 + 银行

如前文所述，银行是 PPP 项目中债权资金和中间资金的主要来源。在我国，由于间接性融资方式是金融市场的主体，在 PPP 项目中，银行贷款往往占项目总投资额的 70%，甚至更多。但是，银行不仅仅是以贷款的形式参与其中，在现阶段，由于商业银行无法直接对 PPP 项目进行股权投资，银行往往通过认购优先级份额进行 PPP 项目的股权投资。除此以外，还通过项目贷款，对项目进行信贷支持。

（2）政府 + 保险公司

保险公司的资金具有成本低、资金可使用时间长等特点，从资金匹配度来看，是与 PPP 项目最为匹配的类型。但由于我国保险资金的投资限制，以及我国 PPP 模式发展实际上仍处于起步阶段，在 PPP 项目的实践中，保险资金参与的 PPP 项目比重较低。随着相关监管限制的松绑，PPP 模式日益成熟，政策日益完善，可以预见未来 PPP 项目中保险资金的参与将会越来越多。

北京市交通委员会代表北京市政府与北京京港地铁有限公司草签了《北京地铁十六号线项目特许协议》（以下简称《特许协议》）。京港地铁采用 PPP 模式（公私合作）投资 150 亿元参与北京地铁 16 号线的投资、建设和运营，并获得北京地铁 16 号线 30 年的运营权。京港地铁负责维护全部设施，北京地铁 16 号线计划总投资 474 亿元人民币，分为 A、B 两个部分。A 部分主要包括洞体、轨道等土建部分，由北京市基础设施投资有限公司代表北京市政府投资并所有，在项目建成后租赁给京港地铁使用；B 部分主要包括车辆、通信、信号、供电、空调通风、防灾报警、设备监控、自动售检票等系统及车辆段、停车场中的机电设备等内容，由京港地铁投资 150 亿元人民币，按 PPP 模式实行特许经营。特许期内，京港地铁负责北京地铁 16 号线全部设施（包括 A 和 B 两部分）的维护和除洞体外的资产更新改造及追加投资。在特许经营期结束后，京港地铁将项目设施完好、无偿地移交给市政府。

三家银行提供资金保障。为保障《特许协议》的实施，京港地铁与三家银行联合签署了《银企战略合作协议》，为京港地铁 16 号线项目提供资金保障，从项目的建设期到运营期提供全生命周期的资金支持。同时，为保障北京地铁 16 号线的筹建工作有序开展，京港地铁与相关投资单位签署了管理协议。

从股权结构看，中再资产是北京地铁 16 号线项目公司的绝对大股东，但实质上对于项目公司的经营并不介入，合作期届满后，京投公司进行股权回购，实质上仅为财务投资人，该项投资预计年化收益率约为 7%，双方承诺，前十年只付息，不偿还本金。该投资计划受托管理费的年费率为 0.23%，中再资产获得投资收益的同时每年将获得可观的再管理费。目前北京地铁 16 号线保险股权计划项目第一期已获保监会批准。这笔交易的达成，成为国内保险公司投资轨道交通领域首单股权投资计划。

（3）政府 + 信托公司

信托公司具有其他金融机构无可比拟的灵活性，因此，在参与 PPP 项目时，信托公司可以通过发行信托计划直接入股 PPP 项目公司，不仅如此，信托公司还可以担任 PPP 项目基础设施资产证券化的受托，或者为 PPP 项目债券项目设计附担保公司债信托、PPP 项目融资担保信托。

标的 2016 年唐山世界园艺博览会基础设施及配套项目，是已知的国内 PPP 模式建设和举办的最高级别专业性国际博览会。特许经营期为 15 年，其中会展期为 6 个月（2016 年 4～10 月），总投资额约为 33.63 亿元，以中信信托为平台引入社会资本 6.08 亿元。该项目中信托计划的基本交易结构为：中信信托作为委托人募集资金成立唐山世园会 PPP 项目投资集合资金信托计划，并与唐山市政府出资机构共同设立项目公司，信托方面持股 60%，而唐山市政府则持股 40%。该项目公司持有唐山 2016 世园会园区资产及特许经营权，并将进一步引进外部机构资金，完成建设并实现收益按股权分配后即用于作为信托计划投资人收益。另据了解，该信托计划预期社会资本投资回报率为 8%。

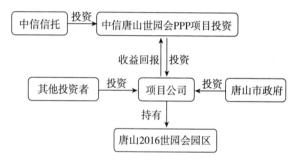

（4）政府出资方 + 证券公司及其子公司

受制于资金规模与证券公司自身的特点，当前我国证券公司参与 PPP 项目的深度不及其他金融机构。在项目的前期，证券公司往往通过资管计划或者产业基金等形式参股 PPP 项目公司。券商主要以服务中介的形式参与 PPP 业务，其介入程度无法和银行、保险公司相比，主要在地方政府债、项目收益债、ABS、资管计划、另类投资、PPP 项目并购、财顾业务上寻找机会；参与 PPP 项目发债、ABS 等产品的设计、承销、财务顾问等投行业务；也可以通过资管计划、另类投资等方式介入 PPP 项目。

表 3 - 1　　　　　　　　　截至 2017 年 8 月末交易所已发行项目

项目	华夏幸福固安工业园区新型城镇化 PPP 项目供热收费收益权资产支持专项计划	中信证券—首创股份污水处理PPP 项目收费收益权资产支持专项计划	中信建投—网新建投庆春路隧道PPP 项目资产支持专项计划	广发恒进—广晟东江环保虎门绿源 PPP 项目资产支持专项计划	富城海富通—浦发银行 PPP 项目资产支持专项计划
担保方	华夏幸福	首创股份	浙江浙大网新集团	广东再担保	—
基础资产	供热收费收益权	污水处理收费收益权	庆春路隧道专营权合同债权	污水处理收费收益权	信托受益权
基础资产运营方式	BOT	BOT	BOT	BOT	TOT
是否进入财政部项目库	否	否	否	否	是
发行规模	总规模 7.06亿元 优先级 6.7 亿元	总规模 5.3 亿元 优先级 5 亿元	总规模 11.5亿元 优先级 11 亿元	总规模 3.2 亿元 优先级 3 亿元	总规模15.25亿元 优先级 10.54 亿元
发行时间	2017.3.15	2017.3.13	2017.3.13	2017.3.15	2018.8.1
发行期限	6 年	18 年	14 年	15 年	14 年
优先级信用等级	AAA	AAA	AAA	AAA	AA +
发行利率	3.9% ~5.2%	3.7% ~4.6%	4.05% ~4.15%	4.15%	4.3% ~4.455%
发行场所	上海证券交易所	上海证券交易所	上海证券交易所	深圳证券交易所	上海证券交易所

　　2014 年 11 月，"14 穗热电债"成功簿记建档，中标利率为 6.38%，低于五年期以上贷款基准利率的 6.55%，成为国家发展改革委审批的首单项目收益债。"14 穗热电债"的规模为 8 亿元，期限为 10 年，从第三年起分期还本。资金投向广州市第四资源热力电厂垃圾焚烧发电项目，发行人是项目建设运营主体广州环投南沙环保能源有限公司。项目收入来源包括垃圾处理费收入、发电收入、金属回收收入和即征即退增值税等，通过专户专项归集。同时，发行人股东及实际控制人分别对债券本息提供差额补偿，

确保债券的本息偿付，债项信用等级为 AA。

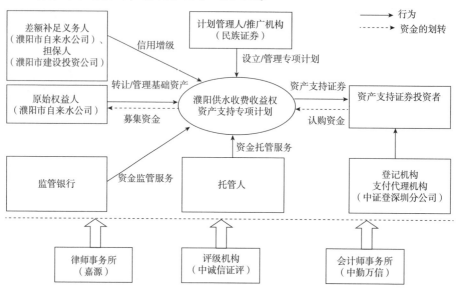

（5）政府出资方 + 基金

考虑到 PPP 项目需要的多为周期较长的股权投资，银行、信托、保险等传统金融在参与时较为审慎，通常是间接参与，为社会资本方提供资金支持，从而获得相对稳定的收益。事实上，我国的各类 PPP 项目中，金融机构以基金形式参与的方式最为普遍，私募基金主要参与 PPP 项目的资本金融资，因为项目总投入除资本金以外的资金部分外通常通过银行项目贷款的方式解决。私募基金参与 PPP 项目资本金融资的模式一般有两种，一种是前端参与，即作为财务投资方与社会资本组成联合体成功中标后，通过设立项目基金为项目公司融资；另一种是后段参与，即在社会资本中标后，经地方政府允对后设立项目基金为项目公司融资。这两者只是进入时点的不同，但均是通过与社会资本组建项目基金的方式引入银行资金，为PPP 项目公司筹集项目资本金。

以政府主导的基金为例，最典型的是财政部、中国建设银行等国内 10 家大型金融、投资机构共同发起设立的中国 PPP 基金。2016 年 12 月，中国 PPP 基金与内蒙古自治区、吉林省、江苏省、河南省、湖南省、海南省、贵州省、陕西省、宁夏回族自治区 9 省区分别签署合作设立省级 PPP 基金的协议，基金总规模为 437 亿元（其中中国 PPP 基金出资 385 亿元，9 省区共出资 52 亿元），包括具体 PPP 项目 164 个，项目总投资额达 5900 亿元，基金投资占比 7.41%。自正式运营以来，中国 PPP 基金累计签约金额达 517

亿元。

2. 政府 + 建筑方/运营方 + 金融机构

这种模式是现阶段 PPP 项目中最为常见的模式。建筑方的施工利润在 PPP 项目的前期就基本全部实现，由于项目规模大，时间不超过 5 年，因此，建筑商通常最有动力去参与 PPP 项目。但是，由于前期大量的资金投资，一些大型的建筑企业通常会联合具有资本运作实力的金融机构，双方各司其职，实现效率最大化。在这种情况下，金融机构作为最大的出资方，负责 PPP 项目的资金融通，建筑承包商和政府出资方一般会象征性地出资，但比重很低。

南宁市城市内河黑臭水体治理工程 PPP 项目总投资约为 12.35 亿元，项目合作期不超过 15 年：建设期自 PPP 项目协议正式签订起，不超过 24 个月，运营期为 13 年。项目建设范围共涉及南宁市 11 条内河河道，包括那平江、西明江、二坑溪、朝阳溪、可利江、亭子冲、石埠河、细冲沟、黄泥沟、石灵河和凤凰江（沙井大道段、凤凰湖至邕江出水口），治理总长度约为 60 公里。本项目由南宁市城市内河管理处为项目实施机构。南宁建宁水务投资集团有限责任公司作为政府出资代表，与中选社会资本广西博世科环保科技股份有限公司和广西北部湾水务集团有限公司联合体，按照 30%：70% 的出资比例共同出资成立项目公司。项目公司以项目资本金作为注册资本，总金额为 27501.31 万元，其中政府方出资代表占股 30%，出资额约为 8250.39 万元，社会资本出资 70%，约为 19250.92 万元。

3. 政府 + 金融机构 + 建筑方 & 运营方

对于有些体量巨大的 PPP 项目，金融机构、建筑承包商、运营商组成联合体，三方各司其职，共同参与 PPP 项目。但有些资质优良的大型央企，可同时兼顾建设和运营。

缅甸在 2014 年 1 月制定了新的经济特区修正法，将皎漂指定为三大经济特区之一。皎漂港位于缅甸西部若开邦的皎漂县，地处孟加拉湾西海岸，西邻印度洋。位置较偏僻，周边基建也较为薄弱，但从地理上来看，皎漂深水港在孟加拉国的吉大港、仰光的仰光港和印度的加尔各答港间的水路交通中转方面将发挥重要的作用。中信集团牵头组建的中信联合体在投标方案中提出了人本（People）、繁荣（Prosperity）和环保（Planet）的新型 PPP 理念，立足促进当地经济和社会发展，积极履行企业社会责任，造福当地人民，这与缅甸皎漂特区的发展目的相一致。为了开发皎漂特别经济区，缅甸政府在咨询顾问新加坡 CPG 公司的协助下，按照国际惯例编制标书，于 2014 年 9 月

29 日面向国际社会公开招标。据了解，当时有四十多家公司表达过投标意向、十多家公司买了标书。为响应缅甸政府的号召，中信集团牵头国际知名的跨国企业集团组成投标联合体（即中信联合体），由新加坡裕廊和普华永道公司担任咨询顾问，参与了两个项目的投标。皎漂特别经济区是缅甸目前三个特别经济区中唯一通过国际招标、采用商业模式运作选择开发商的大型基础设施项目。在资源整合方面，中信联合体拥有强大的投融资能力、全球化的客户网络关系、国际化、专业化的项目管理团队和实施经验、国际先进的技术和开发理念以及高效的运营管理能力，这是联合体中标的一个关键要素。在土地策略方面，为了确保同时中标港口和工业园，中信联合体参考了缅甸迪洛瓦特别经济区等地的土地价格，给出了可接受范围内的较高价格。工业园区高地价策略确立了中信联合体标书的竞争优势。

项目名称	皎漂特别经济区深水港和工业园项目
项目意义	根据中信联合体的投标方案，皎漂项目将为缅甸经济发展和社会进步作出重要贡献。经济发展方面，皎漂深水港将是缅甸最大的远洋深水港，成为区域最经济和高效的多用途集装箱港口之一。工业园项目成功运营会使缅甸成为东南亚地区新的技术中心和制造基地，打造"缅甸制造"品牌。社会进步方面，该项目在投入运营后预计每年将为缅甸提供 10 万多个就业岗位；项目正式运营十年后，90% 的管理岗位将由缅甸人担任；港口和工业园将累计为缅甸政府带来约 150 亿美元的税收
项目类型	新建项目
所属行业	交通运输行业—港口建设；片区开发—工业园建设
合作内容	中国中信集团将工业园与港口捆绑开发，工业园的运营带来就业与税收，同时为港口的物流与管理提供腹地，进而促进当地的经济社会发展
合作期限	深水港项目和工业园项目都采用特许经营模式，特放经营期为 50 年，期满后可再申请延长 25 年
运作方式	深水港项目采用设计—建造—融资—运营—移交（DBFOT）方式；工业园项目采用设计、融资、基础设施建设、市场推介、租赁/销售、运营管理方式
实施主体	由缅甸政府、当地企业和中信联合体三方联合成立合资公司
社会资本	深水港项目：缅甸政府指定的当地企业；中信集团、招商局国际、中国港湾及泰国正大集团组成的联合体； 工业园项目：缅甸政府指定的当地企业；中信集团、泰达控股、云南建工、泰国正大集团组成的联合体
项目公司	根据缅甸政府招标文件的要求，深水港项目缅方占股不少于 15%，工业园项目缅方占股 49%

3.2 参与 PPP 项目需关注的基本事项

3.2.1 基本模式

委托运营（Operations & Maintenance，O&M），指的是政府将存量公共资产的运营维护职责委托给 PPP 项目公司，项目公司不负责用户服务的 PPP 运作方式。在委托运营的方式中，政府保有资产所有权，只向社会资本方支付委托运营费。

案例 3 –1

北京某儿童医院 O&M 项目

2006 年成立的北京某儿童医院，是我国典型的医疗领域委托运营的 PPP 项目，用于承接北京某公立儿童医院难以负荷的超量病人。在具体的运营中，该 PPP 项目成立的儿童医院对一些 MR、CT 等大型的设备采取资源共享的方式，由该儿童医院购买公立儿童医院的设备与服务，同时，公立儿童医院的医生与专家到 PPP 项目设定的儿童医院坐诊、巡诊。这样，一方面 PPP 项目成立的儿童医院可以避免在利用率低的大型设备上大规模的投入以降低运营成本。另一方面，公立儿童医院可以借鉴 PPP 项目儿童医院的管理经验，提高服务水平。目前，该 PPP 项目儿童医院已经成为我国首家按照国际医疗标准建立运营的儿童专科医院，医疗专家和护理团队达国际顶尖水平，为 0 ~ 18 岁的患者提供全方位、现代化、高品质的综合医疗服务。

建设—运营—移交（Build – Operate – Transfer，BOT），指的是由社会资本方或项目公司承担项目的设计、建造、运营、维护和用户服务等职责，在合同期满后，将项目相关资产和权利等移交给政府的运作方式。BOT 是现阶段我国 PPP 模式中最常见的方式。合作期限一般在 20 ~ 30 年。

案例 3 –2

英法海峡隧道 PPP 项目

英法海峡隧道 PPP 项目，由英国银行财团、英国海峡隧道集团等英国承包商与 France – Manehe 公司、法国银行财团等法国承包商等共同组建 PPP 项目 SPV 公司——Eurotunnel。英法两国政府授予该公司 55 年的特许经营期（1987—2042 年），项目建设的主要内容包括英法海峡 2 条直径 7.3 米的铁路隧道和 1 条直径 4.5 米的服务隧道，长 50 千米。项目总投资达 103 亿美元，建设期为 7 年。牵头的贷款方银行组合了一个由 40 个二级银行组成的价值 50 亿英镑的联合贷款承销团。其中，欧洲隧道公司承担了隧道建设的全部风险，并为造价超支准备了高达 17 亿美元的备用贷款，海底隧道的建设按目标造价承包。49 亿美元的陆上建筑，一半按固定价格承包，一半按浮动价格承包。政府不对项目做任何担保。整个项目从英法两国政府得到的担保非常小，项目的建设、融资、经营的所有风险如最低经营收入、支持性贷款等，全部由社会资本承担，予以补偿的是超长的特许期以及政府允诺，38 年内政府不设横跨海峡的二次连接设施。

建设—拥有—运营（Build – Own – Operate，BOO）模式由 PPP 转变而来，与 PPP 主要的区别在于，BOO 模式中项目公司拥有项目的所有权，因此，不涉及项目期满移交的问题，但是在合约中注明，保证公益性的约束性条款。

案例 3 – 3

南阳市金鹏老年福利服务中心 BOO 项目

2015 年 6 月，南阳市宛城区政府与社会资本合作，采用 BOO 方式，负责南阳市金鹏老年福利中心改扩建。该项目总占地 548 亩，总建设面积为 92 万平方米，总投资额为 23.6 亿元，主要建设内容包括：新建接待中心、医院、老年公寓、养老院、老年活动中心、后勤保障中心、社区服务站、生活福利中心、营养配餐中心、庭院别墅等。由项目公司负责建设与运营，项目资产所有权在运营期内，全部由 PPP 项目公司拥有，合约期为 30 年。

转让—运营—移交（Transfer – Operate – Transfer，TOT）模式主要针对的是政府存量资产，政府将存量资产所有权有偿转让给社会资本方或项目公司，并由其负责相关公共物品或服务的提供，合同期满后，相关资产及其所有权移交给政府。一般来说，合同期限长达 20 ~ 30 年。

案例 3 - 4

南京长江第二大桥 TOT 项目

南京长江第二大桥全长 21.3 公里，1997 年 10 月开工，项目总投资 35.8 亿元。该桥原由南京市交通局负责运营与管理，但是运营效率低下，且存在债务存量。为解决这一问题，2004 年南京市政府通过公开竞争，采取 TOT 的方式，将原由南京市交通集团持有的二桥 65% 的股权转让给深圳市中海投资有限公司，并由深圳中海投资有限公司与南京交通投资集团合资成立南京长江二桥有限公司。将南京长江二桥特许经营权转让给由深圳中海投资有限公司 (65%) 和南京交通投资 (控股) 集团有限公司 (35%)，特许经营期限为 26 年。项目期满后，南京长江二桥有限公司将长江二桥资产无偿移交给南京市政府。特许经营的范围包括二桥的收费经营权辅助性收费业务等，以及与此相关的二桥养护、维修等业务。该项目不仅缓解了政府偿债压力，提高了经营水平与管理理念，增加了桥梁经营效益，也改善了服务质量与公众满意度。

改建—运营—移交（Rehabilitate - Operate - Transfer，ROT）模式是在 TOT 的基础上增加改扩建内容的项目运作方式，合同期限一般为 20~30 年。

案例 3 - 5

北京市门头沟区医院 ROT 项目

北京市门头沟医院于 2010 年 8 月作为北京首家引入社会资本的公立医院，采取 ROT 模式，项目由门头沟区医院与凤凰医疗集团合作，成立新的门头沟医院。凤凰医疗集团在原医院基础上增加投资，以提高医院的医疗设施和医疗服务水平。新成立的医院取消了院长行政级别，取而代之的是理事会领导下的院长负责制。理事会共 9 人，分别来自政府、合作方和医院职工代表。门头沟政府每年支付管理费 200 万元。新成立的医院享有 19~48 年的医院运营权，其间医院管理费、药品、器械及耗材的收费权归项目公司。项目扩建一年多，医院引入国际医院管理最高标准 JCL 标准，新的管理机构制定和完善了 400 多项制度规范，床位从 252 张增加至 302 张，门诊人数同比增长 28.6%，次均住院费低于同级同类医院平均水平 9.84%。

3.2.2 基本流程

PPP 模式重视全流程管理，PPP 项目以优化项目全生命周期的效益与成本为考量宗旨。因此，金融机构参与 PPP 项目，需要从项目建设甚至是设计初期就介入，并以恰当的方式选择合适的工具参与到 PPP 项目中去。因此，要研究金融机构参与 PPP 项目的方式，就需要熟悉 PPP 项目的实施流程。从全生命周期来看，PPP 项目主要包括项目的设计、建设、运营、转移等阶段。组织一个 PPP 项目，需要经过项目识别、项目准备、项目采购、项目执行与项目移交五个阶段。图 3 - 1 为财政部公布的标准 PPP 项目操作流程。

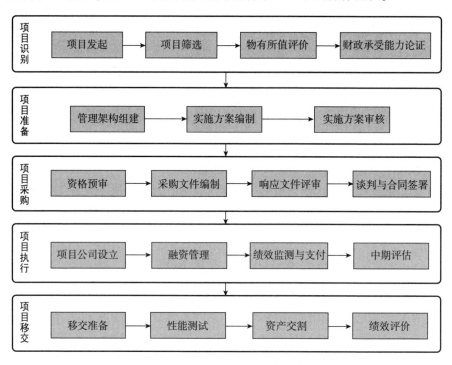

图 3 - 1 PPP 项目流程图

（一）项目识别

项目识别阶段通常由政府部门主导以筛选适用 PPP 模式的项目。在这一过程中，政府会对项目所处环境进行较为系统的分析，具体包括但不限于宏观经济形势分析、行业发展趋势分析、项目所在区域的竞争性分析、项目的技术可行性分析、项目财务可行性分析、项目环境评估报告、项目的社会评价等。从现阶段的实务来看，所有的 PPP 项目都必须经过物有所值评价和财政承受能力评价，否则将不予纳入 PPP 项目库。

1. 项目发起

根据《关于印发政府和社会资本合作模式操作指南（试行）的通知》（财金〔2014〕113 号）的相关规定，PPP 项目可以由政府或者社会资本发起。在我国的 PPP 项目实践中，政府为主要的 PPP 项目发起方，但不排除金融机构等社会资本方作为发起人。根据财政部的要求，PPP 项目只有列入政府和社会资本合作中心的"年度开发计划项目"中，才能进入下一步的流程。国家发展改革委则要求各省级发改委建立 PPP 项目库，之后进行报送。

2. 物有所值评价和财政承受能力论证

根据财金〔2014〕113 号文的相关规定，实施方案通过财政部门①物有所值评价和财政承受能力论证的 PPP 项目，由项目实施机构报送政府审核，未能通过上述两项的项目，不能采用 PPP 方式进行运作。其中，物有所值评价报告关注的重点是，该项目采用 PPP 模式与传统的政府采购模式相比，是否能够增加供给、降低项目全生命周期成本、提高运营效率、优化风险分配、促进创新和公平竞争等。根据国家发展改革委颁布的发改投资〔2014〕2724 号文的规定，发改委系统的 PPP 项目，采用联审机制，各级发改委连同行业主管部门、项目实施机构，对物有所值和财政承受能力以及价格合理性等进行论证。

（二）项目准备

对于经筛选符合适用 PPP 模式的项目，政府应建立专门协调结构来组织对 PPP 项目的评审、检查督导和协调工作。其中，项目实施方案由政府部门主导编制，咨询机构以及其他参与方可以参与项目方案的编制。具体包括：PPP 项目采用的具体运作方式、交易结构、融资结构、合同体系、监管框架、采购方式等。一般来说，对于具有经营性收入的 PPP 项目，多采用使用者付费模式，而对于没有经营性收入，或者经营性收入较低的 PPP 项目，可参与政府付费或可行性缺口补助的付费模式。通过协议等方式，将政府支出变成 PPP 项目的"收入"，相关支出需纳入同级政府的预算。是否纳入本级政府预算，是金融机构参与 PPP 项目时规避风险的最主要的方式之一，是需要重点关注的。

（三）项目采购

根据我国相关的法律法规，PPP 项目应根据《政府采购法》与《招标

---

① 现阶段主要由财政部下设的政府和社会资本合作中心负责。

投标法》等的规定执行。两部法律在组织主体、项目适用、程序设定等方面都存在较大的差异。从 PPP 条例意见稿的相关政策理念来看，采购程序主要包括公开招标、竞争性谈判、邀请招标、竞争性磋商和单一来源采购。一般来说，标准化程度较高的项目，即技术经济参数明确、核心边界条件能清晰划分的项目，采用公开招标的方式，且采购中不做变更。政府的实施机构应当邀请社会资本或投资联合体参与资格预算，原则上，PPP 项目通过资格预审的社会资本方应不少于 3 家，以实现充分竞争。资格预审的评审报告应提交至政府和社会资本合作中心备案。

（四）项目执行

项目执行是 PPP 项目全生命周期中的主要阶段，主要包括项目建设与项目运营。同时，项目执行阶段是 PPP 项目融资的核心阶段，具体工作主要包括项目公司（SPV）设立、项目融资、绩效监测与评估等。

1. 项目公司设立

根据相关规定，社会资本可以依法设立 PPP 项目公司，政府部门可以根据项目实际情况来决定是否依法参股项目公司。从国家发展改革委的文件来看，政府如果参股 PPP 项目公司，则应在 PPP 项目协议中约定政府股份享有的分配权益，如政府股份是否享有与其他股东同等的权益（同股同权）；在进行利润分配时，是否有限安排政府股份；政府股东代表在 PPP 项目公司的法人治理结构中是否有特殊安排，比如特定事项的决策权。金融机构在参与 PPP 项目时，要关注政府股东特定的决策权，该项权利对 PPP 项目的运营会有一定的影响。

2. 项目融资

PPP 项目的融资主要是指项目公司设立后的债务融资与再融资管理。其中，债务融资主要发生在项目建设期，通过债务杠杆补充项目公司的投资缺口。同时，在风险可控的情况下，通过财务杠杆提高股权投资者的投资回报率。PPP 项目的再融资通常发生在项目的运营期或建设后期。PPP 项目公司通过引入新的投资者，改善项目公司的资本结构，同时可以通过引入更低利率的资金，降低整个项目的融资成本，如通过资产证券化手段盘活存量资产，或引入利率更低的财务投资者等。

在具体操作中，PPP 项目的融资工作主要包括：测算投融资的规模、规划可能的资金来源与资金渠道、进行融资谈判与融资执行等。根据财政部公布的《PPP 合同指南》，PPP 项目融资通常由社会资本方或 PPP 项目公司负责，而政府部门仅在政策、增信和风险控制等方面提供支持。根据国家发展改革委《PPP 项目合同指南》的规定，如果政府为 PPP 项目提供融资补助、担保补贴、贷款贴息或基金注资等支持，则应明确支持的具体方式及必要条件。通常，PPP 项目会聘请财务顾问或融资顾问以提高融资效率，财务公司负责寻求债务资金来源、准备项目推介书并向金融机构推介，筛选金融机构投资方案，审议融资相关文件等。如果金融机构作为财务投资者或发起人参与 PPP 项目，则通常由金融机构负责搭建财务模型，提出资本结构优化建议。

3. 绩效监测与评估

PPP 项目的绩效监测与评估对 PPP 项目的执行有十分重要的作用。而这一职能，在我国现阶段 PPP 项目的实践中并未引起各方足够的重视。一方面，有效的项目绩效监测与评估，对项目中出现的问题能及时发现和纠偏；另一方面，PPP 项目绩效监测与评估，能对后续项目执行提供及时的反馈与引导，由于 PPP 项目绝大多数属于公共产品供给范畴，其产出需要满足一定的公共需求，否则可能会触犯 PPP 合同中的某些条款。对政府而言，通过绩效监测与评估，能在一定程度上解决信息不对称问题，实现对项目的监管。

案例 3－6

一个典型 PPP 项目的流程

（××饮水（含管道工程、净水厂）PPP 项目）

一、项目发起与筛选

南阳市政府向市财政、发改、环保、国土、农业、住建、交通、水利等行业主管部门征集潜在的 PPP 项目，要求各主管部门报送各项目的初步实施方案。市政府指定财政部门会同行业主管部门，对潜在的 PPP 项目进行考察，择优将 PPP 项目报上级财政部门，并争取大部分 PPP 项目入财政部政府和社会资本合作中心的项目库。同时，财政部门根据筛选结果，制订本级政府年度和中期的项目开发计划。并要求，涉及工程的新扩建项目，除了提交初步实施方案外，还需提交可行性研究报告与项目产出说明。

二、进行物有所值评价和财政承受能力论证

1. 物有所值评价

物有所值评价由财政部门会同水利部门参照财政部《PPP 物有所值评价指引（试行）》的规定，编制物有所值评价报告，并最终获得通过。其中涉及的文件有：

(1) 物有所值定性评价专家打分表；

(2) 物有所值评价报告。

2. 财政承受能力论证

在通过物有所值评价后，该项目参照《政府和社会资本合作项目财政承受能力论证指引》的规定，对××饮水 PPP 项目进行财政承受能力论证。经论证后发现，该项目执行后，该市所有 PPP 项目存量占当地财政总支出的比重为3%，属于财政可承受能力范围内，并通过论证。

三、成立项目组

该项目政府指定市水利局为实施机构，负责项目的前期论证、编制实施方案、组织公开招投标、择优选择社会资本、签订项目合同，在项目推进过程中，负责与社会资本的沟通协调、组织实施项目以及合作期满后的移交工作等。

四、编制项目实施方案

市水利局对项目进行调查研究和分析论证，编制项目实施方案。主要内容包括：

(1) 项目概况；

(2) 项目实施机构；

(3) 项目投资总额、建设规模、实施规划，提供饮用水的质量与数量标准；

(4) 投资回报、价格及其测算；

(5) 可行性分析，主要围绕提高公共服务质量的效率和降低全生命周期成本等几方面进行分析；

(6) PPP 运作模式，本项目采用 PPP 模式；

(7) 社会资产者应当具备的条件；

(8) 交易结构；

(9) 监管架构；

(10) 其他事项。

五、实施方案立项审核

该项目的实施方案通过财政、发改、水利、环保、国土等有关部门的审查，经审查，该项目方案可行，各部门依据职责分别给出了审查意见。其中涉及的文件有：

(1) 发改、国土、住建等部门出具净水厂选址意见；

（2）国土部门出具净水厂用地预审意见；

（3）环保部门出具环境影响预审意见；

（4）立项申请文件；

（5）专家论证评估意见；

（6）其他文件。

六、资格预审

市水利局根据项目需要，准备资格预审文件，经过筛选后择优选择社会资本进行资格预审。参与评审的小组成员均需在资格预审报告上签字。其中涉及的文件有：

（1）资格预审文件；

（2）资格预审报告。

七、项目文件编制与响应文件评审

该 PPP 项目文件包括邀请函、竞争者须知、竞争者应提供的证明文件、方式、政府对项目实施机构的授权、实施方案的批复与项目相关的审批文件、响应文件编制要求、响应文件提交截止时间、评审方法、评审标准、政府政策要求、PPP 项目合同草案等。PPP 项目一般都依据财政部或国家发展改革委公布的合同指南进行编制。

评审小组一般由项目组成员和专家共同组成。评审成员对响应文件的评审报告签字，对评审报告有异议者，应在报告上签署不同意见，并说明理由。

八、谈判和合同签署

针对该 PPP 项目，政府成立了专门的谈判工作组，与中标的社会资本（即北京北控水务有限责任公司以及与其合作的金融机构）就合同中的具体条款进行签署前的确认谈判。谈判结束后，市水利局与北控水务签署备忘录，并将结果和相关合同公示。相关 PPP 项目合同报本级人民政府审核同意。

九、项目公司设立

本项目的项目公司由南阳市政府授权的市水务公司与北京北控水务有限责任公司共同出资成立。各方依合同约定，及时足额出资成立项目公司，由项目公司负责整个饮水项目的管道工程与净水厂的建设，以及建设完成后的运营。

3.2.3　主要付费机制的核心要素

付费机制是 PPP 项目中最为关键的因素，是政府和社会资本共同关注的核心要素，也是政府与社会资本合作的重要基础。付费机制关系到 PPP 项目的风险分配和收益回报，是金融机构参与 PPP 项目首要的关注点。根据相关文件，常见的付费机制包括：政府付费、使用者付费和可行性缺口补助三种。

（一）政府付费

政府付费，指的是由政府直接购买 PPP 项目公司提供的购买与服务，其付费主体是政府，而非项目的最终使用者。根据项目类型和风险分配方案的不同，在政府付费机制下，一般按照项目的可用性、使用量和绩效等一个或多个要素的组合来进行付费。

1. 可用性付费

可用性付费指的是政府根据 PPP 项目公司提供的设施或服务是否符合合同约定的要求和标准进行付费。这种付费通常不考虑项目服务的实际需求，项目公司一般不承担需求风险。只要提供的设施或服务符合约定或标准即可获得收入。在实践中，部分公共交通设施、公用设施以及医院、学校、养老院等社会公共服务类项目采用可用性付费。随着相关文件的颁布，在可预见的未来，大多数的此类付费机制将与绩效付费组合使用。一旦项目公司提供的服务未能达到合同约定的标准，则政府付费将会按比例扣除。值得注意的是，通常采用可用性付费的项目，要在项目开始运营后才开始付款，但一些有改造职能的 PPP 项目，PPP 项目公司可以要求政府就项目公司继续提供服务支付一定费用。

可用性付费的核心要素是可用与不可用的界定。对参与 PPP 项目的社会资本方而言，明确界定项目的可用与不可用非常重要，其中，不可用的界定更为重要。对金融机构而言，尽早确定不可用的认定标准，会直接影响财务模型的选择。通常，以下几个因素是通用的判定标准：第一，要判断该标准是否客观，是否符合项目的实际情况，同时要考虑是否可以测量和监控；第二，要判断标准是否合理，即是否超出 PPP 项目公司的能力范围，并考虑是否为本项目所必需等。

可用性付费机制关注的其他要素。金融机构在参与 PPP 项目时，如果项目采用的可用性付费机制，则可以在合同中争取以下几个方面的优惠政策。

第一，争取设置宽限期。在出现不可用的情形时，金融机构可以要求政府给予项目公司一个宽限期，在宽限期内 PPP 项目公司仍不能达到可用标准的，才依照合同按比例扣费，否则可用性付费不受影响。同时，尽量避免政府采用多次扣减的付费机制，因为这种付费机制本身较为繁杂，且存在多次谈判的风险和成本。

第二，如果触发了不可用标准，但设施或服务仍需使用时，可以要求政府进行适当的付费。在一些存量追加投资或者改扩建的 PPP 项目中，尤其是 ROT 或 TOT 运作方式下的项目，往往存在按照 PPP 合同，服务与设施在改建期，并未能达到可用标准，但政府仍需使用。这种情况下，一方面，可以要求政府支付部分使用费用；另一方面，如果是由于政府使用的问题导致 PPP 项目公司无法对部门设施或服务进行完善，可以要求政府给予免罚期，或要求政府部门给予扣减比例中的补偿金额。

第三，发生计划内的暂停服务而造成的损失，需要政府与社会资本方共同承担。通常情况下，计划内的暂停服务属于免责范畴。为规避不确定性，作为社会资本方的金融机构可以要求在合同中明确计划内暂停服务的性质。

第四，其他豁免事由。除上述三种情况外，诸如政府违约、政府提出变更、政府提供替代性服务等事项，一般都是可以豁免的。另外，如果 PPP 项目公司提供的设施或服务在不可用期间本就未计划使用，这种情况也属于豁免事由。

2. 使用量付费

使用量付费指的是政府根据 PPP 项目公司所提供的项目服务的实际使用量来付费。这种付费机制的需求风险通常由项目公司承担。因此，金融机构在参与这类付费的 PPP 项目时，需要对项目公司提供的产品需求有较为稳定的预期，对合伙人控制项目需求的能力要有针对性的研究。在实践中，垃圾处理、污水处理等 PPP 项目多适用使用量付费。这种方式，同样也可以与绩效付费捆绑使用。政府往往通过设置不同的使用量层级进行不同的付费。

根据我国现行的 PPP 相关实践，一个 PPP 项目中往往会设置以下几个层级的使用量：第一，政府往往承担最低需求风险，因此，政府与项目公司一般会约定最低使用量，即不论实际使用量为多少，政府都会按照最低使用量付费。金融机构在参与 PPP 项目时，尤其是在签约前期就已经作为联合体参与到项目中时，应提前测算自身的盈亏点，以此倒推达到盈亏平衡点的最低使用量。争取与政府谈判时，签署的最低使用量高于自身盈亏平衡点的最低使用量，从而规避需求风险。后期参与进来的金融机构也同样需要测算该使用量对融资风险的影响。第二，鉴于 PPP 项目的公共属性，为了限制社会资本方攫取过多的超额收益，政府还会设置最高使用量。即，当 PPP 项目提供的使用量超过最高使用量时，政府对超过的部分不再进行支付。在上述两个极值使用量之间，政府付费的金额将根据实际使用量的变化而变化。

3. 绩效付费

绩效付费是指根据项目公司提供的公共产品的质量进行付费。通常是与上述可用性付费或使用量付费搭配使用。在实际使用中，政府与项目公司往往会设定绩效标准，将付费与绩效标准挂钩。金融机构在关注绩效付费条款时，要重点关注绩效标准的客观性与合理性，尤其是关注这些标准是否超过项目公司的能力范围，以及这些标准是否必需。在我国现阶段实践中，一些项目公司依仗自身的专业优势和对项目本身的信息优势，使政府在签约前期签订了一些不利于政府的"不平等条约"。虽然在短期内项目公司可能会获得超额收益，但是实践已经证明，这些"不平等条约"，在政府的监控机制与纠偏机制下，经常会使项目方"吃不了兜着走"。因此，金融机构在参与 PPP 项目时，要客观地审查绩效付费标准，尽量避免参与过于偏颇某一方的 PPP 项目，因为这种项目很难长期持续，最后可能会带来不确定性风险。

(二) 使用者付费

使用者付费机制指的是由最终消费者直接付费购买公共产品或服务，项目公司的收入直接来源于最终使用者，以弥补项目的建设与运营成本，并获得合理的项目收益。使用者付费机制下，PPP 项目公司几乎承担了全部或者大部分的需求风险。采用使用者付费的 PPP 项目主要常见于桥梁、地铁、高速公路等公共交通项目以及供热、供水、供气等公用设施项目等。这些项目的需求量往往能被准确地预测，且向使用者收费有实际的可操作性。比如，一条有多处出口的公路，车流量很难有效控制时，如果采用使用者付费，则可能需要设置多处收费站，进而导致该项目不具有成本效益，从而丧失实际可操作性。

对金融机构而言，使用者付费机制与产品需求挂钩，PPP 项目公司承担了主要的需求方风险，项目公司的成本回收与收益取得直接取决于实际需求量，一些较有经验的运营商，为了降低需求风险，往往会要求政府在 PPP 合同中增加唯一性条款，要求政府允诺，在一定期限内，项目所在的一定范围内不能新建竞争性项目。同时，一些真正具有运营实力的社会资本方，可以通过自身的管理与技术水平，提高产品的服务质量，进而增加收益。因此，这一类付费机制下的 PPP 项目，金融机构需要更加重视社会资本方的运营能力，在缺乏对需求的准确预测以及对运营方能力抱有怀疑时，建议金融机构谨慎参与。

（三）可行性缺口补助

国际上，对于可行性缺口补助的适用范围、定义与补贴方式并无统一界定。财政部《PPP 合同指南（试行）》对其的定义为：可行性缺口补助是在上述两种付费机制之外的一种折中的付费机制。从某种程度上来说，可行性缺口补助是上述两种付费机制的综合使用。通常是在使用者付费无法使项目公司回收成本、获得合理收入的情况下，由政府提供一定的补贴，以弥补使用者付费收入之外的缺口，从而使项目具备商业上的可行性。采用这种补缺口的方式是为了在合理回报的前提下，使项目具有商业可行性，而不能使项目公司获得超额利润。常见的补助形式包括有以下几种。

1. 投资补助

很多 PPP 项目的建设投资金额较大，往往会出现使用者付费无法完全覆盖的现象。为了降低整体融资成本，缓解项目公司前期资金压力，政府通常会在建设期无偿提供部分项目建设资金。这些投资补助，一般都在制订融资计划或正式签署 PPP 协议之前就已经确定，是政府的一项支出义务。一般来说，投资补助不与项目公司的绩效挂钩。

2. 价格补贴

为抑制一些民生领域公共产品或服务的价格水平，保证居民的基本公共福利，政府通常会对一些特定的产品实行政府指导价或政府定价。因政府指导价或政府定价而导致 PPP 项目的收入入不敷出时，政府会通过价格补贴的方式对 PPP 项目公司进行补贴，如北京地铁票价补贴就是典型的价格补贴方式。

3. 其他方式

除了上述两种方式，诸如无偿划拨土地、贷款贴息、优惠贷款、投资入股、放弃 PPP 项目公司中政府股份的分红权，以及授予项目公司所在地周边的土地、商业开发收益等，都是有效降低项目建设与运营成本、提高项目整体收入水平的有效方式，进而达到商业可行性目的。

3.2.4 PPP 项目付费的价格机制

(一) 政府付费的定价机制

在长达 20～30 年的 PPP 项目生命周期中,市场环境的波动会直接引起项目运营成本的变化,进而影响项目公司的收益情况。设置合理的价格调整机制,可以将政府付费金额维持在合理范围内,防止过高或过低付费导致项目公司亏损或获得超额利润,有利于项目物有所值目标的实现。常见的调价机制包括以下几种。

(1) 公式调整机制,是指通过设定价格调整公式来建立政府付费价格与某些特定系数之间的联动关系,以反映成本变动等因素对项目价格的影响,当特定系数变动导致根据价格调整公式测算的结果达到约定的调价条件时,将触发调价程序,按约定的幅度自动调整定价。常见的调价系数包括:消费者物价指数、生产者物价指数、劳动力市场指数、利率变动、汇率变动等。调价系数的选择需要根据项目的性质和风险分配方案确定,并应综合考虑该系数能否反映成本变化的真实情况和是否具有可操作性等。

(2) 基准比价机制,是指定期将项目公司提供服务的定价与同类服务的市场价格进行对比,如发现差异,则项目公司与政府可以协商对政府付费进行调价。

(3) 市场测试机制,是指在 PPP 项目合同约定的某一特定时间,对项目中的某项特定服务在市场范围内重新进行采购,以更好地实现项目的物有所值。通过竞争性采购程序,政府和项目公司将可能会协商更换此部分服务的运营商或调整政府付费等。

但基准比价机制和市场测试机制通常适用于社会公共服务类项目,而很少出现在公共交通或者公用设施项目中,主要原因有两个:一是在公共交通或者公用设施项目中,项目公司的各项服务互相关联、难以明确分割,很难对某一项服务单独进行比价或市场测试;二是难以找到与该项目公司所处的运营情况、市场条件完全相同的比较对象。此外,政府在考虑采用基准比价机制和市场测试机制时还需要注意,这两种调价机制既有可能减少政府付费金额,也有可能增加政府付费金额。

(二) 使用者付费的定价机制

1. 定价方式

实践中,使用者付费的定价方式主要包括以下三种:第一,根据《价格法》等相关法律法规及政策规定确定；第二，由双方在 PPP 项目合同中约定；第三，由项目公司根据项目实施时的市场价格定价。其中，除了最后一种方式是以市场价格为基础外，前两种方式均需要政府参与或直接决定有关 PPP 项目的收费定价。

2. 金融机构参与定价的考虑因素

第一，需求的价格弹性，是指需求量对价格变动的敏感程度，即使用者对价格的容忍程度。收费价格上涨到一定程度后，可能会导致使用量下降。第二，项目公司的目标，即在综合考虑项目的实施成本、项目合作期限、预期使用量等因素的情况下，收费定价能否使项目公司获得合理的收益。第三，项目本身的目标，即能否实现项目预期的社会效益和经济效益。第四，有关定价是否超出使用者可承受的合理范围（具体可以参考当地的物价水平）。第五，是否符合法律法规的强制性规定等。

3. 金融机构参与定价的方式

根据 PPP 项目的实践经验，金融机构参与收费定价通常可以采取以下几种具体方式：第一，依据地方政府设定该级政府所辖区域内某一行业的统一价格（例如，某市政府对该市所有高速公路收费实行统一定价）。由于该使用费定价无法因具体项目而调整，如果在提交响应文件时测算出有关使用费定价无法覆盖其成本，则通常在合约中可以要求政府提供一定的补贴。第二，有些 PPP 项目中，地方政府设定了该级政府所辖区域内某一行业的最高价。在具体项目中，金融机构仅能够按照该最高价或者低于该最高价的价格进行财务评估，如果在提交响应文件时测算出即使采用最高价也无法收回成本，则通常可以要求政府提供可行性缺口补助。第三，由双方在合同中约定具体项目收费的价格。第四，由双方在合同中约定具体项目收费的最高价。此外，在一些 PPP 项目中，双方还有可能约定具体项目收费的最低价，实际上是将 PPP 项目的部分建设和运营成本直接转移给使用者。

3.3　金融机构参与 PPP 项目的几个重点关注因素

3.3.1　项目的合法合规性

PPP 项目的复杂性很高，在我国 PPP 推广的早期，有诸多不合法、不规范的 PPP 项目。金融机构一旦参与进去,合法合规性出现问题,可能会带来不可预测的风险。PPP 项目的合规性要求主要包括三大方面。

（1）PPP 项目参与主体是否适格,包括政府实施机构以及社会资本方是否适格;

（2）项目的适用领域、运作方式、合作期限是否合规,包括是否属于公共产品或者公共服务领域,运作方式是否合规,合作期限是否不低于 10 年,是否存在固定回报、回购安排、明股实债等变相融资情形;

（3）项目实施程序是否合规,是否符合城市总体规划和各类项目规划,新建项目是否按照规定程序完成可行性研究、立项等前期工作,是否按照财政部相关规定完成物有所值评价以及财政承受能力论证,是否按照政府采购的相关规定选择社会资本合作方,实施方案是否经过政府审批。PPP 项目的合法性要求主要指 PPP 项目是否符合相关法律、行政法规的相关规定。违背法律、行政法规的强制性时,合同将被部分或全部认定为无效,而合同的有效性是 PPP 项目顺利运转的首要前提。因此,合法性与合规性对于 PPP 项目的顺利推进具有同等重要的意义。

3.3.2 项目的经济可行性与财务可行性

在项目初期,金融机构应进行可行性研究,确定项目的可行性。可行性研究应该证明项目在不同方案下的财务和经济均是可行的。金融机构在进行可行性研究时应该对项目进行认真规划与研究。第一,金融机构在选择项目时,要关注项目规模是否适宜,过小的 PPP 项目吸引力不够,过大的 PPP 项目有可能带来单一项目的风险集中度过高。PPP 项目复杂程度高,决定了项目较高的前期费用。从 PPP 的实践来看,无论项目大小,前期工作量差别并不大。如果项目较小,前期费用占投资的比例将较大（可达到 6%~10%）,这样的项目在财务可行性方面就会遇到问题。第二,是否在竞争性保护和法规调节中取得合理平衡。PPP 项目需要保护项目的最低现金流,政府的竞争性保护可以达到这种目的。例如,如果一个 PPP 交通项目建成后政府又建一条平行项目,势必会影响 PPP 项目的交通量和收入,从而危及项目的财务可行性。第三,合理的风险分配。在我国的 PPP 项目实践中,以银行为主要融资者的金融机构承担了主要的风险,但风险与回报是对应的。如果金融机构承担了主要的风险,那么,根据风险定价原理,金融机构的收入也会很高,金融机构要考虑这种情况下是否会超出用户和政府的承受能力。为了保证项目的财务可行性,应要求政府承担一部分风险，为 PPP 项目提供良好的投资环境。这一点，我们将在下文深入阐述。

3.3.3 地方政府的财力与信用

在 PPP 项目中，全生命周期过程的财政支出责任主要包括股权投资、运营补贴、风险承担、配套投入等。股权投资是政府和社会资本共同组建项目公司时，根据项目资本金和政府股权占比计算出的政府应承担的资本金支出；运营补贴是在政府付费和可行性缺口补助模式下，需要政府承担的部分运营支出；风险承担是在 PPP 项目实施过程中需要政府承担风险带来的财政或有支出；配套投入是根据项目实施方案确定的需要政府提供的项目配套工程等其他投入。显然，这些财政支出责任直接与地方政府的财力与信用挂钩。因此，关注地方政府的财力成为金融机构参与 PPP 项目的重点关注点之一。一些金融机构更是直接将这一点写入了公司内部 PPP 业务的指引中。例如，某金融机构的指引中明确规定以下两条：第一，业务区域限定在直辖市、省会、自治区首府、计划单列市，重点布局北京、上海、广州、深圳四个一线城市，以及天津、重庆、成都、武汉、杭州、南京、郑州、长沙、济南、合肥等直辖市和经济大省、人口大省省会城市。第二，除上述地区外，年一般性公共预算收入超过 100 亿元的城市。

在 PPP 项目实践中，如果在库项目的支出占比超过了财政承受能力，一般的处理方式是调整政府的支出方案。第一，从政府性基金预算中进行支付，而不从一般公共预算里进行支出，这样就绕过了财政承受能力评价 10% 的红线要求。第二，实质性降低政府支出额，通过捆绑其他项目对社会资本方进行补贴。从实际操作情况来看，都是在政府采购结束，签订完合同，成立项目公司后，以本级人大批准的预算为准，正式列入预算中（包括一般公共支出与政府性基金预算支出）。一般来说，人大的文件批准后，应该为合法生效，在财政支出上有所保障（当时的风控要求，就是以 PPP 项目所属政府层级的本级人大预算批准文件作为可控风险的最重要标准）。

3.3.4 其他社会资本参与方的资信

完成一个 PPP 项目需要 10~30 年，除金融机构以外的其他社会资本方的实力对于项目成败关系重大。适合进行 PPP 项目的社会资本方必须尽可能地满足以下要求：

第一，公司规模相对于项目成本不能太小。一个公司的规模越大、财力越雄厚，其进行 PPP 项目成功的可能性越大。一方面，具有雄厚财力的社会资本方能对项目提供较多的资金，同时对项目的后备资金也有较可靠的保证。另一方面，公司规模大、财力雄厚、在信贷机构中拥有良好的信誉，项目融资能力也较强，融资成本有可能较低。

第二，公司具有较强的总体经验和实力及 PPP 项目的开发经验。在 PPP 项目实施中，一个常见的问题是社会资本方的运营经验不足，一些地方的 PPP 项目经常由于某些原因，由经验不足或毫无经验的企业经理来管理。对新项目的大多数管理人员而言，学习的任务非常艰巨。另外，通常他们要接受来自上司的具体要求和指示，而这些上司不能深层次地介入项目，且缺乏经验，这种现象往往导致期望过高，项目受挫。因此，社会资本方是否具有 PPP 项目开发经验，或者是否拥有富有经验的管理人员，对于项目的成功与否非常重要。退一步说，即使缺乏 PPP 项目开发经验，社会资本方曾有过建设类似项目的经验，对于项目的成功也会有很大的帮助。其他社会资本方的总体经验和实力还表现在能够正确、妥善地处理项目实施阶段的各种问题。

第三，要有较强的风险管理能力。关于这点，我们将在下文详细论述，在此不再赘述。

3.3.5　发起方式

PPP 模式总体适用于基础设施及公共服务的各个领域，应用 PPP 模式的项目应具备投资规模较大、需求长期稳定、价格调整机制灵活市场化程度较高的特点。财政部推广 PPP 模式的通知提出，应重点关注城市供水供暖、供气、污水和垃圾处理、保障性安居工程、地下综合管廊、轨道交通、医疗和养老服务设施等领域，优先选择收费定价机制透明、有稳定现金流的项目。

从政策要求的角度看，当基础设施及公共服务项目的自身收益足以覆盖建设成本及运营成本，并且在此基础上能满足社会资本获取合理回报的，适合 PPP 模式；当项目拥有一定收益，但不足以覆盖建设成本、运营成本及社会资本合理回报的，如政府方能够提供各种形式的可行性缺口补贴，达到社会资本方的合理需求，仍可采用 PPP 模式。从财务可行性的角度，要求基础设施及公共服务项目只有产生稳定的未来可预期的现金流，才可能运用 PPP 模式。当然在具体的项目操作及融资运作上，可对整体结构进行设计以符合财务可行性的需求。从实际情况看，除自身具备上述特点的项目外，如项目为具有一定公益性的项目，可以由政府方给予一定的可行性缺口补贴，以便满足 PPP 模式运用的要求；如项目为自身无法产生现金流的纯公益性项目，可以通过将营利性项目与公益性项目捆绑打包的方式，综合运用 PPP 模式。

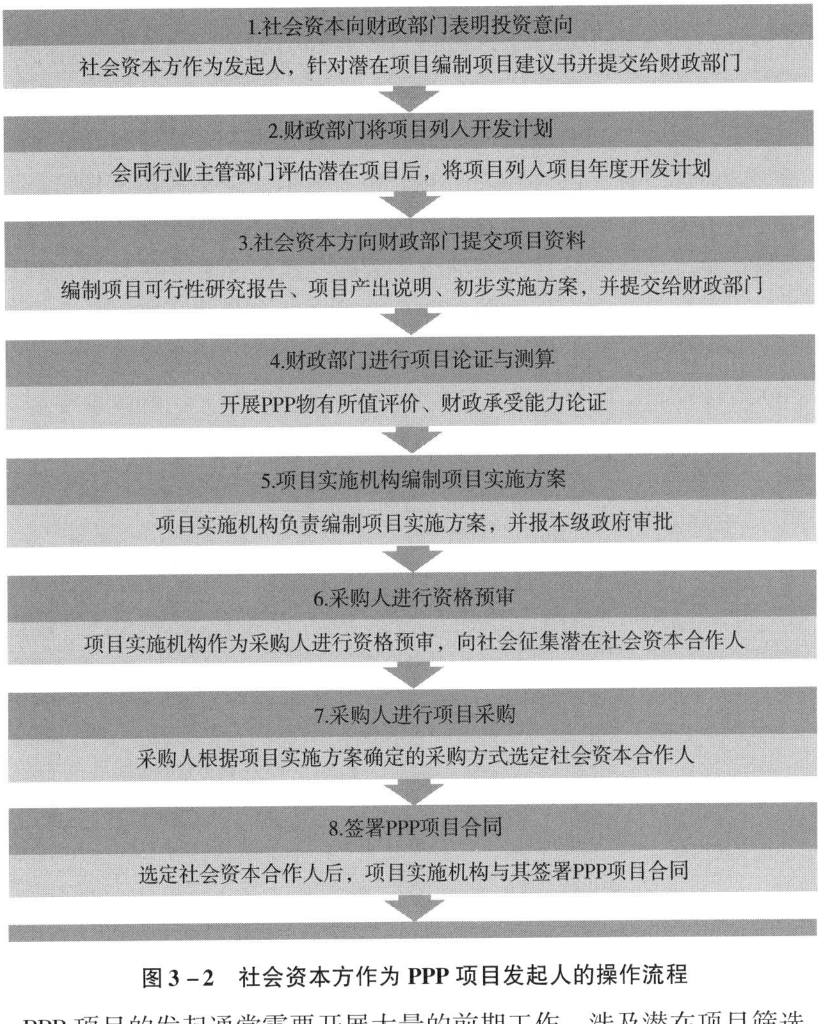

1.社会资本向财政部门表明投资意向

社会资本方作为发起人，针对潜在项目编制项目建议书并提交给财政部门

2.财政部门将项目列入开发计划

会同行业主管部门评估潜在项目后，将项目列入项目年度开发计划

3.社会资本方向财政部门提交项目资料

编制项目可行性研究报告、项目产出说明、初步实施方案，并提交给财政部门

4.财政部门进行项目论证与测算

开展PPP物有所值评价、财政承受能力论证

5.项目实施机构编制项目实施方案

项目实施机构负责编制项目实施方案，并报本级政府审批

6.采购人进行资格预审

项目实施机构作为采购人进行资格预审，向社会征集潜在社会资本合作人

7.采购人进行项目采购

采购人根据项目实施方案确定的采购方式选定社会资本合作人

8.签署PPP项目合同

选定社会资本合作人后，项目实施机构与其签署PPP项目合同

图 3 – 2　社会资本方作为 PPP 项目发起人的操作流程

　　PPP 项目的发起通常需要开展大量的前期工作，涉及潜在项目筛选、初步方案设计、可行性研究等内容，不同的主体在发起 PPP 项目时需要完成不同的前期工作。在目前的政策法规框架下，项目发起方式主要有两种，分别是政府发起和社会资本发起，其中以政府发起为主。

1. 政府发起

　　财政部门或政府和社会资本合作中心应负责向交通、住建、环保、能源、教育、医疗、体育健身和文化设施等行业主管部门征集潜在的政府和社会资本合作项目。行业主管部门可从国民经济和社会发展规划及行业专项规划中的新建项目、改建项目或存量公共资产中遴选潜在项目。

2. 社会资本发起

社会资本应以项目建议书的形式向财政部门或政府和社会资本合作中心推荐潜在的政府和社会资本合作项目，并针对列入开发计划的项目提供项目可行性研究报告、项目产出说明和初步实施方案等资料。

现阶段，我国对 PPP 项目入库有如下安排：当一个项目处于识别阶段时，地方政府部门有意愿对其采用 PPP 模式，但尚未完成物有所值评价和财政承受能力论证的审核，经省级财政部门审核满足上报要求，可以进入储备项目清单。当一个项目进入准备、采购、执行和移交等任意阶段，已编制项目实施方案，完成物有所值评价和财政承受能力论证的审核。从程序上来看，现阶段，一个项目要进入 PPP 项目的执行阶段，需经过以下流程：PPP 项目发起—项目筛选—物有所值评价（中介）—财政承受能力论证（中介）—管理架构组建（见图 3 – 3）—实施方案编制—实施方案审核。

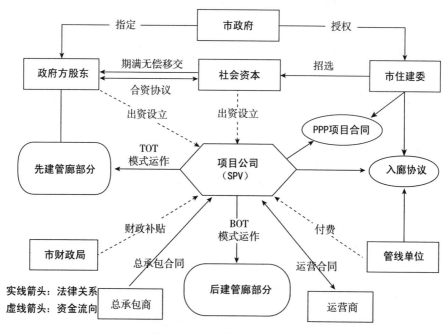

图 3 – 3　PPP 项目入库流程

3.4　具体的参与方式

PPP 项目使用的资金分所有者权益和负债两大类。所有者权益是指投资人对企业净资产的权利，如股份公司中的普通股和优先股。在 PPP 模式中，金融机构通过股权的形式进行所有者权益投资。负债是企业所承担的能以货币计量的、需以资产或劳务偿付的债务，一般分为优先债务和附属债务。投资总额中所有者权益和负债所占的比例构成了项目的资金结构。在 PPP 项目中，优先股和附属债务等求偿权是在优先债务之后的资金，对项目成功具有特别重要的意义，通常把这类资金归结为中间资金（Mezzanine Capital），因此，PPP 项目资金结构中包含了所有者权益、负债和中间资金三部分。

3.4.1　以股权形式参与

（一）项目发起阶段的股权结构选择

股权投资，即权益投资，是项目所有者投入的资金，在所有项目资金中其求偿权是最低的。正常情况下，只有项目的其他义务全部满足之后才能考虑权益投资人的利益。如果项目失败了，任何求偿权都要优先于权益投资人的求偿权，若满足其他义务之后的剩余项目资产价值少于权益资本的初始值，权益投资人将受损失。权益资本承受着比其他任何资金都高的风险，当然，如果项目成功，满足其他义务后的剩余资产价值必然高于初始权益资本，高出部分将归权益投资者所有。总之，权益投资者在承受较高风险的同时，若项目取得成功，将获得最大的收益。在 PPP 项目中，一般在项目结束时项目剩余资产将移交政府，股权投资者只能通过特许期内的收入获得回报，因此，有关合同条款应满足投资者合理的风险回报。

PPP 项目发起阶段的股权结构受到国内和地方政策法规的约束。比如，部分省份明确规定在 PPP 项目中公共投资者不能占据绝对控股地位，在满足政策法规要求的前提下，金融机构需要充分评估不同股权结构的优劣势特征。从参与机构来看，公共投资者可以是政府部门也可以是政府融资平台，可以是一家机构也可以是受共同控制的多家机构。社会资本可以是一家机构，也可以是多家机构的联合体。一般情况下，由于金融机构缺乏专业的建设与运营能力，因此，金融机构一般都不直接控股，金融机构一般仅作为参与方加入 PPP 项目中。

当项目公司由政府方控股时，有助于为项目的顺利实施提供政治和资金等保障。此时，政府部门具有更大的动力在特许经营权及相关行政审批文件办理、土地使用权划拨或出让等方面提供支持，有利于保障项目实施。但由于政府对于社会公共需求的重视以及对短期政绩的追求，可能存在社会资本利益受损的风险。现阶段，我国政府实际控股的 PPP 项目很少，个别经济发达省市的 PPP 项目，在法规下，实际占股比重也不超过49%，政府占比越大，往往反映的是政府对该项目的信心，相应的风险一般更小。

当项目公司由社会资本控股时，优点是可以最大化项目建设和运营效率，发挥各类专业机构的主观能动性。从国内外经验来看，项目规模较大的 PPP 项目，一般都采用金融机构、承包商、设备和技术提供商、运营管理商等一家或几家联合体的方式。其中，基础设施建设项目部分，社会资本可以金融机构和承包商为主；对核心技术设备要求高的项目，最好以核心技术与设备提供商为主、金融机构为辅；综合运营管理类项目可以运营管理商、承包商为主。由财务投资者和战略投资者组成联合体，相比由金融机构或战略投资者单独出资，可以降低项目综合融资成本，增加项目股权投资总收益。

(二) 项目运营阶段的股权结构调整

随着 PPP 项目完成开发建设进入运营阶段，项目的风险收益特征发生了显著变化，从完工风险逐渐转变为运营风险。项目执行的核心主体逐渐从建设承包商向运营管理商转移，金融机构投资的风险水平也有所降低。在这一阶段，对 PPP 项目的股权结构进行适当调整，有利于提高持续融资能力，降低项目综合成本，有利于保障项目新阶段的稳健运营。当然，对某些 PPP 项目而言，这种调整不是必须的。

在项目运营阶段，金融机构仍然扮演着非常重要的股权投资者角色。一方面，在 PPP 项目的运营阶段，仍然需要大量的资金用于保障项目持续运营和项目完成后的建设与升级，金融机构的参与会对项目利润与成功产生较大的影响；另一方面，金融机构自身并不具备运营管理的经验和优势，从而可能会因为专业水平的欠缺而增加协调成本。因此，占 PPP 项目股权的比例，不仅是金融机构需要斟酌的，也是整个 PPP 项目所有股东需要综合考虑的事情。

随着 PPP 项目建设结束，PPP 项目核心风险之一的完工风险得以消除，偏好低风险的金融机构，可以考虑此时以财务投资者的身份入场。金融机构此时应区分不同 PPP 项目的特征，有针对性地选择股权比重。对于基础设施建设类项目，以建设承包商为代表的工程承包商在承担了完工风险并获得相应较高投资回报后，综合评估资金回笼和潜在股权收益，此时可能会选择转让部分股东份额；对于综合运营类项目，由于项目整体的核心是在运营环节，所以建设承包商在完成项目建设并获取相应投资收益后，大多会考虑转让部分或者全部股份，将主要管理权让渡给运营管理商；对于核心设备技术类项目，则应保持设备供应商作为股东，以提高核心设备在运营期使用和维护的稳定性。作为财务投资者，金融机构可以在控制股权稀释程度的基础上，调整项目公司的权益规模和占比，提高项目公司外部信用评级和贷款人信心，提高项目整体收益率。

（三）现阶段金融机构以股权形式参与 PPP 项目的困境

可以说，对所有从事资产端业务的金融机构而言，股权投资都具有很大的吸引力。相较于债权同质化程度高、竞争激烈且收益率较低，股权投资复杂程度较高，对专业能力要求更高，但也容易打造自身的不可替代性，收益率也相对更为可观。PPP 项目的股权投资更是如此。尤其是自 2017 年 11 月 10 日起，财政部发布《关于规范政府和社会资本合作（PPP）综合信息平台项目库管理的通知》，要求"不得以债务性资金充当资本金"，以及国资委于 2017 年 11 月 17 日发布《关于加强中央企业 PPP 业务风险管控的通知》，和资产管理领域一系列新规之后，以往金融机构"明股实债""小股大债"的业务模式被颠覆，金融机构参与 PPP 项目，真实股权投资几乎成为唯一路径。但是，金融机构以真实股权进行 PPP 项目投资，存在一系列困境。

第一，PPP 项目的资产优异程度参差不齐，差异很大，现阶段真正的 PPP 好资产不多。就 PPP 项目的基础设施资产而言，高速公路、机场、污水处理、垃圾处理、能源等项目市场需求较为稳定、现金流丰富，如果项目其他社会资本方的运营能力强，这些项目的收益率一般都比较可观。从经济学的角度来看，一些具有一定垄断性质的可运营行业可以吸引大量社会资本参与。但是，我国现阶段的 PPP 项目中，没有现金流的市政类项目占比最大。受限于资产本身的特性，咨询机构一般也只能将这些现金流有限的项目包装成固定收益类项目，且收益率极低。从项目本质上来看，这些 PPP 项目更接近政府信用类资产，而不是真正意义上的基础设施资产；从已经落地的 PPP 项目来看，积极性最高的是各类建筑方，他们赚取的是工程利润，而不是运营维护的长远收益和投资收益。从金融的角度来看，这些 PPP 项目资产适合做债权，而不适合做股权。但是，如果以股权的专业性和复杂程度来获取低廉的收益率，又有几家机构真正愿意参与？

第二，PPP 项目的退出难度大。首先，PPP 项目的期限过长，这是很难回避的难点之一。在股权锁定期的要求下，PPP 股权资产很难短期退出，而长期资产的不可预见风险太大。在不可确定的市场波动下，长期资产脆弱性很大。如果不能提高此类资产的流动性、理顺二级流通市场，可以预见，将有金融机构大规模持有此类资产。即便是以贷款为主的银行，也需要考虑资产负债的匹配性，更何况大规模的此类资产的股权投资？虽然我国政府对 PPP 项目的资产证券化大开绿色通道，但很多资产证券化本质上是发行人"左手倒右手"挣名声的把戏。且不说 PPP 项目债券退出已经很难，对于 PPP 项目股权的资产证券化，政府需要考虑 PPP 项目社会资本方履行 PPP 合同义务连续性的问题。所以，在实际操作中，其实难度更大。就 PPP 项目的资产证券化，我们在后文将有专题讨论。

第三，专业性欠缺。与传统 PE 等股权投资不同，PPP 项目的股权投资专业性和复杂度更高。比如，传统的 PE 投资，本质上投的是人，核心是对人的信任。而 PPP 项目的投资，由于项目生命周期长，人员变动不可控，很难能找到固定的项目对接人，更不用说对个人的信任。假如金融机构在项目公司成立初期就进入，在资本金实缴到位的要求下，金融机构很难像其他参与方一样收回这部分资金，从而导致这部分资金的长期沉淀，而其他公司，如建筑方，则可以通过往来款等方式灵活地收回这笔资金。不仅如此，金融机构参与 PPP 项目后，风险如何分担，风险发生后的损失分配等，在具体实务中也很难明确。从我国现阶段已经参与 PPP 项目真实股权投资的金融机构来看，如中信集团，其下属中信银行的金融能力够强，且集团公司下属有专业能力很强的建设施工企业和一些运营能力强的企业。而对一般的金融机构而言，建设施工和细分行业的专业知识，并不能简单地通过引入几个行业专家就可以解决问题，而是需要一整套投前和投后团队，并在制度和流程管理上，融入金融机构的原有决策体系和管理体系。对于这些要求，在收益不高、退出太难、资金来源受限的情况下，很难有金融机构愿意去啃这块硬骨头。

综上所述，从现阶段来看，绝大多数金融机构参与 PPP 项目的真实股权不具有现实的可操作性。一方面，对于 PPP 模式未来的前景，尚待观察本届政府的下一步动作；另一方面，在金融严监管的趋势下，当前金融格局可能会重塑，未来金融机构如何参与 PPP 项目，也存在很大的不确定性。在上述困境下，现阶段，建议金融机构采取观望而不是冒进的方式，谨慎参与 PPP 项目的股权投资。

3.4.2 以债权形式参与

与股权投资的权益资本相反，项目的优先债务是所有项目资金中级别最高的。根据预先制订的计划，优先债务具有对项目资产的第一求偿权，只有它得到满足之后才能考虑其他求偿权。在所有资金中，优先债务的风险是最低的，因此无论项目多么成功，其回报也只限于按照借款额应支付的利息。PPP 项目融资具有规模大、期限长的特点，在股权融资相对确定的情况下，项目公司所承担的债务水平会直接影响公司资本结构。一方面，债务水平会对综合融资成本和项目管理效率产生影响，进而影响项目公司的价值。根据有税收条件下的莫迪利亚尼—米勒定理，税法允许债务融资利息抵减企业所得税。同时，债务融资可以减少股东与管理层之间的委托代理成本。另一方面，过高的债务水平会提高企业财务困境，降低贷款人对项目公司的信心，进而可能导致项目公司的信用评级降低、融资成本提高。此外，债务在项目资本结构中的占比，也会影响项目公司治理和项目运营效率。可见，一定的负债可以为企业带来正面价值，同时也会导致企业财务困境。如何权衡债务水平，以最大化提升公司价值，是 PPP 项目公司需要重点关注的。

（一）PPP 项目债务融资资金的主要来源

PPP 项目债务融资的主要方式有银行贷款、发行债券、信托贷款、保险债券计划等。从资金的来源看，主要来源于商业银行表内的资金、银行理财资金、保险资金、企业年金、证券公司与基金公司的资产管理类产品等。其中，商业银行是我国金融体系的主体力量，在我国 PPP 项目的融资中占有的比重最大。一般的 PPP 项目中，银行等金融机构的债务比重高达60%～80%。从目前的操作方式来看，商业银行通过直接或间接方式参与到 PPP 项目的发起与投资过程中，通过信贷、债券融资服务等与其投资相匹配，形成战略协同效应。

PPP 项目一般投资风险大、期限长、预期收益率较为稳定，从期限和风险的角度来看，保险资金、企业年金与养老金等偏好长久期配置的机构更适合。通过参与 PPP 项目，这些金融机构在风险相对可控、资金与资产久期匹配的情况下，可获得高于评级债券或市政债券的利息收益。其他资产管理机构可以通过直接或结构化方式，参与 PPP 项目的债务投融资，从大类资产配置的角度分散风险、提高收益，进而实现自身业务与投融资的战略协同。

（二）PPP 项目的债务水平

由于 PPP 项目的债务融资涉及公共部门、社会资本和债权人等多方，且各方的利益与目标并不完全相同：政府部门重视社会公共产品提供效率及项目物有所值等公共效益目标，社会资本重点关心项目投资的风险及收益，债权人则看重项目的贷款偿还能力及利息收益。通过项目债务水平的合理设计，保持合适的本贷比例（资本金与债务融资的比例），能够给债权人以充足信心来降低债务融资成本。在实现政府部门所追求的公共产品价格可控的基础上，通过财务杠杆向社会资本提供相对较高的投资回报，统筹平衡各方利益。基于既往经验，政府部门的目标实现情况可以用物有所值评价、全生命周期、投资收益率、移交价值等指标进行测度，社会资本关注的指标主要包括内部收益率、财务杠杆系数、经营杠杆系数和加权平均资本成本等，而债权人主要重视贷款资本收益率、偿债覆盖率与现金流量对利息的覆盖比例等指标。另外，在 PPP 项目存续期内，针对不同阶段的经营特点，债务水平需要进行动态监控、评级以及必要的调整。

（三）债务水平的权衡

PPP 项目债务水平的确定没有一定之规，需要根据项目自身特点、项目股东方（公共部门、社会资本）获取债务融资的能力、政策与市场环境等多方面因素进行权衡。一般来说，投资规模大的项目，通常具有较高的债务水平；投资规模较小的技术型项目，具有较低的债务水平，权益资本偏高。对于具有可靠的稳定现金流、市场风险相对较小的项目，如政府明确定额补贴或最低购买标准、具有行政或市场垄断性等的项目，债务水平可以提高，而对于具有一定市场风险的项目，如完全市场化运作的收费型高速公路等，通常适合相对较低的债务水平。

3.4.3 具体的操作流程

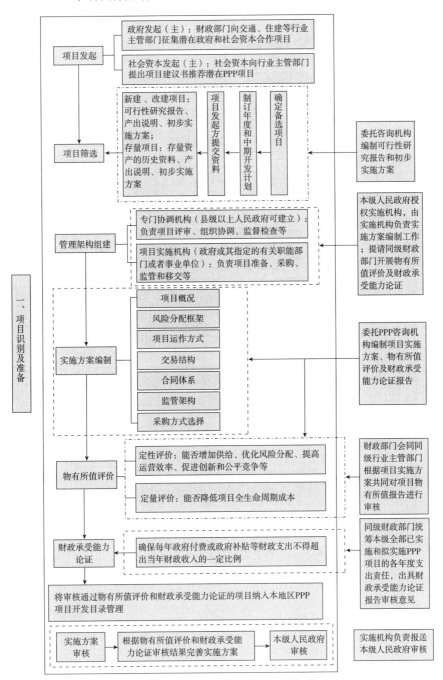

图 3-4 PPP 项目识别与准备阶段的操作流程

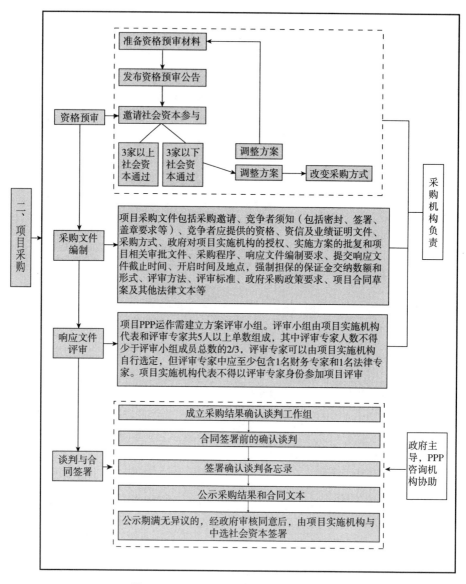

图 3-5 PPP 项目采购阶段的操作流程

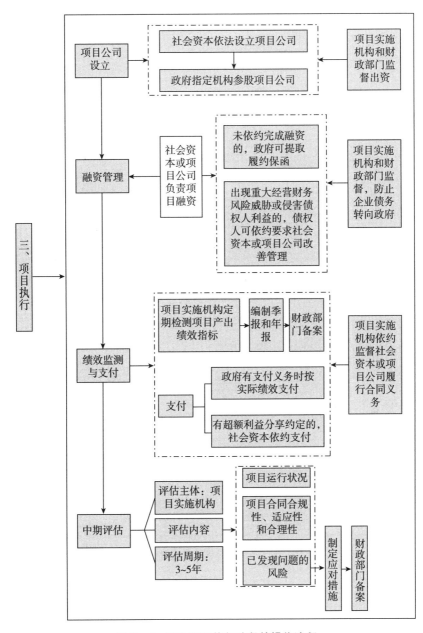

图 3 - 6 PPP 项目执行阶段的操作流程

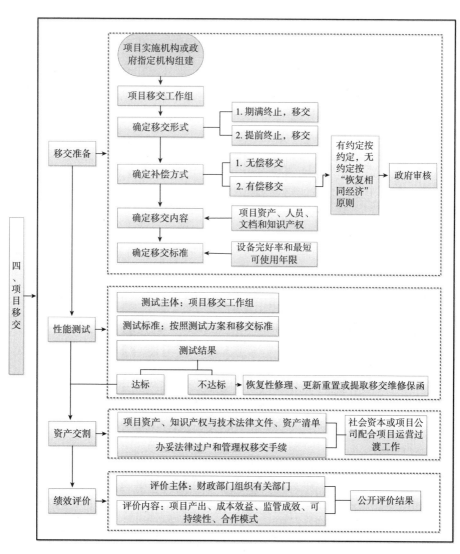

图 3 – 7　PPP 项目移交阶段操作流程

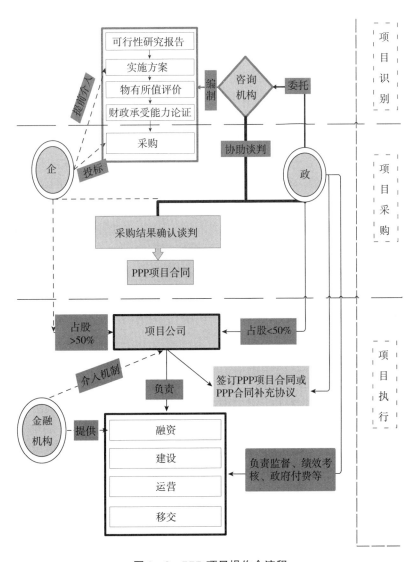

图 3 – 8 PPP 项目操作全流程

3.5　案例分析

（一）项目基本情况

为加快空港经济技术开发区的建设，A 市人民政府决定于 2016 年陆续开展建设以下四个项目：（1）综合管廊及市政路网东区；（2）西区项目；（3）西区二期项目；（4）公共服务与公共管理项目。总投资合计 187 亿元。为缓解政府财政压力，筹集项目建设所需资金，提高本项目的建设水平、建设速度和运营管理水平，并落实近年来国务院以及地方政府鼓励采用政府和社会资本合作（PPP）模式的政策精神，A 市新区管理委员会对本次西区二期项目采用 PPP 模式。A 空港翔悦投资有限公司（以下简称翔悦公司，A 市高新技术产业开发区国有资产监督管理委员会 100% 控股孙公司）作为政府方出资代表，与社会资本方 B 集团有限公司、C 公路工程有限公司出资成立项目公司"A 龙悦建设投资有限公司"，共同对综合管廊及市政路网 PPP 项目进行投资、建设、运营和维护。

A 龙悦建设投资有限公司经营范围为以自有资金对综合管廊及市政路网、桥梁、绿化项目进行投资、设计、建设、维护、运营；综合管廊的随廊线路、管道、设备的安装；智能监控系统安装；城市综合服务设施建设；城乡一体化综合开发与运营。

表 3-2　　　　　　　　　PPP 项目 SPV 公司股权情况　　　　　　单位：元

股东名称	出资额	占总注册资本比例	实际出资额（截至2017 年 8 月 15 日）	出资方式
A 空港翔悦投资有限公司	67000000.00	10%	26800000.00	货币
B 集团有限公司	596300000.00	89%	238520000.00	货币
C 公路工程有限公司	6700000.00	1%	2680000.00	货币
合计	670000000.00	100%	268000000.00	

（二）融资需求

某公司拟通过认购城镇化并购重组基金设立子基金为 B 集团有限公司开展 A 空港经济开发区综合管廊及市政路网西区二期 PPP 项目提供融资，用于垫付施工单位工程款。A 龙悦建设投资有限公司（以下简称 SPV 公司）

按照国家 PPP 项目运作指导文件，向当地银行申请项目贷款，结算工程款后，由施工单位偿还垫付工程款。该项目既能支持国家 PPP 项目建设，又能实现稳定收益，还款来源清晰，项目风险可控。现申请项目立项，并将有关情况汇报如下。

(三) 金融机构参与的交易结构设计

D (天津) 股权投资基金管理有限公司 (以下简称 D 股权基金) 设立 DB 基金 (有限合伙) (暂用名，以下简称 B 基金)，规模为 60000 万元，D 股权基金作为 GP 认购 60 万元，中国 D 资产管理股份有限公司吉林省公司作为优先级 LP 认购 59940 万元，资金用于 B 集团垫付给长宏建筑、长宏建筑垫付给分包路桥公司 (以下简称路桥公司，为 B 集团全资子公司) 用于 A 空港经济开发区综合管廊及市政路网西区二期 PPP 项目建设垫付工程款；SPV 公司向中国建设银行吉林省分行贷款用于按工程进度结算工程款，长宏建筑用于结算路桥公司已验收合格工程进度款，路桥公司退还垫付工程款，路桥公司上交工程利润款作为补充还款。

表 3 – 3　　　　　　　空港综合开发区综合管廊 PPP 融资情况

要素	说明
融资企业	B 集团有限公司
投资规模	60000 万元
基金形式	有限合伙
基金管理人	D (天津) 股权投资基金管理有限公司 (DB 基金)
投资期限	3 年。A 空港经济开发区综合管廊及市政路网西区二期 PPP 项目建设期为 3 年，运营期为 27 年
资金用途	开展 A 空港经济开发区综合管廊及市政路网西区二期 PPP 项目建设垫付项目公司工程款
投资方式	D (天津) 股权投资基金管理有限公司 1. D 股权基金作为 GP 认购有限合伙基金 DB 基金 60 万元份额，中国 D 资产管理股份有限公司吉林省分公司认购 LP 份额 59940 万元 2. D 股权基金以委托贷款形式对 B 集团发放贷款
还息方式	按照自然季支付利息，自然季末月的 20 日为结息日，21 日为支付日
本金偿还安排	自放款之日起第四个季度末偿还贷款本金 10%；第八个季度末偿还本金 20%；第十二个季度末偿还剩余全部贷款本金
其他	1. 转让如果涉及税费支出，均由 B 集团承担； 2. 后续项目贷款由项目公司自行负责解决

（四）风控措施及还款来源分析

1. 风控措施

某公司将根据空港西区二期 PPP 项目实际情况，采取以下风控措施：

（1）对 B 集团设立放款账户、回款账户；

（2）SPV 公司作为共同债务人；

（3）B 集团有限公司以持有 SPV 公司 89% 股权质押；

（4）监管 SPV 公司账户；

（5）监管建筑账户；

（6）监管路桥公司账户；

（7）实际控制人（持股比例 95%）和林春龙（持股比例 5%）为 B 集团融资退出及投资收益提供无限连带保证责任担保。

2. 还款来源分析

第一还款来源为银行按工程进度结算工程款，路桥公司偿还项目借款；第二还款来源为路桥公司上缴利润；第三还款来源为 B 集团其他投资收益。另外，还有补充还款来源，包括 PPP 项目的 SPV 公司上缴利润和项目公司股东其他投资收益。

该 PPP 项目除了具备一般项目的风险特征外，因其参与主体众多、资金投入量大、投资周期长、合同结构相对复杂等，还具有复杂性、偶然性、阶段性和渐进性等特征，各参与主体对风险、收益的期望和衡量标准也不尽相同，因此对各方的不利因素均会引发项目风险。

该项目为政府建设项目，为国家级新区加快城市建设的重点项目，项目的可研性、规划、环评等手续合法合规，符合政府购买服务和 PPP 项目流程管理程序；项目公司已与空港区管委会签署了 PPP 协议，不存在因政策的变化而被迫与政府重新就投资建设进行谈判等各种变动情况。该项目已履行项目评估筛选、物有所值评价、财政承受能力论证、可行性研究论证等程序，项目成熟度较高。综合管廊项目依法向入廊管线单位收取管线入廊费和管廊服务费，并获得政府给予的可行性缺口补助；市政道路及附属设施依法获得政府购买服务费；并与空港管委会共同负责产业开发工作，获得产业开发服务费，空港管委会负责协调新区管委会落实强制入廊及管廊有偿使用，工作不确定性较低。

PPP 项目的一个特点是在招标阶段选定中标者之后，政府与中标者先草签 PPP 基础协议，中标者要凭 PPP 基础协议在规定的建设期限内完成融资并投资。项目公司未按照 PPP 协议的约定或未按照建设的需求满足资金到位,其迟于 30 天仍未到位的,项目公司向空港管委会每日按照总投资的万分之一点五支付违约金等。项目公司已向省内的浦发银行、建设银行、工商银行申请项目贷款,目前已处于实质性上报阶段,且项目公司控股股东为资产规模较大的建筑型企业,融资经营较为丰富。该项目运营周期较长,在运营期间内,由于宏观经济、社会环境、人口变化、法律法规调整等其他因素使市场需求变化,导致市场预测与实际需求之间出现差异会产生需求不足的风险。但项目前期已经进行了物有所值分析和财政承受能力评估,充分考虑了宏观经济、社会环境、人口变化等因素可能带来的冲击,且 A 新区为国家级新区,国家要大力开发与发展 A 新区,市场需求疲软性较小。在 PPP 协议中明确规定项目公司自协议生效日起六年之内(建设期三年及运营期前三年内),项目公司股东 B 集团有限公司、C 公路工程有限公司不得向任何第三方(包括其关联方)转让其持有项目公司股权。同时融资公司将在合同中设置融资保护性条款和相应的应急措施,约定在合同提前终止、项目公司违约等突发情况下,融资公司有权宣布融资提前到期,并提前收回全部融资。

通过系统严格的调查与分析,该公司决策层最终决定以上述方式参与到 PPP 项目中去。

案例总结:对社会资本方之一的金融机构而言,相较于其他付费方式,可用性付费方式的风险更低、融资可行性更高、退出的可能性也更强。但在这一方式下,政府能转移出来的风险也相对更低。同时,这一付费机制下,政府只能通过 PPP 项目公司报告或抽查的方式对 PPP 项目进行监控,且监控力度不够,这一付费机制缺乏收益激励机制。从现阶段 PPP 项目的发展趋势来看,未来,单独使用可用性付费的 PPP 项目会越来越少,取而代之的可能是其他方式,或可用性付费机制与绩效付费机制搭配使用。

使用量付费的需求风险在项目方。对于在 PPP 项目合同签约前就已经参与的金融机构,应提前测算自身的盈亏点,以此倒推达到盈亏平衡点的最低使用量。争取与政府谈判时,签署的最低使用量高于自身盈亏平衡点的最低使用量,从而规避需求风险。后期参与进来的金融机构,也同样需要测算该使用量对融资风险的影响。

要谨慎审查 PPP 项目付费中的绩效付费机制,重点关注绩效标准的客观性与合理性,尤其是关注这些标准是否超过项目公司的能力范围,以及这些标准是否必需。要客观地审查绩效付费标准,尽量避免参与过于偏颇某一方的 PPP 项目,因为这种项目很难长期持续,最后可能会带来不确定性风险。

参与项目发起阶段的 PPP 项目时,具体的参与程序按照前文的基本事项即可。需要注意的是:第一,根据我国现阶段执行的法律法规,PPP 项目发起股东存在股份锁定期,锁定期内几乎很难退出,相应的风险与回报,需要提前测算。如果想提前退出,最好在项目合同申请时就与地方政府沟通好,约定金融机构退出期限。第二,尽量提高政府的股权比重,以增加政府在 PPP 项目中的主动性以及规避由于政府不作为、迟作为、不守信等行为导致的风险。第三,在投资社会资本方控股的 PPP 项目时,社会资本方一般偏好于财务投资者与战略投资者的联合体。金融机构可以据此有针对性地选择财务投资者或者战略投资者的身份,以期提高 PPP 项目的落地率。

4 金融机构参与 PPP 项目的风险控制

PPP 项目的风险指的是在 PPP 项目中损失发生的概率。每个 PPP 项目都存在不同程度的风险，对项目的参与方而言，就是要将这种损失发生的概率降至一个可以接受的程度，然后将剩余的不确定性通过一些共同认可的原则进行风险分担，这个过程构成了 PPP 项目的风险管理。PPP 项目融资的最大特点是，作为借款方或财务投资方的金融机构对项目发起方仅有有限追索权甚至无追索权，金融机构的资金偿还主要来源于项目未来的收益。这就意味着，相较于其他类别的借款，PPP 项目中的金融机构方要承担更多的风险，且整个 PPP 项目的风险也主要由金融机构承担。因此，需要对 PPP 项目的风险投入更多的关注。

4.1　PPP 项目参与方的风险识别

风险管理的第一步是要确定风险是否可控，即 PPP 项目的各参与方各自控制的真正风险能被清楚地确定和分配。由于不可控制的风险往往很难进行分配，这就要求，在 PPP 项目中风险与回报要匹配。例如，银行参与 PPP 项目，是为了赚取利差而愿意承担一定程度的不可控风险。

在一个 PPP 项目中，与风险有关的准确信息会随着项目的推进而越来越多，这使风险的形式不断发生变化，从而意味着两点：第一，不可控风险可能在事实上变得逐渐可控；第二，一些不可预测的新的风险可能会出现。PPP 项目复杂程度高，需要在全生命周期进行不断的风险评估与管理，这在 PPP 项目的整个运行中有着重要的意义。

风险的识别、分配与管理关系到每个 PPP 项目成功与否，PPP 项目中的每个参与者都必须明白什么是风险，且要求各方清楚地意识到对方参与者的预期结果。对于主要的资金方，金融机构的金额最大，在我国的 PPP 模式中，也是实际承担最大的一方。从理论上讲，关于风险的信息不但要实现理论上的完美信息，还要在实践中达到相互理解，进而有效地沟通与谈判。不完全或不完美的风险信息,将会最终导致失败。各国的 PPP 项目实践表明,无论是项目最初的方案设计,还是到项目的建设阶段与运营阶段,多数失败的项目都与错误地理解合作伙伴的预期结果有关。也就是说,政府方需要全面了解社会资本方的信息,同样,社会资本方也需要清晰地了解政府的需求。

从中央政府的角度来看,PPP 项目至少应产生以下四个成果:第一,提供公共物品和服务以促进经济增长;第二,有效控制通货膨胀;第三,在不向任何一级政府部门提供资金资助或担保的情况下,各级政府实现资金的自筹;第四,中央政府可以通过将本国货币兑成外币偿还债务和支付利润。也就是说,对中央政府而言,可预见的风险不仅包括 PPP 项目本身的运营以及因地方政府违规操作变相负债而导致的风险,还包括汇率和通货膨胀的压力。

地方政府对 PPP 项目的预期则一般有:第一,不需要直接投资,或仅以较小比重的资金即可实现公共物品和服务的供给,即能在尽可能不增加地方财政负担的情况下实现上述目的;第二,通过发挥政府与社会资本各自的优势,不断提高公共产品供给效率;第三,增加消费者对 PPP 项目的参与性;第四,对于某些项目,如 PPP 模式的项目,在项目结束后可以无偿获得一笔能够继续使用的资产。地方政府在 PPP 项目中,可能承担的主要风险则主要包括:第一,对社会资本合作方选择不善或对其合作方称职程度了解不够,可能导致 PPP 项目融资失败或延误;第二,建设风险,即建筑工程的可用性、可用量或质量不达标;第三,运营风险,如管理风险、政策风险等;第四,由于 PPP 项目的全生命周期很长,一系列复杂的谈判会降低公共产品供给的整体效率,增加沟通成本,且宏观上要监测 PPP 项目运营的监控成本很高,从而导致 PPP 项目实际上达不到物有所值;第五,在 PPP 项目合同期满后,从社会资本方转移过来的 PPP 项目有关资产出现各种问题,从而导致政府将支付一笔不确定的再投资金额,进而导致政府风险;第六,中央与地方政府的权责不清,各政府内部机构的职能划分不清,都会增加项目的交易成本,降低项目效率。

从消费者的角度来看,消费者对 PPP 项目的预期成果是,以尽可能低的价格买到保质保量的物品或服务。因此,消费者可能面临的风险包括:第一,对 PPP 项目提供的产品价格的增长无能为力;第二,对公共产品的消费得不到应有的保障。

从非金融机构等社会资本方的角度来看,社会资本方对 PPP 项目的最低需求就是获得利润。当然，对一些公司来说，PPP 项目可以优化公司的资产负债表，提高市场份额，并能有效地提高公司声誉。一些跨国的 PPP 项目，更是能够帮助社会资本方进入项目所在国的市场。而从风险的角度来看，社会资本方所面临的风险很多，我们将在下文详细论述。

从银行等金融机构的角度来看，贷款人对 PPP 项目的预期显而易见，即收回债权资金，并获得贷款利息。这种预期，其实内含了上述所有不确定性因素。以项目早期阶段为例，一旦发生不利变化，债务就会被耽搁甚至被忽视。所有预期利润都依赖于 PPP 项目公司，更进一步说，就是依赖于项目本身以及项目公司的各股东。风险主要来源于技术困难、项目本身收益的不确定性以及项目公司股东的资金状况。

一个典型的 PPP 项目，通常包括项目识别、项目准备、项目执行、项目采购、项目移交等阶段。更具体地，在项目执行前，往往需要签订特许经营权协议、项目融资协议等。在 PPP 项目的不同阶段，不同参与方的风险是不同的，即 PPP 项目的风险有着明显的阶段性。几乎对所有的 PPP 项目而言，最大的风险均出现在建设和初步运营阶段，这一时期的技术障碍与各方的磨合是风险产生的主要因素。由于项目的收益来源于全生命周期的运营，PPP 项目公司的股东无疑承担风险的时间最长。但是，从项目风险的比重来看，尤其是在我国的 PPP 项目实践中，银行等债务融资机构承担了最大比重的风险。而对项目的建筑方来说，项目建设完成或运营较短的一段时间后，建设方则不再对项目负责，其风险也将结束。

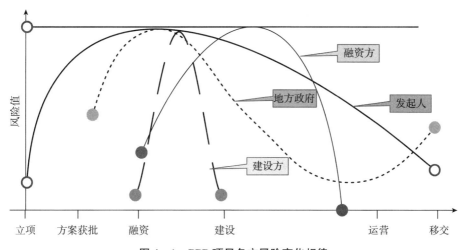

图 4−1　PPP 项目各方风险变化规律

4.2 风险管理

4.2.1 PPP 项目风险管理的基本工具与基本原则

4.2.1.1 风险管理的基本工具

风险管理是指通过一定的工具对所面临的问题进行处置，其中，对风险进行透彻的分析是风险管理的基础。一般来说，控制法和财务法是风险管理的两个主要方法。其中，控制法更多地被用于风险发生之前，通过各种控制工具来消除各种隐患，减少引起风险发生的因素，以期将风险导致的后果降到最低。财务法则用于风险事件发生后，损失已经产生，是对损失后果进行补偿。控制法和财务法的侧重点不同，二者相互补充，有机配合，构成了风险管理的两大工具。

（一）风险控制工具

1. 避免风险

避免风险事先考虑到风险事件的存在和发生的可能，主动放弃和拒绝可能导致风险发生的方案。通过避免风险，可以在风险事件发生之前完全彻底地消除某一特定风险可能造成的损失，而不仅仅是减少损失的影响程度。避免风险是对所有可能发生的风险尽可能回避，直接消除风险损失，具有简单易行、全面、彻底的优点，能够将风险的概率保持为零，保证经济运行的安全。避免风险的一个基本方法是终止某些现有项目，暂停正在进行的经营活动。如在某 PPP 项目中，发现某项工程项目的实施将面临很大的潜在风险，应立即放弃该施工方案，停止项目的实施，以免遭受更大的损失。

避免风险的另一个基本方法是改变生产活动的性质、改变工作方法和工作地点等。其中，生产活动性质的变化是最根本的变化。但是，避免风险方法有很大的局限性：一是人们难以对风险事件的具体状况做十分准确的估计，不能确定风险事件是否应实施避免；二是即使有很大的风险，人们依然不愿放弃该风险事件可能包含的盈利；三是避免风险在实践中很难完全实现。

2. 风险排除

风险排除指在损失发生前消除损失可能发生的根源，并减少损失事件的频率，在风险事件发生后减少损失的程度。风险排除的基本点在于消除风险因素和减少风险损失，是风险管理中最积极主动也是最常用的处理方法。这种方法可以克服避免风险的种种局限。风险排除还包含根据对意外事件的分析，发现灾害损失的直接原因和间接原因，并研究能否通过改变其中的某些因素消除致损原因，为风险排除做准备。风险排除一般要经过以下阶段：风险因素的分析、控制工具的选择、实施控制技术、对控制的后果进行评估等。具体包括以下几种措施。

（1）查询事故原因。PPP 项目的风险事件原因除自然灾害外，还有行为人自身素质等。另外，工程机械设备、技术水平等也是导致 PPP 风险发生的主要因素之一。查询事故原因，可以有效防范风险，以及在损失发生后及时抢救，是风险管理的有效措施之一。

（2）减少损失，指的是 PPP 项目发生损失后采取各种措施，以防止损失进一步扩大，尽可能使损失降到最低。在 PPP 项目的风险管理中，减少损失还包括为应付实际损失而制订的应急防范计划。该计划包括抢救措施、PPP 项目公司在损失发生后如何进行业务活动，以期减少组织的财产损失。

（3）损失防范措施，指的是减少损失发生的频率。损失防范措施包括预防性措施和保护性措施两类，后者侧重于风险发生后人与物的保护。损失防范是贯穿 PPP 项目全生命周期的系统性活动，在降低风险、排查风险乃至整个风险管理中都有着举足轻重的作用。

（二）风险财务工具

财务工具，主要指的是 PPP 项目的 SPV 公司在风险发生后通过经济手段对风险造成的损失采取的各种应对手段。需要指出的是，由于存在外界因素的各种制约，即便风险预测十分准确，风险防范也存在较大的局限性。事实上，许多风险都存在不可预测性。因此，当出现相当数量的风险后果时，如何有效地利用财务工具，降低风险带来的损失甚至扭亏为盈，是 PPP 项目财务风险管理的重点。具体而言，风险财务工具又包括风险自留和风险转嫁。

1. 风险自留

风险自留也即风险自担，是由 PPP 项目公司自行承担风险发生后的财务后果。PPP 项目公司要实现风险自担，需要满足以下条件：

（1）PPP 项目 SPV 公司的财务能力足以承担风险可能造成的最坏的后果。一旦发生风险，企业有着充足的财务准备，SPV 公司仍然能够正常运营，不至于受较大的冲击。风险造成的最坏的后果的目标往往根据企业自身财务状况制定。如果风险未发生，则 SPV 公司可以自留部分资金。

（2）风险造成的损失额可预测，即风险标的致损的可能及后果存在可预见性。

（3）在风险管理中，无其他处理方式可以选择。风险自留是一种风险财务技术，也是一种处置损失残值的方式。在 PPP 项目的实践中，存在主动自留与被动自留两类。主动自留，是指 PPP 项目 SPV 公司在对风险进行识别和衡量的基础上，明确风险的性质及后果，主动将自留风险作为处置全部风险或部分风险的最优选择，并做相应的财务准备。这一方式往往是管理人员依据自身承受能力采取的，即使发生最坏的情况，也可以在公司承受范围之内给予足够的补偿而不致影响企业的政策运转。理论上，风险自留的实施可以起到促进资金周转、储蓄潜在资金以及节约潜在费用的作用；但是，风险自留也可能导致 PPP 项目公司面临更大程度的风险，增加 PPP 项目经营的危险性。因为，SPV 公司必须预留更多的资金以增加开支。主动自留的特点在于，风险的性质与后果已得到确认，在分析经济可行性后，确定了风险自留的最优性。被动自留指的是在未能识别和衡量风险及损失后果的情况下，无其他方式可以选择而被迫由自身承担风险后果，是被动的、无意识的处置方式。在某些情形下，被动自留往往会产生严重的财务后果。

2. 风险转嫁

风险转嫁指的是，PPP 项目的 SPV 公司将其损失有意识地转给与其有其他利益关系的另一方。风险转嫁一般有两种方式：一是将可能引起风险损失的活动转移，二是将风险及其损失的财务结果转出去，而不转移风险发生源。在风险转嫁时，PPP 项目的 SPV 公司必须付出一定代价。在各国的 PPP 项目风险转嫁实践中，保险是最重要也是最为常见的形式。因此，其他的风险转嫁方式往往也被称为非保险型风险转嫁，这种风险转嫁往往通过合同进行约定。PPP 项目的非保险型风险转嫁指的是通过合同约定的方式，将 PPP 项目生命周期中的财产损失或赔偿责任从 PPP 项目公司转移给合同的另一方。主要方式有：（1）建筑工程合同。这是 PPP 项目中最为常见的风险转嫁方式。将工程外包给城建单位，由其完成某一项或者部分的建设工程，承担该部分工程的责任。（2）保证合同。即由保证人与债权人达成一种协议，规定当 PPP 项目公司无法按期偿还债务时，由保证人负责赔偿债权人的损失。在 PPP 实践中，作为 PPP 股东方之一的，经常是潜在的保证人，甚至一些地方政府是最后的兜底人。在我国的实践中，社会资本股东的母公司或关联方是最为常见的保证人。（3）委托合同。某种程度上说，PPP 项目公司是接受了政府的委托，负责提供公共产品。在 PPP 项目的存续期内，风险由 PPP 项目公司承担。

4.2.1.2 风险分配原则

现阶段，关于 PPP 项目的风险分配问题，财政部与国家发展改革委相关的政策文件中均有详细规定。财政部《推广运用政府和社会资本合作模式有关问题的通知》（财金〔2014〕76 号）中写道：要充分发挥市场在资源配置中的决定性作用，按照"风险由最适宜的一方来承担"的原则，合理分配项目风险。原则上，项目设计、建设、运营维护和财务风险由社会资本方承担，法律、政策、最低需求风险等由政府承担。国家发展改革委《关于开展政府和社会资本合作的指导意见》（发改投资〔2014〕2724 号）规定：原则上，项目的建设、运营风险由社会资本承担。但在实践中，由于 PPP 项目复杂度高，不同的 PPP 项目差异非常大，以上的单一划分原则不足以应对实务中的所有项目。目前，学界对 PPP 项目的风险分配基本已经达成共识，主要应遵循以下几个原则。

（一）对风险最有控制力的一方控制相应的风险

对风险最有控制力的一方承担 PPP 项目的风险，意味着这一方能降低风险发生的概率，以及减少风险发生时的损失，使风险发生时所花费的成本是最低的。对风险控制力较低甚至没有风险控制力的一方而言，其不具备对风险管理的最有利条件，因此不是最佳风险管理主体。PPP 项目的建设与运营主要由社会资本方负责，相应的风险也由其负责。相关制度的制定、项目的审批、决策、公共利益维护等由政府方负责，法律、政策、决策风险则自然由其负责最为合适。对于一些双方均不可控的风险，如不可抗力风险，则适宜由双方共同承担。

（二）风险承担程度与所得回报相匹配原则

这一原则意味着，控制风险所带来的收益应大于风险发生后带来的损失，否则风险的控制者无足够的动力进行风险控制。这一原则在实践中往往体现在合约中。例如，在合同中约定，由社会资本方自身的因素导致的建设、运营风险，进而造成工期延误、工程质量欠缺的，社会资本方应当承担合作方的损失，甚至将被处罚；社会资本方应提高经营管理水平，严格控制项目的建设、运营风险，若项目质量较好，则可以获得项目的收益，并获得政府的绩效奖励。

（三）风险承担上限原则

这一原则指的是，PPP 项目中的任何一方承担的风险都存在上限。在 PPP 项目的实践中，尤其是长期的运营阶段，可能会出现一些双方意料之外的风险，从而可能会导致超额损失，PPP 项目中任何一方都可能无法承担这种风险，进而将影响风险承担者对项目管理的积极性。因此，要制定 PPP 项目风险上限原则，对于异常的风险损失，应约定由保险机制或者双方共同承担，如气候等不可抗因素。

4.2.1.3 风险管理过程

一般来说，PPP 项目的风险管理过程主要包括四个方面：第一，确认和定义察觉到的风险；第二，所有的参与方交流后，对真正的风险达成一致性意见；第三，确定风险是可控或不可控的；第四，在上述划分的基础上，对可控或不可控的风险采取差别化应对策略。

4.2.2 不可控风险的管理[①]

一般来说，不可控风险主要是与宏观市场环境相关的风险，是在 PPP 项目公司股东控制范围外的风险，具体来说，这一类风险主要包括不可抗力、法律法规的变化、宏观金融风险，如通货膨胀、利率与汇率的风险及其他货币风险，以及 PPP 项目流程中的一些风险，如投标与谈判风险等。具体来说，不可控风险主要包括以下几个方面。

第一，因自然灾害或政治因素导致的不可控风险。

一些如火灾、洪水和地震等因素以及战争、民众滋事、没收等政治风险引起的伤亡和损失，显然是 PPP 项目所有参与者都无法控制的。对于这类不可控风险，国际上最通行的做法就是将这些风险货币化，即通过购买保险的方式将主要风险转移，由保险公司承担部分或全部不可抗力造成的风险。一些跨国的 PPP 项目，如一带一路倡议涉及的 PPP 项目，多数由国际组织或多边机构扮演处理这些政治风险的角色，如世界银行、亚洲基础设施投资开发银行等。

案例 4-1

因不可抗力导致项目失败

20 世纪 90 年代中期，某国外能源公司与某省政府签订电厂特许经

---

① 可控风险与不可控风险的划分不是绝对的，有时可以通过一定的手段减少不可控风险，而有时可控风险却无法避免。随着现代信息技术的发展，有效控制风险的方法日益增加，风险的可控性越来越强。不可控风险与可控风险的界限也更加模糊。为便于研究，本文仍将据此进行划分。

营合同（经原国家计委批准立项）。项目前期一切进展良好，且已进入执行期。但 1999 年南斯拉夫大使馆事件，项目中标人所在国家为参与者之一。突变的国际政治造成项目公司未能在合理的融资期限内完成融资，最终由该省政府回收项目，并结束项目的招标。该项目最终未能以 PPP 模式实现引入外方。

第二，政策变更风险。

我国社会资本方踌躇于 PPP 项目的一个重要原因在于，一些法规、政策进行调整，包括价格、环保、金融、人力、税收等各方面政策都会增加 PPP 项目的不确定性，尤其是地方政府层面，这种不确定性带来的风险更大，如增加成本、降低收入、产生误期，进而导致 PPP 项目资金短缺，例如，2017 年 12 月银监会颁布的文件，很大程度上限制了央企参与 PPP 项目的融资渠道，从而导致一些 PPP 项目不但存在资金成本增加、资金短缺的情况，还使很多已执行的 PPP 项目不合规，甚至直接造成项目流产。再如，国家环保部门通过发文提高水的质量，要求使用更先进的或者其他水处理设备，这无疑将增加 PPP 项目的成本。而这些风险，项目公司几乎无法提前预知，只能将相应的风险转移给同为合伙人的政府方。

案例 4-2

因法律变更导致项目失败

某省××水厂是由英国泰晤士水务公司与该省政府于 2000 年合作的 PPP 项目。英方收购了原股东的所有股权，使该水厂成为我国第一个外商独资的水厂。由于当时我国城市自来水管网几乎全由政府提供，社会资本方不能直接面对消费者销售自来水，且水价由政府提供。因此，为了规避政策风险，外资要求固定收益。根据当时的 PPP 协议，水厂所在地的地方政府逐年给予建设补偿作为回报，并保证项目的年固定收益率不低于 15%。2002 年，国务院办公厅颁布《关于妥善处理现有保证外方投资固定回报项目有关问题的通知》，该 PPP 项目被进行了清理，最终于 2004 年被地方政府收购。

第三，金融风险。

PPP 项目投资规模大，时间长，项目资金除了少量来源于所有者权益，70% 以上来源于融资，而 PPP 项目的融资具有有限或者无追索权。因此，PPP 项目的金融风险对项目成功与否的影响非常明显，我们将专门就此风险进行专题讨论。就风险类别而言，主要包括利率风险、通货膨胀风险与汇率风险。

（1）利率风险

利率风险是指在项目的经营过程中，由于利率变动直接或间接地造成项目收益受到损失的风险。如果投资方利用浮动利率融资，一旦利率上升项目生产成本就会攀升，而如果采用固定利率融资，日后万一市场利率下降便会造成机会成本的提高。通常来说，社会资本方能更好地管理利率风险，因此由其承担主要的利率风险。从金融机构的角度来看，在我国的 PPP 项目融资实践中，大多数融资机构采用的都是浮动利率，由于 PPP 项目具有较为稳定的现金流，且我国的 PPP 项目大多有着政府的隐性担保，因此，可以采用利率掉期、期权等工具将浮动利率换成固定利率，或者通过一系列逐步递增利率上限的利率期权来减少利率风险。从我国金融机构的 PPP 项目实践来看，对于长达 20 ~ 30 年的 PPP 项目，利率大幅上升会对 PPP 项目成本造成很大的压力。在参与具体项目中，建议争取在合约中将政府补贴与利率的重大调整挂钩。

案例 4 – 3

规避利率风险的处理方式

某高速公路 PPP 项目，项目期限为 30 年，项目融资采用浮动贷款利率。为规避风险，社会资本方将利率调整与政府补贴挂钩，PPP 项目合同中约定："政府将车辆通行费率同央行 5 年期贷款利率挂钩：央行 5 年期贷款利率每上调 1 个百分点，车辆通行费率价格补贴 0.3 元/辆；央行 5 年期贷款利率每下调 1 个百分点，车辆通行费率价格下调 0.3 元/辆。"

（2）通货膨胀风险

通货膨胀风险指的是由于整体物价水平上升而导致的项目成本增加的风险，对 PPP 项目来说，原材料、商品以及劳动力等的价格上涨会导致建设或运营成本支出增加，从而影响 PPP 项目。由于 PPP 项目的生命周期普遍长达 20 ~ 30 年，其间极有可能会发生通货膨胀。这种风险，对使用者付费类 PPP 项目的影响尤为明显，仅由社会资本方承担此类风险显然不妥。例如，2008 年国际金融危机导致通货膨胀，使得国际上一大批 PPP 项目因此失败。

在实践中，为减少通货膨胀带来的风险，在 PPP 项目的建设期内，社会资本方可以通过工程合同分包的方式转移部分风险，或通过固定总价合同的方式将风险全部转移至承包方。《建设工程施工合同示范文本（2013）》中有明确的关于市场价格波动引起价格调整的价格指数计算方法，它规定，若以基准价格为基础的材料单价，当涨跌幅超过 ±5% 时，超过部分可据实调整。在项目运营期内，金融机构可以要求 PPP 项目合作的政府方提供某些规避机制来减少通货膨胀带来的风险。国际上通行的做法是，在 PPP 项目的长期承购协议中约定，PPP 项目公司可以根据本国公认的通货膨胀指数定期调整项目产品或服务的价格，以应对通货膨胀给 SPV 公司带来的损失。

案例 4－4

规避通货膨胀风险的处理方式

广西壮族自治区来宾市 × 电厂 PPP 项目，在项目招投标时就考虑了通货膨胀对电价定价的影响，根据当时的权威数据，广西全社会商品零售价格总指数为 116.4%。社会资本方据此测算，在全运营期内中国年平均通货膨胀率将达 10% 以上，从而将此因素考虑进电价的定价中。

从我国现阶段 PPP 项目的具体做法来看，PPP 项目的准公共产品性质决定了政府往往会对其收费及定价进行管制，调整价格也需要采取听证程序，因此在实际操作中很难落实。笔者认为，应当在调价机制中设置政府补贴条款。例如，在协议中约定，若通过价格调整机制无法合理调价，则由政府补贴差额；再如，在协议中约定，当通货膨胀率超过一定的比率时，由政府提供一定比例的补贴。

（3）汇率风险

从现阶段的情况来看，我国的 PPP 项目主要集中在国内。随着我国国际化进程的推进，我国的一些企业开始参与到跨国的 PPP 项目中，汇率带来的风险不容小觑。以"一带一路"沿线国家的 PPP 项目为例，由于大多数的资本要在当地花费，作为项目借款人的中方企业将可能采取多种货币方式借款。多种货币有各自不同的利率。投资商和他们的顾问需要在决定多种货币理想的组合方式上同银行合作方作出努力，以降低利率风险。估计合理的利率对于正确的项目投资很关键，投资商用于降低利率风险的方法包括利率掉期交易等。

在我国绝大多数的 PPP 协议中，尚未涉及汇率风险分担的条款，从处理管理来看，PPP 协议中未明确约定的风险均由社会资本方承担。从风险分配的原则来看，一方面，由于我国地方政府在汇率变化方面没有实际决策权，对汇率风险的发生只能协助处理；另一方面，社会资本方比政府更有经验，且可以通过远期、掉期、期权、期货、互换等方式规避汇率风险。但是，这些方式仅能规避小部分风险。该类风险全部由社会资本方单独承担较为困难，应在一定程度上风险共担。尤其是"走出去"的 PPP 项目，在项目合约签署前期就应当考虑该类风险。

案例 4 – 5

因汇率风险导致项目失败

20 世纪末，美国能源公司安然集团投资印度大博电厂 PPP 项目，项目采用 PPP 方式，并组建 SPV 公司大博电力（Dabhol Power Company），投资总额为 30 亿美元，运营期为 20 年。协议规定，所有的购电款均以美元结算。在 1997 年亚洲金融危机下，印度卢比贬值明显，从而使得外汇风险全部由购买电力的印度地方电力局承担，造成该公司的上网电价为当地电厂电价的 2 倍。在之后的国际能源价格上涨的压力下，电价更是上涨至当地电价的 4 倍，使得地方电力局不得不违约，拒绝购买大博电厂的电力供应，从而致使大博电厂停产。虽然，作为担保方的印度地方政府履行了部分担保责任，但是由于地方财力捉襟见肘，最后政府甘冒失信的风险而不再支付投资者资金。

第四，政府风险。

（1）政府信用风险

政府信用风险是指由于政府不履行合同约定的责任和义务而给 PPP 项目带来的风险。政府发生信用风险，有些完全是政府的原因，有些则是社会资本方的原因。例如，社会资本方利用信息优势在合约中设置不公平条款，严重损害社会公共利益，最终导致政府不予履行合同。

从我国的实际来看，PPP 项目中政府信用风险主要表现在几个方面：一是一些允诺的优惠政策不落实或无法落实，二是前期土地及配套措施很难及时到位，三是违反竞争性条款，四是延期支付等。究其原因，主要有以下几个：第一，当前，我国地方政府财政压力大，大规模推行 PPP 模式存在融资急迫性，因此，为吸引社会资本方参与，政府往往会在前期不切实际地开出诱人的"空头支票";第二,PPP 项目周期的时间往往高于政府任期,而在政绩压力下,不同的政府领导会无视前任政策的可延续性,调整发展战略,进而影响 PPP 项目的建设运营;第三,前任政府部门往往缺少长期统筹的激励机制,在任内允诺的优惠条款会给后继者造成无谓的"支付危机"。

在我国的 PPP 实务中,政府信用风险是社会资本方最为关注的风险之一。在实践中,一种处理方式为,在 PPP 合同中加入"政府信守条款",以概括性地规定政府严格遵守 PPP 合同项下的所有义务。笔者认为,这种方式过于笼统,缺乏可执行性。涉及政府信用的合同条款,既要关注宣示性意义,也要注重细节设计,更要从财务方面防范风险。在合约签订时,要加强与政府的沟通,避免在合约中设置不平等条款,同时,要详细规定政府的具体义务,将政府的一些前期履约行为作为合约生效的条件,而对于合约签署后的违约情形,应在每一种情况下提出相应的处理方式,如退出机制与补偿机制。

案例 4-6

因政府信用风险导致项目失败

1999 年,某市政府对该市污水处理项目进行招商。2000 年,香港汇津中国污水处理有限公司投资 3200 万美元建成了该市第一家污水处理厂,成为国内首个外商直接投资的城市污水处理项目。2000 年 7 月 14 日,某市政府颁布《某汇津污水处理专营管理办法》(以下简称《专营办法》),某市政府授权排水公司与汇津公司订立合作合同,承担某市北郊污水处理厂的建设和经营项目;由排水公司向汇津公司供应污水,由汇津公司进行处理。某市政府责成某市自来水公司向用水户收取污水处理费,然后由自来水公司将收到的污水处理费上交至某市财政局,再由市财政局拨付给排水公司,最后由排水公司向汇津公司支付污水处理费。污水厂在 2001 年投产后运行良好。2002 年起,某市排水公司开始拖欠污水处理费。2003 年 3 月开始,排水公司完全停止支付污水处理费。2003 年 2 月 28 日,某市政府以"长府发〔2003〕4 号决定"废止《专营办法》。某市政府认为,《专营办法》违反了国务院有关"固定回报"的规定及《中外合资经营企业法》《中外合作经营企业法》等有关法律,经市常务会议讨论决定予以废止。《专营办法》

废止后，排水公司停止向合作企业支付任何污水处理费。截至 2003 年 10 月底，累计拖欠合作企业污水处理费约 9700 万元人民币。此后，汇津公司多次与市政府和排水公司交涉，要求其支付拖欠的污水处理费，但均未得到任何答复。2003 年 8 月，汇津公司向某市中级人民法院提起行政诉讼。同年 12 月底，法院判决驳回原告的诉讼请求。2004 年 1 月 8 日，汇津公司向 J 省高级人民法院递交了上诉状。一审汇津公司败诉。汇津公司上诉，2005 年 8 月，本案调解结案，某市政府以 2.8 亿元人民币回购社会投资。

（2）政府审批延误风险

政府审批延误风险指的是由于政府缺乏项目运作经验、决策程序不规范、前期准备不足或信息不对称等原因造成项目决策失误或冗长，进而导致 PPP 项目进程受阻甚至失败的风险。在 PPP 项目的全生命周期中，有诸多环节需要政府审批。最为集中的是项目前期，如特许经营权的审批、环评审批、规划选址、用地预审等，土地的"七通一平"等，以及征地、拆迁等问题。这些政府许可的获得一般都需要复杂的审批程序，花费大量的时间，而每一个环节都可能制约项目进度。如果不能及时获得政府的批文，往往会导致工期延误，甚至导致整个项目瘫痪。

社会资本方应当在项目初期就考虑到这种风险，在设置项目时间表时，应在阶段性时间上设置相当的弹性，而在大的时间段内，为降低政府审批延误风险，有必要尽可能在合约中详细约定所有审批程序的申报时间、审批期限等具体事项，最好能做成项目时间表，并约定由此造成的损失应由政府承担责任，并由政府给予补贴。笔者建议，金融机构在参与 PPP 项目的前期审批时有两种可选方案，一是将政府审批和前期工作完成作为 PPP 合同体系生效的前提条件；二是将审批延误作为社会资本方退出的条件，并约定提前退出的补偿事项，以维护社会资本方的正当权益。

案例 4-7

因政府审批延误风险导致项目失败

2003 年，青岛市 A 污水处理 PPP 项目，由青岛市排水管理局作为政府方代表，法国 B 水务集团、中国光大国际为社会资本方代表，共同签署合同，项目投资额为 4280 万美元，运营期为 25 年，项目内容为青岛污水处理厂的扩建与新建海泊河污水处理厂。由于政府对 PPP 项目知识欠缺，且决策失误，前期合约不平等，进而引发后续谈判拖延，政府因价格不公平多次重启谈判，并严重拖延了合同签署时间。截至 2007 年，该 PPP 项目运营效果差，且水厂用水管道乱用，污染了居民用水水质，对居民造成损害，最终以项目失败告终。

第五，其他不可控的风险。

（1）偿还期限风险

PPP 项目的主要风险之一是投资回报期很长，如电力项目的标准偿还年限平均达到 10 ~ 20 年，供水工程回报期为 15 ~ 30 年。在制定 PPP 项目的运营期限时，要综合考虑产品或服务的价格，如果价格较低，则应相应地延长特许期，反之，则应缩短特许期。如果随意制定运营期限，则有可能导致政府收入流失，或降低社会资本方的参与兴趣。

（2）当地资产评估的风险

大多数 PPP 项目，无论是新增的还是存量的，都会涉及资产评估，如新增项目建厂所需的土地使用权，存量项目的资产现值等。由于 PPP 项目的微利性质，前期的资产评估价值对项目成功与否也有着较大的影响。笔者认为，处理 PPP 项目资产评估风险的有效手段之一是将资产评估合同纳入 PPP 合同体系中，一些固定资产再评估所产生的附加费用可以通过调整买价得到弥补，或将特许期限予以延长，而且，当地方政府作为发起人时，在拟订项目协议草签之前，应先寻求社会资本方对固定资产评估的认可。

4.2.3 可控风险的管理

可控风险指的是 PPP 项目公司和股东可以通过自身控制和处理的风险，主要包括市场风险与 PPP 项目整个生命周期中的一些风险，如投资人的承诺、竞争、项目准备、建设风险、运行期间产生的伤亡及运行的性能质量等。

第一，市场风险。

（1）需求风险

PPP 项目的收益取决于 PPP 项目供给产品的市场需求。除非是在项目初期就已经以一个确定的价位卖出其生产的所有产品[①]，否则，即便是政府付费型的 PPP 项目，很多也都是基于数量付费的，PPP 项目公司必须面对需求

---

① 如已经与政府签订购电协议、购水协议等。

风险。因此，参与 PPP 项目的金融机构需要对 PPP 项目的供给产品进行市场需求调研，分析其市场需求。具体来说，PPP 项目的需求风险分析关键是回答两个问题：第一，该产品能卖出多少？第二，该产品能以什么价格卖出？进一步细分，回答上述两个问题需要研究以下几个方面：①该项目的未来产出有多少？②生产同类产品的竞争者有多少？③PPP 项目公司建成后的市场占有率和市场渗透率如何？④生产的产品是否可替代？⑤最终消费者的消费习惯是否会发生重大变化？⑥未来的通货膨胀率大致为多少？

需求风险不仅存在于产品的终端销售过程，同时还存在于原材料与材料的供应中。由于 PPP 项目的产品价格一般都受到政府的严格监管，当项目进入运营期后，若原材料的价格涨幅超过最终产品价格的增长，则显然会对整个 PPP 项目的收益造成不利影响。以污水处理的 PPP 项目为例，影响污水处理价格的上游性价格主要包括劳动力、建材、污水处理设备与劳动力成本。相较于一般的能源与交通部门，水利工程的建造期限一般相对较短，复杂性较低，除了事故造成的人员伤亡和劳动力成本外，建设过程中的成本一般较为固定。因此，污水处理的价格变动主要源于原水价格变动。

虽然我国 PPP 项目主要由政府承担最低需求风险，但如何减少需求风险是整个 PPP 项目成功与否的关键。以下几个方式是降低需求风险的有效手段。

其一，与政府签订或取或付的购买协议。这一方式是减少市场需求风险的最佳方式。PPP 项目中大多数项目都具有产品购买者和原料供应者单一性的特征。例如，发电只能卖给电力局，或者是电网公司；燃油基本上只能购买于"三桶油"。对于一些基础设施与民生性的 PPP 项目，如高速公路、地铁、养老、医疗等，社会资本方往往要求政府在保证最低需求的基础上，增加保证运营前几年的需求量。如污水处理 PPP 项目，社会资本方一般会与地方政府达成一个较为长期的合同以固定供水价格。另外，一些 PPP 项目的产品购买协议还是项目融资能力的基础，协议上规定的产品购买价格起码要涵盖产品的固定成本，购买协议必须在整个项目贷款期内均有效。为了规避此风险，社会资本方一般会与地方政府达成一个较为长期的合同以固定供水价格。

其二，与上游供应商签订长期固定的购买协议。以原材料及材料为例，签订长期购买协议的主要目的是确保项目长期稳定地可持续经营，PPP 项目公司一般都希望供应协议中的价格是固定价格，或者波动幅度与 PPP 产品的售价一致，这样，PPP 项目公司就将未来市场波动造成的成本风险转移给上游供应方。具体的细则都是随项目而细化的。例如，对于污水处理，PPP 项目公司为了补偿由于意外水质原因而导致的成本超支，经常通过谈判达成调整价格或延长 PPP 项目特许期条款。

其三，采用复杂的、阶段性的供应和储藏策略。如果项目公司无法得到长期固定的原材料及燃料供应协议，就采用复杂的、阶段性的供应和储藏策略。PPP 项目的投资规模本身就较大，很多项目的社会资本方股东实力强大，这些社会方会通过建立自己的原材料供应来源或纵向兼并，彻底解除项目在原材料方面的后顾之忧。

（2）非政府合作者的信用风险

这种风险主要有两种情况：第一，该合作方无力履行承诺或合同；第二，对该合作方拒绝履行承诺或合同。比如，金融机构可能面临两重信用风险：一是 PPP 项目公司在市场下降的因素下由于收入减少等无力偿还债务；二是 PPP 项目公司虽然还得起借款却有意拒付、拖欠。从金融机构的角度看，考察信用风险时应该包括以下几方面：

①借款方及其担保人：在项目的建设和运营阶段，一旦出现资金短缺，相关人是否能及时筹集到资金渡过难关；

②承建商：如果出现建设风险，是否存在其他担保；

③ PPP 项目的政府方：是否积极介入项目的管理，权益投资是否已经足额到位，是否有其他资金来源；

④消费者：是否签订长期售货合同或与之类似的或取或付合同；

⑤上游供应商：是否通过合同或其他方式保证稳定的原材料供应；

⑥ PPP 项目公司的社会资本方：是否具备该项目需要的技术水平与专业运营水平；

⑦担保机构与保险机构：是否有能力按照担保协议或保险协议完成有关担保责任或保险赔偿。

（3）竞争性风险

这种风险很多源于政府的信用风险，但又不完全相同。产生竞争性风险的原因主要是政府在现有的 PPP 项目之外，赋予了额外主体特许经营权，从而出现类似或相同的项目，造成实质性市场竞争增加，降低有效市场需求。为防止竞争性风险，投资人在与政府签署的 PPP 协议中，应当寻求加上防止竞争的条款，例如，在合约中约定，只有在车流量饱和的情况下政府才可以修建新的收费公路，而且过路费应不低于现有公路。

案例 4 – 8

因实质性竞争导致杭州湾跨海大桥 PPP 项目失败

杭州湾跨海大桥 PPP 项目，预算投资 118 亿元，实际造价达 200 亿元。项目于 2003 年 11 月 14 日开工，2007 年 6 月 26 日贯通，2008 年 5 月 1 日通车，社会资本一度占到整个项目的 55%。由于政府陆续推出了多个类似项目，与该项目形成实质性竞争：在杭州湾跨海大桥建设未满两年时，相隔仅五十公里左右的绍兴杭州湾大桥就已准备开工，与杭州湾跨海大桥形成直接商业竞争；2013 年嘉绍大桥通车，2014 年钱江通道通车，且这些新通车的大桥收费低于杭州湾跨海大桥。据《杭州湾跨海大桥工程可行性研究》预测 2010 年大桥的车流量有望达到 1867 万辆，而当年实际车流量为 1112 万辆，比预期少了 41%。2013 年全年资金缺口达到 8.5 亿元，而作为唯一收入来源的大桥通行费收入全年仅为 6.43 亿元。根据国家的规划，宁波杭州湾大桥、舟山 – 上海跨海高速、杭州湾铁路大桥等将进一步对杭州湾大桥的车流量进行分离，该 PPP 项目可谓雪上加霜，"钱景"黯淡。

第二，招投标、建设与运营风险。

（1）招投标风险

PPP 项目前期的所有参与者都需要面对这一风险，同时，这一风险也由社会资本方与政府共同承担。金融机构如果参与项目的招投标，则首先要为一个 PPP 项目机会准备标书，并为谈判而聘用法律、财务、技术等咨询专家。从 PPP 项目的实务来看，这项花费占 PPP 项目成本的 3% ~ 5%。不仅如此，在 PPP 项目中，作为社会资本方参与人之一的金融机构可能会遇到一些不合理但必须服从的要求，或某一特定的竞争者受到政府偏爱，从而导致投标失败，无法签署特许经营权，从而导致前期开发费用的损失。对规模本身就较大的 PPP 项目而言，项目需要进行初步设计、全面规划，并编写标书，且谈判时间一般都较长，这些都造成开发和投标费用很高。

一些建设规模较大、工程比重占比较高的 PPP 项目，其工程或设计的技术对项目成功与否影响很大。在一些跨国的 PPP 项目中，不同国家的技术规范和标准不同，招投标的中标率较低，前期成本耗损的发生率会增加。另外，一些不恰当的设计可能会导致建设或运营期的技术风险，还可能会推迟技术批准的时间。

（2）建造或完工风险

PPP 项目的建造风险主要包括：①实际的建造费用可能会大大超过原来的预测额（成本超支）；②竣工期长于预期（完工迟延）；③项目建设无法完成，或完成的项目达不到预期标准。对 PPP 项目公司而言，完工风险意味着利息增加、贷款期延长和错过市场机会。

管理建设期成本超支的主要手段之一是固定价格的施工承包合同。这一成本主要来源于政府持续"追加"的费用。如案例 4.7 中的杭州湾跨海大桥 PPP 项目，以及更知名的"鸟巢"。从具体的方式来说，通过提供适当的备用信贷、备用股本、应急费、支持性贷款和其他附加条件，在合同中约定惩罚性条款，可以控制成本超支的风险。金融机构可以要求 PPP 项目公司提供竣工保证书以担保整个项目的债务，直至项目施工完成且成功地交付运营。同时，可以要求 PPP 项目公司以一种待完成的担保代理人的形式，为固定价格施工合同准备一笔充分的资金。

PPP 项目建设完工风险的大小取决于四个因素：第一，项目设计的技术要求；第二，承建商的建设开发能力以及资金运作能力；第三，承建商承诺的法律效力及其履行承诺的能力；第四，政府过分的干预。要降低完工风险，首要措施就是选择好承包商，在选择承包时引入竞争机制，对承包商的背景、技术和财务能力进行尽职调查。一般来说，施工拖延导致的完工拖延一般是由不可抗力、审批拖延、政策法规的变化、承包商的技术不够或管理不善、设备陈旧、人力资本不到位等因素造成的。不可抗力的风险规避主要通过保险来分散，审批拖延与政策法规的变化等我们在上文已有论述，不再赘述。由于各种要素性投入的不到位或承包商的过错而造成的风险，可以完善施工合同的条款使之最小化，一些惩罚性条款也可以包含在合同约定的事项中，例如，对因承包商的过错而导致的工期延误进行惩罚。在价格上，建议分包和交易以固定价格的形式，并辅之以惩罚性条款。为了预防承包商违约，应要求其提供第三方履约保证。PPP 项目方也可以通过一些及时竣工奖励来降低施工拖延的风险。同时，加强与政府的沟通，争取财政、税收等政策支持，以鼓励项目及时完成。

（3）运营阶段的风险

政府或实施机构一般会对 PPP 项目设置一个具体的运营指标，比如，污水处理的 PPP 项目会要求水质标准，发电的 PPP 项目会要求一个最低的供电量水平等。PPP 项目的运营风险会受前期的设计、建设甚至设备的缺陷的影响，尤其是某些 PPP 项目还涉及高度复杂的技术，一般来说，PPP 项目的运营阶段可能会有以下几个共性的风险。

①技术故障/设施质量风险

已竣工的设施在交付使用后的任何时间都有可能发生技术故障。解决这类风险的方式主要有：

A. 通过购买运营期保险来补偿运营期的风险。与大多数的保险费一样，运营保险费可以进入项目成本。

B. 制订一项定期、综合、严密的监测和检查计划，是防止运营期间技术故障的一个重要手段。参与 PPP 项目的金融机构应当制订自己的检查计划，以便及早识别由技术故障引起的风险。

C. 作为财务投资者的金融机构可以要求运营方或 PPP 项目公司提供履约保函，必要时可以要求 PPP 项目公司提供某些资产抵押或者第三方保证。

D. 由前期建设方造成的故障，一般都能通过履约保证担保来规避。一般的履约保证可以持续到项目建设完工后的几个月甚至几年。

E. 在运营前设置惩罚性条款，并将之写进固定价格合同中。为规避某些 PPP 项目的设备更新速度过快而导致的风险，金融机构投资人可以将更新补贴条款写进承购合同，并将更多的应急费加到整个项目的寿命周期价格中。

②环保风险

主要包括四类：

A. 运营期间引起的环境污染导致的行政处罚；

B. 运营期间引起的环境污染导致的民事索赔；

C. 运营期间因环境问题而导致公众反对，进而导致项目搁浅；

D. 为满足环境保护的要求而增加项目成本，甚至导致项目终止的风险。

一般来说，因项目规划、评审、选址等前期瑕疵导致的环保风险，应由政府承担，如空气状况、噪声影响情况、水资源状况、对公众健康的影响、历史和文化因素等。金融机构应将环境评估结果作为放款的重要依据。如果因环境评估报告不真实或不全面而导致环保风险，或因为环境保护评价而导致的项目延期、成本增加、赔偿等，也应由政府承担。但由于建设未达标、运营管理不善、技术水平过低而导致的环境污染问题，则需由社会资本方承担。金融机构可以通过在合约中增加相应的环保条款来规避环保风险。

案例 4-9

因环保风险导致 PPP 项目失败

某市生活垃圾焚烧发电项目，项目的社会资本方为 A 公司，工程总投资额32000万元，其中，银行贷款2亿元。该项目于2008年5月正式动工，2009年10月完成设备安装调试。但由于项目处于长江上游，且邻近湖泊，且距当地居民集聚地仅1公里。居民认为，垃圾焚烧发电厂一旦进入运营，垃圾焚烧产生的一级致癌物质二噁英难以降解，且会污染附近水流生态环境。在居民的抗议下，该项目在建设刚完成就以失败告终。

③社会资本方变动风险

PPP项目的社会资本方，尤其是具有专业运营管理水平的社会资本方的参与，是金融机构参与PPP项目的重要因素。一旦这类社会资本方出现变动、退出等，会对项目产生较大的影响。较为出名的是北京市第十水厂的PPP项目，原先中标的是一家管理水平较高的外资企业，但由于各种原因，外资方中途退出该项目，最后政府不得不安排市属国有企业承接该项目。这导致项目成本增加、项目进展延误，且管理水平得不到提高。

金融机构在参与PPP项目时，建议限制其他社会资本方的随意退出。在合同的设置中，比较有参考意义的是《城市供水特许经营协议示范本》。其中第119条约定："未经甲方书面同意，乙方不得转让其在本协议下的全部或任何部分权利和义务。"第122条约定："乙方在开始运营日起规定年限后才能进行股东变更。"第123条约定："如因任何原因乙方主要股东发生变更（实际持股数列前2位的股东变更，包括通过关联方持股使列前2位的股东发生变更），乙方必须书面通知甲方。"

④残值风险

残值也叫余值，指的是PPP项目运营期末移交给政府的那部分价值，涉及实物资产与非实物资产，具体包括项目的固定资产、人员、产权、信誉、声望等。根据相关规定，PPP项目运营期结束后，移交给政府的相关资产应能维持原有的服务水平继续运营，如果不能保持高水平运行，说明运营期未能得到有效管理，即所谓的残值风险。这可能导致为修复项目而增加项目投资、为提高项目服务水平而付出成本，甚至在无法恢复或恢复投入的成本太高的情况下，直接导致项目报废。我国PPP项目示范合同与特许经营权示范合同文本中大多都规定，残值风险由社会资本方承担。虽然从时间上看，现阶段我国的PPP项目到结束期还需要较长的时间。但从风险规避的角度来看，金融机构在参与PPP项目时，应在PPP合同中明确约定运营期结束时资产、权利、文件、材料等的范围以及相应的质量标准，并约定残值风险发生时的补偿方法和应对措施。也应事先约定恢复性大修、资产、设备等交接工作程序。

总之，在风险管理过程中，有三点需要重点强调：第一，可控风险管理的有效性取决于各方对相关信息的了解程度和彼此之间的沟通。第二，合同的严格履行是分配风险的有效手段。具体、细致的合同得以严格的执行比"安慰信""保证书"或其他任何非正式的承诺重要得多。因此，金融机构在参与 PPP 项目时，必须认真仔细地准备特许经营权协议、供应协议、购买协议、建设合同、承包合同、运营合同等，并尽可能确保合同得到各方的全面理解与认同，以减少后期执行过程中的摩擦与再谈判。第三，由于 PPP 项目涉及的领域非常广泛，且涉及方方面面，诸如金融、法律、技术、财务上的各种关系，金融机构在参与 PPP 项目时，应寻求各类专家的有力帮助，以便有效地掌握 PPP 项目的风险，制定相应的风险管理策略，并利用多种手段消除风险。

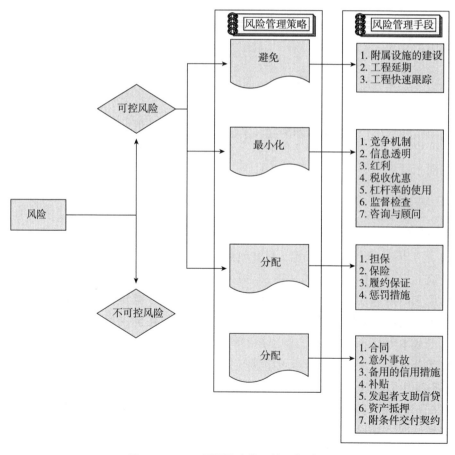

图 4 – 2　PPP 项目风险管理的一般过程

4.3 PPP 项目的风险分配框架与案例

4.3.1 现阶段金融机构参与 PPP 项目的具体分析

(一) 风险分布

由于政策因素，PPP 项目公司的融资结构在国际上有一定的共性。其中，债务融资比重最大，一般占总规模的 40% ~60%；股权投资比重其次，一般为 10% ~30%；开发性资金和夹层资本的比重[①]相差不大，均为 10% ~20%。

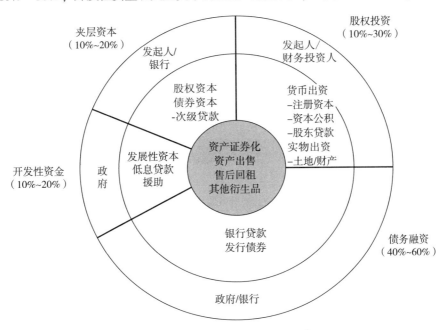

图 4 - 3 PPP 项目资金来源构成[②]

---

① 其中，开发性资金的来源主要是世界银行、亚洲开发银行等国际组织，与我国国家开发银行等的政策性资金不同，此处的开发性资金在本质上属于信贷资本的财政化，由政府主导，市场化运作；夹层资本（Mezzanine Capital）是收益和风险介于企业债务资本和股权资本之间的资本形态，本质上是长期无担保的债权类风险资本。

② Mobilizing Private Finance for Local Infrastructure in Europe and Central Asia, Bank W. Mobilizing Private Finance for Local Infrastructure in Europe and Central Asia: An Alternative Public Private Partnership Framework [J]. World Bank Publications, 2005.

从我国 PPP 项目实践看，以银行为主的债务融资比重更高，普遍高达 70% 以上，而项目资本金一般为项目总规模的 20%～30%。在 PPP 项目中，项目公司本身能够承担的风险相对有限，而作为债权融资方的银行或其他金融机构承担了大多数的风险。一方面，项目公司（SPV）的股东是有限责任，无论是社会资本方还是政府参与方，都仅在其出资范围内承担有限责任；另一方面，PPP 项目建设期需要大量的资金投入，运营期前期收入较少，需要很长时间才能偿还银行等金融机构的债务本息。在严令禁止政府为 PPP 项目兜底的背景下，为 PPP 项目提供资金占比超过 70% 的银行或其他金融机构，承担了大部分 PPP 项目的风险。

（二）风险类别

（1）项目建设风险。PPP 项目一般需要在一定的期限内达到合约约定的可使用状态，才能进入运营阶段，进而获得现金流和利润，尤其是一些采用政府付费机制的公共属性较高的非经营性项目，项目的可用性是政府付费的前提。因此，在项目融资阶段，金融机构应当考虑建设方的资质，选择实力较强的工程施工方，并将对建设方的资质要求纳入合同，通过合同约定或购买保险的形式，将项目建设延期、不合格等风险合理锁定。

（2）项目经营管理风险。由于 PPP 项目的生命周期长，在项目运营中不可避免地会碰到各种不可控因素，导致项目的盈利能力低于预期，从而产生营运风险。如供热、供水、供电类 PPP 项目，水、电、热等受制于政府限价，一旦运营不善导致运营成本增加，则无法通过上调价格对冲成本，进而导致项目盈利低于预期。对于不擅长建设、管理、运营等的金融机构，一旦项目经营不善，将直接导致项目收益受影响，相应的风险也会传导至金融机构。

（3）信用风险。金融机构对 PPP 项目的投资能否收回本金、获得合理利润，很大程度上依赖于项目实施主体等交易对手的信用状况。对于获得特许经营权的项目实施主体，应选择有较高施工资质、项目经验丰富的专业机构，并对其资金实力、财务经营状况和信用资质进行分析。

（4）法律风险。法律风险主要是指法律变更风险，指的是与 PPP 项目实施有关的法律法规被修订、废止、重新解释等，从而影响 PPP 项目的合法性、市场需求、产品或服务收费、合同有效性等，进而损害项目。从理论来看，政府有义务确保法律的可持续性，为 PPP 项目提供稳定的政策环境，根据财政部颁布的政策，法律风险应当由政府全部承担。但在实践中，社会资本方往往处于弱势，难以有效防范法律风险，而作为 PPP 项目风险最大承担者的金融机构，也因此受牵连最大。

（5）财政可承受能力风险。根据财政部颁布的《政府和社会资本合作项目财政承受能力论证指引》（财金〔2015〕21 号），地方政府每年全部 PPP 项目需要从预算中安排的支出责任，占一般公共预算支出的比例应当不超过 10%。地方政府的财政实力以及可用于 PPP 项目的预算支出情况，将对 PPP 项目产生较大影响。

（6）财务风险。PPP 项目的财务风险指的是 PPP 项目经营的现金收入不足以支付债务和利息，债权人主张债务导致项目公司破产，从而导致 PPP 项目失败。财务风险可能源于经济社会的自然发展导致原有业务模式需求降低，也有可能是由于经营管理不善或政府失信。此类风险主要由 PPP 项目公司独自承担。金融机构在进行项目融资时，尽可能要求政府或其他社会资本方提供担保，合理地转移部分财务风险。

4.3.2 PPP 项目的风险分配框架

风险分配作为 PPP 项目风险管理的核心，贯穿项目的全生命周期。为了更好地指导项目实践，在上文论述的基础上，我们制定了风险分配框架图，如图 4 - 4 所示。

1. 风险初步分配阶段（可行性研究阶段）

通常，PPP 项目风险初步分配的时期在可行性研究阶段。由于政府部门最了解当地经济发展情况，因此，这一时期的风险分配主要由政府部门主导，由于大多数金融机构的财务测算能力较强，一些参与到这一阶段的金融机构会参与这一阶段风险分配的实践。在进行风险识别后，再对风险进行进一步分析，其目的是在可行性研究阶段就判断项目是否可以采用 PPP 模式，在确定了 PPP 模式后，为 PPP 项目的参与者提供评标依据。在方法上，主要是计算各类风险发生的概率、风险发生时的损失及风险价值（风险价值 = 风险发生的概率×风险发生时带来的损失）。需要指出的是，由于各种风险发生的时间不同，且对不同的参与人的价值也不一样，因此，建议金融机构在参与 PPP 项目测算风险时，要结合自身情况考虑资金的时间价值。

金融机构在对风险分析完毕后，根据风险分析的结果，初步判定哪些风险是可控的，哪些是不可控的。对于不可控风险，一般都留在下一阶段分配。根据风险分配给最有控制能力的一方的原则，政府与社会资本方自留各自最有控制力的风险。至此，风险初步分配结束（见图 4 - 4 的上半部

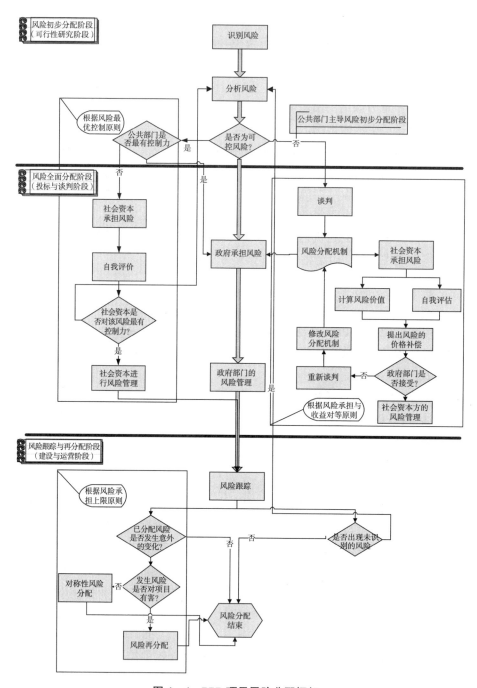

图 4 - 4 PPP 项目风险分配框架

分）。需要指出的是，除了传统项目下社会资本承担的风险，在 PPP 项目中，项目的建设方与运营方拥有技术和管理上的优势，且这些社会资本方并没有承担风险的积极性。在具体项目中，要具体问题具体分析。

2. 风险全面分配阶段（投标与谈判阶段）

参与 PPP 项目的金融机构就上一阶段的初步风险进行评估，主要包括但不限于经验、人力资源、技术等，据此判断政府转移过来的风险是否具有可控性。如果自评的结论是肯定的，则由金融机构进行相应的风险管理，如果结论是否定的，则再次对风险进行分析。这一阶段，风险分配的主要原则是最优控制力原则（具体流程见图 4 – 4）。对于不可控的风险，金融机构应积极与其他参与各方沟通。由于 PPP 项目中，金融机构承担了主要的风险（占整个 PPP 项目的 70% ~ 80%），金融机构要更为详细地评估不可控风险，并就自我评估的相关结果提出风险补偿价格。如果其他参与方接受分配方案，则各方进行相应的风险管理，否则需要再谈判，修改风险分配机制。在实践中，这一谈判流程可能会循环多次，直至各方达成共识。具体的分配方式，我们在上文已有论述，此不再赘述。对于不可控风险，主要的分配原则是风险承担与收益相匹配。

在金融机构实际参与 PPP 项目的风险分配过程中，由于我国政府在 PPP 模式中的主导与强势地位，政府部门往往先对风险最优控制方进行客观评价，然后综合考虑风险与收益匹配原则，最后根据风险承担上限原则调整相应的条款。因此，我们建议，金融机构在参与 PPP 项目的实践中，在第一次自我评估时，暂不考虑自身的风险偏好，而仅客观地关注自身对风险的控制能力。因为，政府在风险分配方案中，往往会根据风险最优控制原则对风险进行分配。在此基础上，金融机构第二次自我评价时，根据自身承担的风险提出风险补偿价格。除了需要考虑政府方的接受情况，还需要综合考虑建筑方、运营方以及其他金融机构竞争者的情况。最后，根据风险承担上限原则，再次修正部分条款，以求达到自身权利义务的平衡。需要注意的是，虽然作为社会资本方的金融机构，收益最大化是其最主要的目标，但由于 PPP 项目的本质是长期动态的多方博弈过程，因此，真正能实现长期稳定的可执行方案，往往实现了权利与义务平衡的状态。因此，在参与 PPP 项目时，项目收益率可能会异于其他项目。这一点，在参与初期各参与人就应当有清醒的认识。

3. 风险跟踪与再分配阶段（建设与运营阶段）

一般来说，在 PPP 项目协议签订后，PPP 项目的主要风险分配已经大致完成，项目风险分配进入跟踪与再分配阶段。这一阶段，主要关注是否发生未识别的风险和意料外的风险，然后进行风险再分配。第一，对于未识别的风险，依照前期风险分析与分配的方法对风险进行再次分配；第二，对于已经识别，但发生意料外的风险，则需要判断这种变化的危害性。如果并无损失，甚至发生有利于项目发展的事件，如项目原材料价格降低，则采用"对称性风险分配"[①] 原则进行分配。如果对项目有害，则需要再次分配风险，若因此造成风险过高，则需要采用风险承担上限原则对 PPP 协议的部分条款进行调整。

4.3.3　案例分析——××综合管廊 PPP 项目风险分配框架设计

(一) 项目基本情况

某省 PPP 项目，路线全长 94 公里，平均每公里投资 1.27 亿元。项目采取"PPP + 政府财政补贴 + 征地拆迁工作及费用由政府负责"模式投资建设。同时，本项目列入财政部政府和社会资本合作中心的 PPP 项目库。项目建设期为 4 年，运营收费期为 29 年。项目投资估算金额为 119.4 亿元。其中，项目资本金为项目总投资的 25%，为 29.85 亿元，由投资人募集；剩余 75%（89.55 亿元）建设资金通过收费权质押等方式与银行融资，其中可申请约 9.3 亿元的财政补助资金（分 4 年到位），另沿线征地拆迁费用约 8 亿元由各级政府负责。

(二) 项目风险分配

1. 风险识别

对比一般项目，本项目复杂性较高，外界环境及内部因素对项目投资、建设、运营影响较大，风险点较多。在此，本方案结合项目实施各阶段的特点，对各阶段主要风险进行识别。

项目前期准备阶段主要风险包括建设审批缓慢或停滞、建设用地落实困难、设施配套不到位等；项目融资阶段主要风险包括市场利率波动、融资金额不足、后续融资不确定性等；项目设计及建设阶段主要风险包括自然条件的不确定性、施工成本上涨、设计不当、施工不当、管理不当、配套建设不落实等；验收阶段主要风险包括工程初验和竣工验收不合格等；运营阶段主要风险包括需求不足、运营水平低、运营成本上涨、设施更新

---

① 对称性风险分配指的是，在 PPP 项目全生命周期中，因发生正面影响而对 PPP 项目带来收益时，允许各方根据收益分配方案共享收益。

不到位等；移交阶段主要风险包括移交条件未达标、移交费用超支、移交后设施质量问题、移交不能等；此外，项目实施过程中均面临政策变化、法律变更及不可抗力的风险。

2. 风险分配原则

考虑 PPP 模式具备平等合作及各取所长的特点，项目风险分担以风险最优分配原则为核心。原则上，项目建造、财务和运营维护等商业风险由社会资本承担，法律、政策和最低需求等风险由政府承担，不可抗力等风险由政府和社会资本合力共担。具体分担原则如下：第一，风险应由最有控制力的一方承担；第二，风险分担与所得收益相匹配；第三，风险分担与投资者参与程度相协调；第四，承担的风险要有上限；第五，有承担风险的意愿。

3. 风险分配方案

依据上述分配原则，我们将本项目风险分配方案制成表 4 – 1。

表 4 –1　　　　　　　 ××综合管廊 PPP 项目风险分配方案

序号	风险因素	承担方		风险管理
		政府	社会资本	
1	建设审批	√		政府负责协调机制，联审联办
2	建设用地	√		政府负责预留指标，加速整理
3	项目外配套设施	√		政府责任到部门，落实到时间点
4	利率波动		√	争取要求政府协助落实融资优惠政策及政策性金融支持
5	融资金融不足		√	
6	后续融资不确定性		√	
7	自然条件	√		提高前期设计水平，加强对项目建设的监督、审查
8	设计不当		√	
9	施工不当		√	
10	施工成本上涨			
10.1	管理不善		√	加强项目管理
10.2	标准或范围变更	√		提高标准和范围的前瞻性水平，制定合理的补偿机制
11	工期延误		√	要事先获取因政府原因导致工期延误的免责
12	验收不合格		√	加强工程监管
13	需求不足	√		要求政府出台相关政策，制定合理的收费价格

序号	风险因素	承担方		风险管理
		政府	社会资本	
14	运营水平低	√	√	加强公司治理，提高运营水平
15	运营成本上涨			
15.1	管理不善		√	增强对项目公司的监管
15.2	标准变更	√		在合约签订前，制定合理的补偿机制
15.3	通货膨胀	√	√	完善调价及分担机制
16	设备更新不到位		√	提高运营管理水平，加强监管
17	未达移交条件		√	
18	移交后设施质量问题（缺陷责任期内）		√	
19	移交不能		√	
20	不可抗力	√	√	购买保险，合理制定分担机制
21	政策风险	√		签约时制定分担与补偿机制

5 金融机构参与 PPP 项目的退出方式

PPP 项目的退出是参与 PPP 项目的金融机构最关心的事项之一。尤其是对投资偏好与 PPP 全生命周期并不匹配的金融机构而言，如何在合适的时间点、以恰当的方式将所持有的项目公司的股权或其他权益退出，是实现资本价值最大化，实现资金回报的最主要渠道，这关系到金融投资者本金收回与收益实现，同时也是评判 PPP 项目投资成败的标准，是 PPP 项目运作中非常重要的组成部分。

5.1 PPP 项目退出方式

对参与 PPP 项目的金融机构而言，无论采取哪种退出方式，退出时机的选择对投资目的的实现都有着较大的影响，需要慎重考虑。一般来说，退出时机的选择要综合考虑投资目的、投资回报、合作关系与经济环境等多方面因素。首先，要考虑 PPP 项目投资时设定的预期目标，而不是为了获得更高的投资收益而承担可能发生的长期投资风险或机会成本。事实上，不仅是金融机构，所有的 PPP 项目参与方都会将投资的预期目标作为项目退出的重要决策参考依据。其次，要考虑外部环境因素是否会引起短期不可控因素影响整体收益，如宏观经济趋势、资本市场等的波动幅度，寻求机会成本最低时点，以防范市场波动带来的不确定性。最后，选择合适的退出渠道与退出方式。

（一）股权回购退出

不可否认的是，当前 PPP 模式的融资导向较强。PPP 模式是地方政府缓解财政支出压力、分散重大项目风险、提升公共产品供给数量与质量、提高公共产品运营效率的重要手段。在这一背景下，为了吸引更多的社会资本参与 PPP 项目，很多项目在规划阶段就安排了阶段性或固定期限后的回购退出机制。设置项目公司的股权回购安排，使退出方式较为确定，降低金融机构参与 PPP 项目的风险，同时也符合当前公共投资的政策需求。这一模式下，交易安排较为简便，社会资本的综合成本与风险等可以适当降低，在公司治理层面，有利于激发项目发起人对项目资源的投入和管理积极性。因此，相较于一般企业的股权投资，前期的 PPP 项目中回购安排的使用频率更高。

在具体的退出方式设置上，一般是政府或项目发起人指定企业对其他社会资本方，如金融机构持有的项目公司股权进行回购。在设置股权回购安排时，金融机构要根据具体项目情况确定条款，充分考虑可操作性和市场化因素。合理地安排 PPP 项目的股权回购计划，能够更好地体现 PPP 项目运营与回购安排的市场化程度，也能更好地体现收益共享、风险共担、资本匹配等商业实质。通过触发条件及回购价格等商业条款的设置，可以极大地激发社会资本在项目建设与运营期的主观能动性，发挥其比较优势，提高全生命周期的整体效益。

值得注意的是，股权回购作为 PPP 项目的退出方式同样存在弊端和风险。第一，对发起方或指定回购方造成财务压力，这要求回购方在回购时有充足的资金或者再融资能力，否则会导致股权转让的潜在受限风险。尤其是当政府或其指定的企业为回购方时，还存在政策风险。第二，如果 PPP 项目的股权回购安排市场化程度不够，那就与传统的回购模式区别不大。现阶段，已经有相关法规禁止政府签订回购协议，以降低地方政府支出压力与债务风险。同时，这也会降低社会资本方参与 PPP 项目的主观能动性，降低其在项目成本控制与运行效率方面的优势。

（二）股权转让退出

股权转让退出是指股权投资人将自身持有的全部或部分股权或资产转让给另外一家企业或联合体，通过转出价格高于初始投资成本的溢价部分实现投资回报。PPP 项目股权投资与退出具有阶段性。根据各自的风险收益偏好及资金来源等因素，不同的股权投资者之间具有阶段性分工，这也为各阶段的投资退出创造了条件。通常来说，PPP 建设期风险最大，看重社会效应胜过经济效益的公共投资者，偏好高风险、高收益的社会资本比较适合在这一时期进行投资。随着项目进入运营期并不断成熟，项目风险与收益率逐步下降，偏好中等风险及稳定收益的投资者不断涌入；而当项目运行成熟后，增长率显著降低，运营收益稳定可预期，偏好低风险的投资者和主要参与资本市场的公众投资者则有望成为主要投资群体。通过股权转让方式实现退出的优势，主要体现在退出效率和成本优势上。PPP 项目公司的股权转让，通常发生在原始股东之间或同行业、上下游企业之间，彼此沟通效率较高，转让手续相对简单，信息披露压力小，交易成本也相对较低，股权投资方可以快速回收资金。同时，潜在收购企业通常拥有较强的资金实力和融资能力，从而减少单一回购方面临的资金压力及风险。同时，PPP 项目股权投资通过转让方式退出存在潜在风险，可能由于项目较高的专业化程度要求，造成潜在收购方数量有限或谈判能力较强，加上信息不公开导致潜在收购方相对较少，股权投资者的退出收益空间受到限制。

（三）清算退出

清算退出通常是指解散项目公司、处置公司资产并清偿各类债务之后，将剩余财产在股东之间进行分配的退出方式。对多数项目而言，清算退出是股权投资者在经营不理想情形下的一种退出方式。由于 PPP 项目资产常具有专用性或准公益性，可能导致资产很难有效变现或变现值较低，偿还完所有债务后能够收回的投资有限，股权投资者可能面临较大的损失。因此，清算退出是项目沦为鸡肋甚至持续亏损状态后，股权投资者被迫作出的选择。

值得注意的是，2017 年下半年以来中央对 PPP 模式大肃清，很多不合格的项目被财政部 PPP 项目库清出，造成原 PPP 项目合同发生巨大的变化，前期签订的项目合同实现困难，一些项目不得不提前终止，在这种情况下，金融机构应当启动提前终止程序，从而使自身的损失降低到最小。主要的程序包括以下几个步骤。

（1）发出提前终止意向通知。PPP 项目被退库后，如果金融机构是 PPP 项目合同中一方主体，则可以向另一方发出提前终止意向通知，表述违约事件。金融机构需要将法律政策变更或不可抗力等提前终止理由进行详细说明，并给出必要的协商期，协商期可控制在 20～60 日。需要说明的是，如果 PPP 项目合同没有特别约定，提前终止意向通知的发出及协商期并非提前终止程序的前置必经步骤。

（2）发出提前终止通知。作为 PPP 项目合同中一方的金融机构可以向另一方发出提前终止通知，在提前终止通知中明确提前终止的具体理由及依据。非金融机构的另一方在收到提前终止通知后，尽快给出回执意见，以表明自己收到提前终止通知及处理意向。提前终止通知发出时，金融机构可以要求项目公司向施工单位发出停工通知，要求项目公司将已完成项目投资的工程结算资料及相关合同等提交，作为办理结算的依据。

（3）成立结算工作组。在提前终止通知发出后，金融机构可催促政府方和项目公司各自组成结算工作组，确定结算工作组的授权范围、工作职责、内部分工及工作的时间安排流程。一般来说，政府方的结算工作组往往由实施机构、财政局、审计局、法制办等职能部门负责人组成，并且建议由项目所属的县/市级领导担任结算工作组组长。项目公司结算工作组成员由项目公司的各股东方确定，金融机构应争取至少一名工作组成员名额。

（4）提前终止处理方案的提出。书面的项目提前终止处理方案一般由项目公司提供给政府方。提前终止处理方案包含如下内容：提前终止补偿款的结算方式、提前终止补偿款的支付时间、已完成工程的移交、项目公司中双方股东委派人员的安排、项目公司存续期间的人员工资及必要支出的日常经营管理费用计算、项目公司股东退出方式等内容。由于提前终止处理方案涉及项目公司的核心利益，尤其是金融机构的核心利益问题。政府方出资代表作为参股一方，代表的是政府方的利益，而金融机构代表的表意能更加有效地反映自身的利益诉求。因此，项目公司制作提前终止处理方案，建议股东过半数通过即可，尽量降低政府方出资代表的过度干预。

（5）提前终止谈判。项目公司所报送的结算材料、已完成工程量、与第三方签订的合同、融资合同、已完成项目投资等都需要政府方工作组进行分析，并根据项目合同的约定提出应对方案，方案中包括：根据已完成工程量及在履约合同过程中的责任承担计算出具体的补偿款项，根据政府财政收支情况计算出的政府补偿安排，金融机构要重点关注项目公司与银行或贷款人协商放贷时间和提前终止补偿款支付时间匹配问题等内容。在确定最终谈判结果后，制作谈判备忘录并达成提前终止协议，协议明确提前终止的合意、提前终止补偿款的额度和支付方式及提前终止资产、人员、项目公司存续等问题。金融机构，尤其是银行类融资方，按照我国 PPP 项目的惯例，所提供的资金金额超过项目投资额的 70%，PPP 项目提前终止后，需谨慎处理 PPP 项目系列合同。

（6）履行提前终止协议。PPP 项目的各参与方根据提前终止协议履行各自的义务，在提前终止补偿款得到妥善处理后，项目公司按照《公司法》和公司章程的规定进行清算结算，金融机构以清算解散的方式实现退出。在这一阶段，要准确区分提前终止补偿款受偿主体。有的项目合同中签约主体是政府方与项目公司，但提前终止补偿款的受偿主体为社会资本方，即项目公司中的非政府股东，金融机构当然也属于这一类。但项目建设通常是由项目公司实施的，如果由项目公司的社会资本方股东直接获得政府方受偿，一旦项目公司与政府方之间的提前终止事宜没有得到妥善处理，一些已经建设完成的部分则会出现法律瑕疵。因此，金融机构应建议政府方与项目公司协商提前终止补偿事宜，并将提前终止补偿款支付给项目公司，项目公司再将提前终止补偿款支付给金融机构。

（四）发行债券

PPP 项目公司发行公司债或企业债，实现以债还贷，是 PPP 项目公司立项的退出方式之一。但是，我国现行的法律法规对发行公司债或企业债有着较高的要求。比如，2015 年证监会公布的《公司债券发行与交易管理办法》规定，发行公司债，对公司的净资产、盈利能力有下限要求，且要求公司累计发债额不超过净资产的 40%，固定资产项目累计发债额不超过总投资的 20%。一方面，PPP 项目公司很难达到上述要求；另一方面，即便达到了发债规模，这种发债规模也不足以满足 PPP 项目公司的融资退出需求。更重要的是，公司债、企业债的发行，是以投资者的信用为背书的，这将增加 PPP 项目公司社会资本方的财务负担。

如果通过发行项目收益债，偿债的资金来源于项目收益，且能够在一定程度上隔离项目投资者信用，这更适用于 PPP 项目。根据 2015 年出台的《项目收益债试点管理办法》，项目收益债的发行门槛大幅降低。第一，审核方式为注册制，而非之前的审批制；第二，信用评级达到 AA 以上即可；第三，并未设置发行额度限制；第四，以项目未来收益作为还债来源。但是，项目收益债的发行也有一定的标准：一是要全额到位最低资本金，且银行已经出具贷款意向函；二是财政补贴占项目收入的比重不得超过 50%，项目的内部收益率应高于 8%；三是专款专用，不得用于置换项目资本金和以债还贷；四是要求股东承担差额补偿义务。因此，尽管项目收益债的发行条件并没有公司债或企业债高，但是仍然存在诸多限制，通过发行债务的方式实现退出，现阶段难度较大。

5.2　PPP 项目的资产证券化

PPP 项目的资产流动性在一定程度上决定了社会资本能否进入 PPP 领域。PPP 项目资产的证券化，本质上是利用资本市场提高资产流动性，解决 PPP 项目参与方"进得来、退不出"的窘境。2016 年 12 月 26 日，国家发展改革委、证监会联合颁布《关于推进传统基础设施领域政府与社会资本合作（PPP）项目资产证券化相关的通知》，上海证券交易所、深圳证券交易所分别对各自的市场参与人发布了《关于推进传统基础设施领域政府和社会资本合作（PPP）项目资产证券化业务的通知》，中国证券投资基金业协会也发布了《关于 PPP 项目资产证券化产品实施专人专岗备案的通知》。可以说，上述通知为 PPP 项目资产证券化的申报、审批开辟了绿色通道。本文在对 PPP 项目资产证券化的本质进行研究的基础上，结合金融机构的实际情况，以期对金融机构参与 PPP 项目资产证券化的实操提供参考。

5.2.1 PPP 项目资产证券化的基本内涵

资产证券化是指以资产所产生的现金流作为支撑，在资本市场发行证券进行融资，对资产的收益和风险进行分离与重组的过程①。根据该定义，政府和社会资本合作模式（PPP）项目的资产证券化，是以 PPP 项目的资产所产生的现金流为支撑，在资本市场发行证券进行融资，对 PPP 资产的收益和风险进行分离和重组的过程。资产的证券化有两个本质性的特征，第一，证券化的资产要有可预见的稳定现金流。第二，通过资本市场对资产的收益与风险进行分离与重组，这也是风险再分担的过程。在 PPP 项目进行证券化以后，一旦出现现金流不稳定，需要有相应的机构来补足资金的空缺。根据相关的法律法规，满足以下要求的 PPP 项目可以进入证券化的范围：原则上需纳入财政部 PPP 示范项目名单、国家发展改革委 PPP 推介项目库或财政部 PPP 项目库公布的 PPP 项目；且 PPP 项目的现金流独立、可预测，现金流可来源于有明确依据的使用者付费、政府付费和政府补贴等。

从资产证券化的交易模式来看，我国的 PPP 资产证券化交易模式主要有单中介模式和双中介模式两类。单中介模式指的是委托人（投资人）与证券或信托公司签署合同，将投资基金交付中介机构进行运作管理，PPP 项目公司（资产收益权的出让人、融资方）与中介机构签署 PPP 资产收益权转让合同。双中介模式指的是委托人（投资人）与 A 中介机构签署资金管理委托合约，A、B 中介机构互签合约，A 中介机构将其委托人的资金用于购买 B 中介机构发行的金融产品，B 中介机构与 PPP 项目公司（资产收益权的出让人、融资方）签署 PPP 项目公司的资产转让合同，以其发行的金融产品所募集的资金受让该 PPP 项目公司转让的资产。

---

① 杨荣旭. 资产证券化法律问题研究及对策建议 [J]. 中国律师，2003（9）：70–73.

5.2.2 PPP 项目资产证券化的基础资产

无论是哪种资产进行证券化，首先要考虑的都是证券化的基础资产，PPP 项目也不例外。从产权性质来看，PPP 项目的基础资产无外乎收益权资产、股权资产和债权资产①三类。其中，收益权资产是 PPP 项目中最主要的资产，根据 PPP 项目采取的不同付费方式，PPP 项目的收益权资产又分为"使用者付费"模式下的收益权资产、"可行性缺口补助"收费模式下的收益权资产和政府补贴、"政府付费"模式下的政府付费。股权资产主要指的是为 PPP 项目成立的特殊目的实体（SPV）的股权或基金份额所有权。债权资产主要指的是承/分包商持有的 PPP 项目公司的应收账款/委托贷款、PPP 项目的银行贷款、PPP 项目的金融租赁债权等。

（一）收益权资产

PPP 项目的付费机制决定了 PPP 项目的收入来源。采用"政府付费"机制的 PPP 项目，其收入来源主要是财政付费；采用"可行性缺口补助"机制的 PPP 项目，其收入来源包括使用者付费和财政补贴两部分；采用"使用者付费"机制的 PPP 项目，其收入来源于使用者付费。

1. "政府付费"机制下的财政付费收益权

采用"政府付费"机制的 PPP 项目，其证券化的基础资产主要是 PPP 项目公司在特定的时间与区域内提供公共产品或服务而享有的政府财政资金的收益权。在"政府付费"机制下，社会资本一般不直接向最终使用者提供服务，政府根据社会资本提供的公共物品的可用性、使用量或者绩效来确定付费金额。因此，采用这一类付费机制的 PPP 项目，一般容易量化。比较常见的如垃圾焚烧发电、水源净化、污水处理、市政道路等缺乏收益性的基础设施项目。

根据财政部公布的《政府和社会资本合作项目财政承受能力论证指引》，每一年度全部 PPP 项目需要从预算安排的支出责任，占一般公共预算支出比例一般不超过 10%。省级财政部门可以根据本地实际情况，因地制宜确定具体比例，并报财政部备案，同时对外公布。因此，在参与这一付

---

① 严格来说，股权与债权的基础资产，本质上来源于股权收益权与债权收益权。在本文中，收益权资产专指 PPP 项目公司由于提供公共产品而获得的收入。在资产证券化中，往往可以将这一收益权剥离出原 PPP 项目公司。该收益权不包括 PPP 项目公司的股权收益权与贷款人、融资租赁人、应收账款等债权收益权。

费机制下的 PPP 资产证券化时，金融机构最需要关注的是项目付费是否纳入政府预算以及承担付费责任的政府是否具有财力。

2. "可行性缺口补助"机制下的收费收益权与财政补贴收益权

采用"可行性缺口补助"机制的 PPP 项目，其证券化的基础资产主要是 PPP 项目公司在特定的时间与区域内提供公共产品或服务而享有的政府财政补贴和使用者付费的收益权。这一付费机制的原则是，为了使项目具有商业上的可行性而进行"补缺口"，以弥补使用者付费之外的缺口部分。政府对社会资本支付的付费和财政补贴进入资产证券化的基础资产池是不存在政策障碍的①。但是，由于可行性缺口补助的形式非常多样，如投资补助、价格补贴、优惠贷款、投资入股、放弃股东分红、无偿划拨土地等都属于补助范围。因此，在实践中往往要根据 PPP 项目的具体情况进行证券化。一般来说，剥离这一模式下的"使用者付费"的收益权作为基础资产，往往更具有可行性。

3. "使用者付费"机制下的收费收益权

采用"使用者付费"机制的 PPP 项目，其证券化的基础资产主要是 PPP 项目公司根据特许经营权或相关合约，提供相关公共产品或服务而享有的使用者付费的收益权，收入全部来自公共产品的使用者。"使用者付费"机制下的 PPP 项目对应的公共物品往往具有需求稳定、现金流预测性高等特点，如高速公路、地铁、机场、桥梁等公共交通项目以及供热、供水、供电、供气等部分公用设施项目。

在我国，现行的"使用者付费"机制的 PPP 项目，往往伴随的是特许经营权方式，而特许经营权的授予主体有较高的准入门槛，因此，其本身无法转让特许经营权所产生的收费权。在实际的 PPP 项目资产证券化中，则需要将基于特许经营权产生的未来收益权转让给资产支持证券的 SPV，进而进行证券化。

（二）股权资产

将股权资产作为 PPP 资产证券化的基础资产时，往往 PPP 项目已经进入了运营阶段。股权资产主要有两种证券化的方式：第一，PPP 项目公司股东作为融资人，以项目公司股权或股权收益权作为标的进行融资；第二，以流动资金贷款等融资工具进行债务结构调整，盘活存量资产。

---

① 根据《资产证券化业务基础资产负面清单指引》的规定，地方政府按照事先公开的收益约定规则，在政府和社会资本合作模式（PPP）下应当支付或承担的财政补贴被排除在负面清单之外。

现阶段，我国尚未有将 PPP 项目公司股权作为资产证券化的实际案例。未来，可以参照 REITs 方式，发行类 REITs 模式的 PPP 项目资产证券化产品。可以考虑以养老地产、保障房或者医疗地产等地产项目作为突破口，之后也可以将行业前景好、资金流比较稳定的行业（如市政收费企业）作为试点。

（三）债权资产

PPP 债权资产的证券化指的是，将 PPP 项目中的银行贷款、金融租赁债权、承/分包商持有 PPP 项目公司的应收贷款、委托贷款等作为基础资产的证券化。

若以银行贷款或金融租赁债权作为基础资产进行证券化，则本质上属于信贷资产的证券化。在实务中，由商业银行或金融租赁公司作为发起人，则在银行间市场发行信贷资产支持证券；若由商务部管辖的融资租赁公司作为发起人，则发行的是资产支持专项计划，主要在交易所市场或报价系统中执行。

若以承/分包商对 PPP 项目公司拥有的应收账款、委托贷款作为基础资产，则证券化的产品类型可以是资产支持专项计划、资产支持票据，也可以是资产支持计划，承包商或分包商是原始权益人或发起人。

5.2.3 PPP 项目资产证券化的主要特点

（一）运营管理权与收益权相分离

虽然，PPP 在实际操作中存在多种具体的模式，但最主要的模式是特许经营权模式以及由此模式衍生出的一些其他模式。根据世界银行（2011）的报告，特许经营权模式占全球 PPP 模式的比重超过 60%，在我国这一比重更高。也就是说，我国 PPP 项目的资产证券化中，大部分基础资产与特许经营权密切相关，而特许经营权的受让主体有严格的准入要求。因此，在 PPP 资产证券化的实务中，很难将运营管理权进行转移，而更多的是将收益权与运营管理权相分离，以此作为基础资产进行证券化，其本质就是我们上文所述的收益权的资产证券化。

（二）政策约束性强，"政府信用兜底"被弱化

与一般的政府融资平台普遍内含政府信用与财政兜底的情况不同，PPP 项目证券化属于项目融资范畴，相关政策明确禁止由政府作为实际担保人，政府不能为债务兜底。因此，在 PPP 项目证券化中，虽然某些政府付费、

可行性缺口补助模式下（需要进行严格的财政承受能力论证与预算程序）的 PPP 项目财政支付或补贴可以作为还款来源，但是地方政府提供直接增信（地方政府兜底保函或土地抵押等）的难度较大。因此，需要更多地关注项目本身的偿债能力以及社会资本的支持力度，如现金流稳定、资产抵押、封闭运作等。

（三）PPP 项目的资产证券化基础资产期限更长

国内一般类型的资产证券化产品的期限一般不超过 7 年。究其原因，一是在我国的资产证券化市场中，缺乏中长期的机构投资者，保险资金的投资门槛较高，社保基金、企业年金等又在资产证券化的准入上有较大的限制；二是资产证券化产品的流动性不强，满足不了中长期机构投资者对流动性溢价较高的要求，优质的投资主体往往不投资资产证券化产品。而 PPP 项目的存续期一般都长达 10 ~ 30 年，因此其基础资产的年限也更长。显然，要设计出与 PPP 项目周期相匹配的资产证券化产品，就对投资主体准入和产品流动性方面提出了更高的要求，同时也需要不断完善相关政策、改善交易机制。

（四）PPP 项目一般在运营期进行资产证券化

PPP 项目本身有一个非常明显的特点，即建设期需要大量的资金，而运营期往往可能会产生稳定的现金流，因此建设阶段的资金需求量更高。但由于建设期没有稳定的现金流，在实际操作中往往需要将运营期的预期收益权质押给提供融资支持的金融机构，以作为增信方式，等进入稳定运营期时再进行资产证券化。值得注意的是，运营期时需要考虑现金流的竞合问题，即需要考虑资产证券化与其他融资方式的优劣，即便资产证券化具有比较优势，也经常需要将证券化融资来的资金替换前期融资资金。

5.2.4 金融机构参与 PPP 项目资产证券化的主要操作建议

在我国，资产证券化的模式主要包括信贷资产证券化、资产支持专项计划、资产支持票据、资产支持计划与非标资产证券化五类。现阶段，我国的 PPP 项目资产证券化中以收益权、经营权为基础资产的模式更为成熟，因此在实际操作中，金融机构参与 PPP 资产证券化可行性最高的模式是资产支持专项计划、资产支持计划与资产支持票据三种。从现阶段金融机构参与沟通的 PPP 项目来看，金融机构在 PPP 项目中的角色主要为原始权益人/发起人（融资方）。因此，我们主要关注这一角色下的金融机构如何参与 PPP 资产证券化。

（一）金融机构参与 PPP 资产证券化的基本业务流程

PPP 项目的资产证券化中涉及的主体包括：原始权益人/发起人（融资方）、投资人、资产管理机构、资产评估机构、资金托管机构、证券承销机构、信用评级机构、信用增级机构等。一个基本的资产证券化流程最少包括以下 3 个步骤。

（1）PPP 项目公司成立 SPV，将发起人要证券化的基础资产转移给 SPV；

（2）SPV 对基础资产现金流进行重组、分层和信用增级，并以此资产支持发行有价证券，获得资金对价。

（3）资产服务商负责基础资产现金流的回收与分配，用于优先归还投资者的本金和利息，剩余部分作为发起人收益。

典型的交易结构见图 5 - 1。

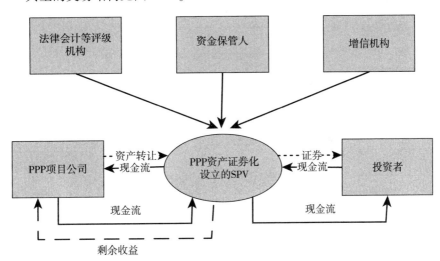

图 5 - 1　资产证券化基本交易结构

（二）金融机构参与资产支持专项计划的操作流程

资产支持专项计划指的是以特定的基础资产或资产组合所产生的现金流为偿付支持，通过结构化的方式进行信用增级，并在此基础上发行资产支持证券的业务活动。资产支持专项计划由证监会负责监管，具体产品由上海证券交易所、深圳证券交易所或机构间的私募产品报价与服务系统负责挂牌审核，中国证券投资基金业协会负责事后备案。具体的流程为：

（1）设立专项计划：长城国瑞证券或长城投资基金（也可以是其他券商或基金公司）作为专项计划管理人设立资产支持专项计划，并作为销售机构向投资者发行资产支持证券募集资金，作为原始权益人的金融机构通常需要自持次级资产支持证券。

（2）购买基础资产：管理人用募集的资金向金融机构购买基础资产，金融机构作为资产服务机构负责基础资产的后续管理和运营。

（3）现金流的归集和分配：在专项计划存续期间，基础资产产生的现金流归集到资金归集账户（即作为原始权益人的金融机构在监管银行开设的监管账户），并按照约定的期限定期划转到管理人在托管人开设的专项计划账户。管理人负责对专项计划的资产进行管理，托管人根据托管协议对专项计划资产进行托管。托管人根据管理人的划款指令进行产品的本息分配，并通过中国证券登记结算有限公司向投资者兑付本息。若基础资产的现金流不足以支付优先级产品当期的本息，差额支付承诺人承担差额支付义务，担保人对差额承诺人的差额支付义务提供不可撤销的连带责任保证担保，交易结构见图 5-2。

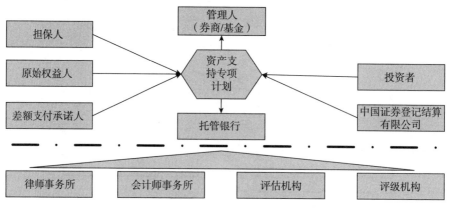

图 5-2　资产支持专项计划典型交易结构示意

（三）金融机构参与资产支持计划的操作流程

资产支持计划指的是保险资产管理公司等专业管理机构作为受托人设立支持计划，以基础资产产生的现金流作为偿付支持，面向保险机构等合格投资者发行收益凭证的业务活动。这一业务由保监会负责监管，受托人发起设立支持计划，实行"初次申报核准、同类产品事后报告"制度，保监会负责对初次申报的支持计划进行合规性、程序性审核。主要操作流程包括：

（1）金融机构是原始权益人，保险资产管理公司为受托人，两者签订资产转让合同，将基础资产转让给受托人；

（2）委托人通过签署认购协议，委托受托人管理资金，用于购买 PPP 基础资产；

（3）受托人与托管人签署托管合同，由托管人保管资产支持计划的资产，并负责资产支持计划项下的资金拨付；

（4）若当期基础资产的现金流不足以偿付资产支持计划的本息，则由增信机构履行补足义务；

（5）托管人根据受托人的指令，及时向收益凭证持有人分配资产支持计划的本息。图 5 – 3 为这一模式的典型交易结构。

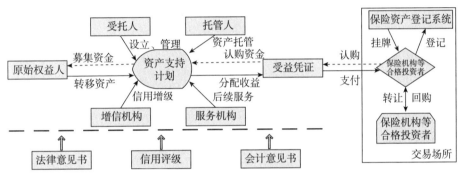

图 5 – 3　资产支持计划典型交易结构示意图

（四）金融机构参与资产支持票据的操作流程

资产支持票据简称 ABN，指的是非金融企业在银行间债券市场发行的、由基础资产所产生的资金流作为还款支持，约定在一定期限内还本付息的债务融资工具。资产支持票据由银行间交易商协会负责注册，其基础资产主要包括收益类资产和债权资产。具体的流程主要包括：

（1）金融机构（PPP 项目公司）作为发起人向投资者发行资产支持票据（ABN），并与主承销商签署应收账款质押合同等交易文件；

（2）金融机构以其基础资产产生的回收款作为第一还款来源，定期归集到资金监管账户；

（3）金融机构对基础资产产生的回收款与 ABN 之间的差额部分有补足义务；

（4）在 ABN 本息兑付之前，监管银行将本期应付票据本息划转至上海清算所的账户；

（5）上海清算所将上述资金分配给 ABN 持有人。图 5 - 4 为这一模式的典型交易结构。

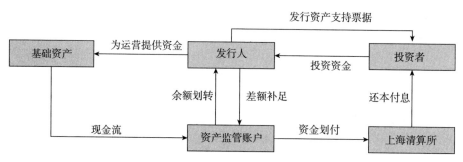

图 5 - 4　资产支持票据典型交易结构示意图

6　其他需要重点关注的事项

6.1　金融机构参与 PPP 项目的增值税税收筹划

6.1.1　PPP 模式下的增值税分析

对于占总税收收入一半以上的流转税制，在"营改增"后，增值税对 PPP 全生命周期的重要性不言而喻，明晰 PPP 模式中增值税的发生时点，是研究 PPP 模式下增值税的第一步。PPP 项目的任何一个阶段都可能产生增值税，这一费用将对整个项目的融资成本产生影响。对社会资本来说，PPP 生命周期增值税成本对 PPP 项目盈利的影响可能很大，从国际实践来看，它甚至可能是影响社会资本方参与 PPP 项目的决定性因素①。

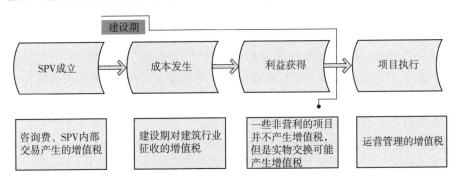

图 6－1　PPP 全生命周期的增值税发生时点

6.1.2　PPP 全生命周期的增值税税务分析

（一）项目公司成立期

一般来说，PPP 项目公司可以通过新设或收购原有经营项目的项目公司

---

① Mcclure J H. PPP, interest rate parities, and the modified Fisher effect in the presence of tax agreements: A comment [J]. Journal of International Money & Finance, 1988, 7 (3): 347－350.

股权两种方式成立，设立的方式不同，涉税的处理就不同。其中，采用新设的方式设立 PPP 项目公司，且以实物资产进行投资，则需要区分投资与转让实物两种行为。对于 PPP 参与人以转让实物行为设立 SPV，由于政府为非税主体无须纳税，作为出资方之一的社会资本方需要缴纳增值税。对于存量资产的交易，如果是采用社会资本新设项目公司来收购原有公司的资产，则属于资产交易，涉税处理与新设公司基本相同。如果是采用社会资本收购原资产持有的项目公司的股权，即股权交易，在现有的增值税框架下可以避免增值税。值得一提的是，由于我国营业税改为增值税，已经完工的公益类建安工程存量资产无法取得增值税专用发票，无法抵扣进项税额，这可能会造成企业税收成本的增加。

（二）项目公司建设期

由于 PPP 模式的特殊性，在项目的建设期内没有运营收入，就增值税的问题而言不会产生增值税销项税额，但是，PPP 项目公司在建设期内留抵的税额不仅占用了大量的现金流，而且导致长期抵扣总额的现值低于实际可抵扣额。在税前工程造价相同的情况下，增值税税率、税额的高低将直接影响 PPP 项目公司的实际税负与资金的时间成本。

以一个 100 亿元规模的 PPP 项目为例，假设项目的整个生命周期为 33 年，建设期为 3 年，建设成本为 96 亿元，建设成本作为增值税进项抵扣。为了便于分析，我们假设建设成本分 10 年等额抵扣，每年抵扣 9.6 亿元，我们取现行基准利率 4.9% 为折现率，该建设成本 10 年抵扣后的现值仅为 74.49 亿元，现值的亏损值为 21.51 亿元，亏损比重达 22.4%。在实际的 PPP 项目中，很多项目并不能像这一例子中，10 年就抵扣完，这还是在不考虑"营改增"带来的负面影响的情况下。以上述案例为例，假如政府支付给项目公司 100 亿元，项目公司支付给建设总包商的费用为 96 亿元，则项目公司需要缴纳增值税的税基为 4 亿元，根据现行建筑行业实行的 11% 的增值税税率，项目公司需要缴纳的增值税税额为 0.44 亿元。而在"营改增"之前，该笔收入按 3% 的营业税税率征收，应纳税额为 0.12 亿元。"营改增"之后的税收负担为原来的 3.67 倍。从上述案例中我们可以发现，在利润率本身就不高的 PPP 项目中，仅增值税的进项抵扣一项就可以吞噬整个项目的收益。

（三）项目公司运营期

与一般的公司不同，PPP 项目公司的收入来源于政府，即便是"使用者付费"下的收入，其本质也是政府将公共产品供给而获得的未来收入让渡给了 PPP 项目公司，这就使 PPP 项目的收入与一般的公司收入性质不同，进而产生不同的流转税影响。这种收入在税法上的定性直接会影响到 PPP 项目公司的纳税问题。

从世界各国的实践来看，公共部门机构在增值税制度中被"除名"，我国也不例外。理论上，公共部门主体行使法定的公共职能时，是免征增值税的。政府和社会资本合作模式下的项目，其本质是 PPP 项目公司代替政府执行公共产品供给的职能。根据税收公平原则和实质重于形式原则，如果简单地将 PPP 项目公司获得的收入定性为一般公司的运营收入并进行相应的税收征收，显然是有违上述两个原则的。从理论上来说，对于 PPP 项目公司执行的公共产品供给且收入来自政府收入的那一部分，暂不论政府让渡的未来"使用者付费"的那一部分收入，对于"政府付费"与"可行性缺口补助"的收入，应当免征增值税。可以说，对 PPP 项目公司推行税收减免，并不是传统意义上的税收优惠，而是避免或降低重复征税。

从 PPP 的本质来看，无论是来源于使用者还是政府的收入，PPP 项目公司在运营期获得的收入都具有双重性质，一个是运营收入性质的收入，另一个是作为投资回报性质的收入[①]。运营收入性质的收入是 PPP 项目公司作为项目运营者或管理者获得的收入，投资回报性质的收入是对 PPP 项目公司运营费用的补偿和对社会资本参与方的资金回报。运营收入的增值税处理方式较简单，比较复杂的是投资回报性质的收入。这一部分收入可以进一步拆分为三块：第一，投资回收，即 PPP 建设期产生的工程建设成本；第二，货币的时间价值，即 PPP 项目的资金回报；第三，运营服务收入，即项目公司对 PPP 项目进行运营管理服务而获得的收入。

在现阶段的实践中，并没有对 PPP 项目的收入进行定性。大多数的 PPP 项目公司在会计处理中，无论是来自政府还是来自使用者的收入，都纳入主营业务收入，依法缴纳增值税。从政府间财政关系的角度来看，我国的 PPP 项目主要的推行主体是地方政府，增值税是中央与地方的共享税，其中中央财政占 75%、地方占 25%。对于地方的 PPP 项目，这一会计处理方式无疑在实质上造成了地方政府的财政收入补贴中央政府，显然有违 PPP 项目设立的初衷。

---

① 陈刚. 当 PPP 的税务问题遇上了"营改增"[R]. 财政部 PPP 中心，2016.

（四）项目公司终止

相较于 PPP 项目公司长达二三十年的全生命周期来说，我国 PPP 项目大规模推广的时间较短，可以说，到 PPP 项目的终止还需要较长的时间。但是，PPP 项目公司的税务处理对社会资本参与 PPP 项目的预期影响很大。在项目转移时，对 PPP 项目形成的资产不同的税务定性，直接导致税收成本的巨大差异。现阶段，典型的 PPP 模式是，施工的总承包方和资金的提供者以联合体的方式共同组成社会资本方，从而使 PPP 项目公司的回报具有多重属性。一种方式是将该多重属性的回报分解成单一性质的组成，进而分别适用不同的税率，但是这种方式难以客观；另一种方式是将该多重属性统一作为一个税目进行征收，但是又过于简单。这个两难的选择需要进一步研究。我们认为，在项目设立初期，无论是新设还是购买政府的存量资产，都是政府将公共产品供给的义务转移给 PPP 项目公司，同时让渡其未来的收益。在 PPP 项目的生命周期中，资产或者股权的转移往往是为了实现 PPP 的商业目的，如资产的抵押融资、资产的证券化等。而在项目期限届满时，资产或者股权的转回又再次还原了政府的义务边界。可见，政府与社会资本的合作本意并不是资产或股权的买卖，PPP 项目公司的资产或股权期满转让的经济实质并不是买卖，而是政府义务、收入的让渡与回收。因此，将 PPP 项目终止后的资产转移或股权移交而获得的项目回购价款认定为资产或者股权买卖而进行征税是不妥的。

6.2　金融机构以"明股实债"方式参与 PPP 项目的法律风险

在政府和社会资本合作模式（PPP）项目的操作实务中，为了推动 PPP 项目快速上马，很多地方政府在合约中约定向社会资本方承诺固定回报或回购安排等条款，这种变相融资的方式实质为"明股实债"，这在公司略有涉足的 PPP 项目中也常会碰到。但是，财政部和国家发展改革委在多份文件中对此种方式一再严令禁止。由于"明股实债"是介于股权投资与债权投资之间的一种模糊状态，其法律性质尚不明晰，客观上对 PPP 项目的参与方来说存在法律风险。可以说，一旦 PPP 项目出现问题，公司作为社会资本方很可能会面临利益受损。本文试图厘清现行"明股实债"相关法律法规的规定和司法实践，分析其可能产生的风险与结果，以期规避公司在参与 PPP 项目时的相关风险。

6.2.1 现行法律法规对明股实债（固定回报）的相关规定

明股实债，指的是在形式上投资人以股权的方式对目标公司进行投资，但在具体交易结构上却包含了刚性兑付的保本约定，其实质是一种债权债务关系。由于这种交易安排能为投资人带来更为稳定、风险更小的回报，"明股实债"一直受到众多金融机构投资人的青睐。

在 PPP 项目的具体操作中，"明股实债"主要表现为：在与社会资本方签订股东协议或经营协议时，政府方或政府平台公司承诺，在项目合作期内向社会资本方逐年支付固定费用或按照固定价格回购社会资本方在 PPP 项目公司中的股权，以实现社会资本方投资本金的收回与利润。

但是，无论"明股实债"采取的是股权回购还是固定回报的方式，其本质都属于政府的变相融资行为。这与《预算法》、《国务院关于加强地方政府性债务管理的意见》（国发〔2014〕43 号）关于控制地方政府债务规模，严格限定政府举债程序的精神相违背。因此，近年来国务院办公厅、财政部、国家发展改革委等有关部门在相关文件中均明确对 PPP 项目中的"明股实债"行为予以禁止。具体见表 6 - 1。

表 6 - 1　　　　　　　　　PPP "明股实债"禁止性文件

编号	文件名	相关条款
1	《财政部关于进一步做好政府和社会资本合作项目示范工作的通知》（财金〔2015〕57 号）	严禁通过保底承诺、回购安排、明股实债等方式进行变相融资，将项目包装成 PPP 项目
2	《财政部、发展改革委关于进一步共同做好政府和社会资本合作（PPP）有关工作的通知》（财金〔2016〕32 号）	要坚决杜绝各种非理性担保或承诺、过高补贴或定价，避免通过固定回报承诺、明股实债等方式进行变相融资
3	财政部关于印发《政府和社会资本合作项目财政管理暂行办法》的通知（财金〔2016〕92 号）	各级财政部门应当会同行业主管部门加强对 PPP 项目的监督管理，切实保障项目运行质量，严禁以 PPP 项目名义举借政府债务。财政部门应当会同相关部门加强项目合规性审核，确保项目属于公共服务领域，并按法律法规和相关规定履行相关前期论证审查程序。项目实施不得采用建设—移交方式

编号	文件名	相关条款
4	财政部《政府和社会资本合作项目财政管理办法（征求意见稿）》	政府与社会资本合资设立项目公司的，应按照《公司法》等法律规定以及 PPP 项目合同约定规范运作，不得在股东协议中约定由政府股东或政府指定的其他机构对社会资本方股东的股权进行回购安排
		社会资本全资或控股投资项目公司，应按照《公司法》等法律以及 PPP 项目合同规范运作。严禁通过固定回报承诺、回购安排、明股实债以及借助抽屉协议将项目运营返包政府等方式进行变相融资
5	国务院办公厅转发《财政部、发展改革委、人民银行关于在公共服务领域推广政府和社会资本合作模式指导意见》的通知（国办发〔2015〕42 号）	严禁融资平台公司通过保底承诺等方式参与政府和社会资本合作项目，进行变相融资

6.2.2 PPP 项目"明股实债"的法律效力

（一）"明股实债"的安排在法律上并不必然认定无效

1. 公司股东之间的股权回购安排并未违反《公司法》的相关规定

我国的《公司法》对有限责任公司和股份有限公司的"股权（份）回（收）购"均有规定，一般情况下公司不得回购自己的股份。只有在少数法定情形下，股东才有权请求公司按照合理的价格收购其股权或由公司收购本公司的股份。但对于股东之间的股权转让。《公司法》第七十一条明确规定，有限责任公司的股东之间可以相互转让其全部或者部分股权。经股东同意转让的股权，在同等条件下，其他股东有优先购买权。因此，公司股东相互之间的股权回购约定未违反《公司法》的规定，若是回购协议也不存在《合同法》第五十二条规定的合同无效情形的，依法应认定有效。

2. 根据司法实践，股东之间约定固定回报不必然认定无效

公司股东之间约定固定回报是否有效，应根据不同情形区别对待。最高院已有判例表明：公司一方股东向另一方股东承诺固定回报的，只要是当事人的真实意思表示，不违反法律、行政法规禁止性规定的，应当认定有效。

（二）限制"明股实债"的 PPP 相关规定效力层级较低，PPP 采用"明股实债"不必然导致约定无效

国家发展改革委、财政部现行 PPP 相关政策文件中均明确禁止政府方承诺固定回报和对社会资本方股东的股权进行回购安排等行为。但是，该文件在法律层级上属于规范性文件，并非法律。在法律适用时，不能与上位法产生冲突。因此，如果政府方在合同中对于社会资本方承诺固定回报或股权回购的，并不能依据现行 PPP 规范性文件而当然被认定为无效。

6.2.3 金融机构以"明股实债"方式参与 PPP 项目可能的风险

结合相关法律法规规定以及个别地方实践中实际采取的处罚措施，若是公司约定"回购安排"或"固定回报"的方式参与 PPP 项目，可能会产生以下风险。

（一）存在项目无法依法纳入项目库的风险

目前，财政部和地方政府对一些不具备继续采取 PPP 模式实施条件的示范项目调出示范项目库或试点项目库，并不再对其提供任何奖补政策。而对于不符合 PPP 政策规范要求的项目，将存在无法纳入或因此被调出财政部综合信息平台项目库或地方 PPP 项目库的风险，这在实践中已有案例。而依据财金〔2015〕166 号文的规定，未纳入综合信息平台项目库的项目，不得列入各地 PPP 项目目录，原则上不得通过财政预算安排支出责任。因此，一旦项目无法纳入 PPP 项目库，将导致政府无法通过财政预算安排按约向社会资本方支付服务对价，且无法为社会投资人的合理收益提供保障。

（二）存在项目纳入项目库，但是公司的收入可能无法保障的风险

一旦该 PPP 项目出现法律纠纷，公司提出"明股实债"的主张，即便 PPP 项目合同中政府方对公司的承诺最终被确认为有效，若该笔债务直接由地方政府所承受，该笔债务也可能会因事先并未纳入地方政府年度预算而导致政府无合法合规的支付路径。而若是地方政府将该项支付义务转移给其下属的地方国有企业（包括融资平台公司），根据现行政策规定，地方国有企业（包括融资平台公司）举借的债务依法不属于政府债务，其举借的债务应由国有企业自行负责偿还，地方政府不承担偿还责任。这意味着，地方国有企业（包括融资平台公司）原先依赖地方政府财政收入作为偿债来源的支付路径已被封堵。在这种情况下，如果地方国有企业（包括融资

平台公司）自身偿债能力不足将会导致其作为债务人也无力偿还公司的债务。所以，无论出现前述何种情形，对于原本寻求合理甚至更高固定回报的公司来说都是不利的。

（三）政府方不再对其提供担保承诺的债务承担偿债责任

根据最新《国务院办公厅关于印发地方政府性债务风险应急处置预案的通知》（国办函〔2016〕88 号）的相关规定，"对于政府存量担保债务以及 2014 年修订的《预算法》施行以后地方政府违法违规提供担保承诺的债务，法规已明确不再属于政府债务。按照《中华人民共和国担保法》及其司法解释规定，除外国政府和国际经济组织贷款外，地方政府及其部门出具的担保合同无效，地方政府及其部门对其不承担偿债责任，仅依法承担适当民事赔偿责任。"因此，针对政府方作出的固定回报或回购担保承诺，无法作为政府债务依法纳入预算，政府并不承担任何偿债责任（仅依法承担部分民事赔偿责任），对此公司应当具有更加清晰的认识。在这种情况下，如果政府方股东不具备履约能力，或者政府方股东对其支付义务未提供其他有效担保措施，社会资本方将会面临较大的履约风险。

（四）在项目公司破产清算时，公司难以基于债权人身份行使相关优先权利

从司法判例上来看，新华信托股份有限公司与湖州港城置业有限公司破产债权确认纠纷案（（2016）浙 0502 民初 1671 号）中，新华信托提出的"明股实债""让与担保"等主张并未被法院采纳，其要求在破产程序中获得债权人资格并行使相关优先权利也被法院认定为"并无现行法上的依据"而拒绝采纳。如果公司在 PPP 项目中通过签订合资经营协议或股权转让协议等作为 PPP 项目公司股东实际持有了项目公司股权，即使在协议中双方另有"明股实债"的交易安排，当项目公司破产清算时，由于法院倾向于对第三人的信赖利益进行保护，公司也将难以基于债权人身份得到法院的支持。

综上所述，由于目前 PPP 法律框架体系的不完备，约定"回购安排"或"固定回报"对公司而言存在较大的风险。

6.3　PPP 政策的动态不一致性带来的风险

6.3.1　政策制定者与社会资本的目标函数存在实质性差异

政府和社会资本合作（PPP）模式的项目，基本上都具有公共产品的属性，存在市场失灵。一般来说，项目本身的回报难以弥补成本，往往需要政府通过财政支出①来保障社会资本参与方的成本回收与微利。即便是使用者付费模式下的一些可以覆盖成本的项目，其价格也都受到政府管制（温来成、王涛，2016）。②　因此，为了推动 PPP 模式的发展，激励更多的社会资本参与 PPP 项目，除了上述财政支出安排外，各国政府都在财政、税收、金融、土地、产业等方面给予了不同程度的优惠政策。这些优惠政策在各国的 PPP 模式推广中都扮演着重要的角色（Michael，2013）。③　我国政府的 PPP 优惠政策同种类繁多，除了与其他项目共享的优惠政策外（如税收优惠），还推出了诸多 PPP 独享的优惠政策。尤其是自 2016 年以来，PPP 相关的政策密集出台（如 PPP 资产证券化"绿色通道"的落地、各行业主管部门颁布的各种政策等）。但是政策效果不尽人意。根据财政部 PPP 综合信息平台的数据，截至 2016 年 12 月 31 日，我国 PPP 项目落地率为 31.6%，这还是建立在财政部、国家发展改革委推行三批 PPP 示范项目，大幅提高项目落地率的基础上。若将识别阶段的 PPP 项目纳入进来，2016 年我国 PPP 项目的实际落地率仅为 13.8%。④　不仅如此，我国 PPP 项目的社会资本方主要参与者是国有企业，而民营资本参与较少。显然，PPP 优惠政策的有效性是存疑的。

　　动态不一致性问题是指因为时间的变化或政府信用使社会资本对政策预期发生变化，从而导致政策达不到预期效果，政策有效性降低。换言之，政策的实施结果由于受到政策的时滞与缺乏可信性等因素影响而无法达到

---

① 主要包括"政府付费"模式下的财政支出以及"可行性缺口补助"模式下的财政支出。

② 温来成，王涛．PPP 特许经营项目税收支持政策研究［J］．税务研究，2016（9）：10 – 15.

③ M Curran. Tax incentives for PPPs［R］. RMIT school of accounting and RMIT APEC Research Centre，2013.

④ 魏伟．2017 年 PPP 项目研究报告［R］．平安证券研究所，2017.

预定目标，资源没有实现最优配置（Fischer，1983）。① 动态不一致性问题对政策有效性的影响是普遍的（Hoch，1991）。② PPP 模式下，政府与社会资本的关系更为密切，博弈也更为直接，社会资本对相关政策的反应也更为敏感。因此，PPP 优惠政策也更易受动态不一致性影响。现阶段，我国的 PPP 立法滞后增加了交易的不确定性，"多头管理"的现状使得"政出多门"，导致社会资本方和地方政府在适用相关政策时无所适从，这就是典型的动态不一致的表现。

现有的文献更多地关注政府是否需要出台 PPP 优惠政策，如 PPP 税收优惠政策、财政补贴政策等，但鲜有文献关注政府如何在策略上进行选择来提高政策的有效性。本文在对 PPP 优惠政策动态不一致性分析的基础上，基于 Chari（1988）③，Chari 等（1989）④ 的研究，建立了一个包含政府、建筑商与运营商三方博弈的动态一致性模型。本文的贡献在于，结合 PPP 模式的特殊性，构建了三方博弈的动态一致性模型，从而可以更加深入地研究政府政策的动态不一致对 PPP 项目参与方的影响，进而产生对政策有效性的影响，并据此提出政策建议。

出于共同的利益，政府与社会资本才有动力相互合作。也就是说，在 PPP 项目中，政府与社会资本的目标函数存在一定的共性。在学术研究中，大多数学者假设政府是仁慈的，追求的是代表性个体偏好相一致的社会福利最大化。但是，即便是在上述假设下，政府与经济个体的目标函数还是存在实质性差异。虽然单个的社会资本对政府产生的影响微不足道，但是私人部门的集体行动会对政府的政策产生战略性的影响，且这种行动不需要私人部门之间有任何明确的合作（Chari，Kehoe 和 Prescott，1988）。⑤ 也就是说，在 PPP 模式中，整个社会资源的配置状况没有进入单个个体的目标函数中，但是单个代表性的个体却进入了政府的目标函数。这就造成了

① Fischer S. 'Optimal fiscal and monetary policy in an economy without capital' by Robert E. Lucas and Nancy L. Stokey [J]. Journal of Monetary Economics, 1983, 12 (1): 95 – 99.

② Hoch S J, Loewenstein G F. Time – Inconsistent Preferences and Consumer Self – Control [J]. Journal of Consumer Research, 1991, 17 (4): 492 – 507.

③ Chari V V. Time consistency and optimal policy design [J]. Quarterly Review, 1988 (Fall): 17 – 31.

④ Chari V V., Kehoe P J, Prescott E C. Time consistency and policy [C] // Federal Reserve Bank of Minneapolis, 1989.

⑤ Chari V, Kehoe P J, Prescott E C. Time consistency and policy [C] // Federal Reserve Bank of Minneapolis, 1988.

政策制定者与个体目标函数的实质性差异，这也是动态不一致产生的根源。不仅如此，在单个的 PPP 项目中，社会资本只关注自身的效用最大化，不同的社会资本的目标函数是不一致的，单个社会资本的最优选择会通过政府的目标函数来影响政府的决策（刘大平、叶遇春，2006）。[①] 因此，从社会资本的角度来看，政府的最优选择与目标函数不相同的情况一样，是动态不一致的。理性的社会资本将政府的政策变动纳入预期，从而导致政策效果的不确定性。

6.3.2　PPP 项目的跨期问题是 PPP 优惠政策动态不一致性的关键变量

关于 PPP 优惠政策的制定与实施，政府面临的显然是一个跨期问题。虽然在理想状态下，政府保持政策不变，社会资本方在序贯前提下进行选择，从而形成"路径依赖"，进而实现经济政策的可持续均衡（Chari & Kehoe，1987a）。[②] 但随着时间与环境的变化，在公众无力约束政府的情况下，政府往往会相机地改变政策（G. Lehman，2004）。[③] 相应地，社会资本方必然会相应地作出决策调整。Kydland & Prescott（1977）[④] 认为，居民在进行决策时，不仅会考虑历史与当期经济政策的影响，同时也会尽可能多地考虑政府未来政策的影响。由于静态分析方法未考虑居民的政策预期，因此得出的均衡不是最优均衡。如果政府的政策能够让居民充分相信其在未来仍然是最优的，那么，政府当期政策在未来也是最优的，政府只需要考虑当期的问题。Calvo（1978）[⑤]、Fischer（1980）[⑥] 的研究进一步论证了上述结论。也就是说，如果人们的偏好是时间的不规则函数，则某一时点的最

---

① 刘大平, 叶遇春. 财政政策动态一致性问题研究综述及启示 [J]. 财经理论与实践, 2006, 27 (2): 81 – 85.

② Chari V V, Kehoe P J. International Coordination of Fiscal Policy in Limiting Economies [J]. Journal of Political Economy, 1987, 98 (Volume 98, Number 3): 617 – 636.

③ G Lehman, I Tregoning. . Public – private partnerships, taxation and a civil society. Journal of Corporate Citizenship., 2004 (15): 77.

④ Kydland F E, Prescott E C. Rules Rather than Discretion: The Inconsistency of Optimal Plans [J]. Journal of Political Economy, 1977, 85 (Volume 85, Number 3): 473 – 491.

⑤ Calvo G A. On the Time Consistency of Optimal Policy in a Monetary Economy [J]. Econometrica, 1978, 46 (6): 1411 – 1428.

⑥ Fischer S. 'Optimal fiscal and monetary policy in an economy without capital'by Robert E. Lucas and Nancy L. Stokey [J]. Journal of Monetary Economics, 1983, 12 (1): 95 – 99.

优决策往往是动态不一致的（郑晓辉、周林洁，2004）。[1] 他们的研究有一个共同的结论：跨期是动态不一致问题的根源，由于跨期而产生的动态不一致，使政府的政策有效性降低，为了避免动态一致性，政府应当严格遵守初步制定的政策。

6.3.3 政府信用是 PPP 优惠政策动态不一致性问题的另一关键变量

除了跨期问题，政府的信誉是另一个影响政府动态一致性的关键变量（Drazen 和 Masson，1993）。[2] 如果一个国家的信誉很高，则该国政府的政策出现动态一致性的可能性就很小，反之则更大（İmrohoroğlu，2003）。[3] 将信用变量纳入目标函数后，模型存在多重均衡解，这意味着，单纯依靠信用机制解决动态不一致问题存在不确定性，这种不确定性增加了社会资本对政策预期的困难，也提高了政府机会主义的可能，从而不能改善动态不一致问题。一种解决方式是，通过法律对时间不一致性进行规范（Rogoff，1990）；[4] 另一种解决方式是，改变一成不变的政策选择方式。Barro 和 Gordon（1983b）[5] 从理论上论证了，在不完全信息条件下，将政府承诺政策与相机抉择政策进行加权平均是最优可执行政策。Cowen 等（1995）[6] 认为，在一个次优的环境中，"相机抉择"的政策更有利于提高政府的信誉，政策的有效性更高。在这种环境下，一成不变的政策限制了代理人的行动及对偏好的观测，从而导致政策很难持续。从实践中，人们也更青睐有节制的相机抉择政策，这种"中庸"政策既保证了政策的灵活性，也能有效维护

[1] 郑晓辉，周林洁. 经济政策动态一致性理论研究进展 [J]. 经济学动态，2004（3）：57 - 61.

[2] Drazen A, Masson P R. Credibility of Policies Versus Credibility of Policymakers [J]. Quarterly Journal of Economics, 1993, 109（3）：735 - 754.

[3] İmrohoroğlu, Ayşe, İmrohoroğlu, Selahattin, Joines D H. Time - Inconsistent Preferences and Social Security [J]. Quarterly Journal of Economics, 2003, 118（2）：745 - 784.

[4] Rogoff K. Equilibrium Political Budget Cycles [J]. American Economic Review, 1990, 80（1）：21 - 36.

[5] Barro R J, Gordon D B. Rules, discretion and reputation in a model of monetary policy [J]. Journal of Monetary Economics, 1983, 12（1）：101 - 121.

[6] Cowen T, Glazer A, Zajc K. Credibility may require discretion, not rules [J]. Journal of Public Economics, 1995, 76（2）：295 - 306.

政府的信誉（徐文强，2004）。[1] Missale 等（1997）[2]的研究表明，政府的政策可信度是提高政策有效性的重要因素。反过来，政府的政策选择方式也会影响政府的信誉。在长期失业的情况下，一成不变的政策将对政府信誉产生负效用，他们的结论是基于对过去 20 年 OECD 国家的财政政策进行实证检验后得出的。

6.3.4　PPP 模式的特殊性增加了动态不一致性

Waller（1994）[3] 认为，所有的政策制定的本质都是政府与私人部门之间的博弈结果。PPP 模式的本质更是一个长期动态的博弈过程（Yescombe，2007）[4]。在 PPP 项目中，政府既是一个行政主体，是政策的制定方、管理者，也是一个民事主体，以平等的身份参与到具体的 PPP 项目中（刘尚希等，2016）。[5] 这就意味着，政府与社会资本方的博弈更为密切、频繁，在 PPP 相关政策中，社会资本方的谈判筹码也更为复杂，PPP 优惠政策的动态不一致性问题所带来的社会资本方的反应会更大，动态不一致性问题更为明显，对政策有效性的影响更大。

从某种程度上来说，我国的 PPP 优惠政策本身就是对过高交易成本的补偿。较低的实际收益率使 PPP 项目的抗风险能力较低，一旦政府的政策出现了动态不一致性，就很容易侵蚀社会资本方微薄的利润。这会产生两种结果，一是直接导致项目失败，二是再次谈判。国际经验表明，一旦出现上述情况，政府基本上会选择与社会资本方再次谈判，而再次谈判的结果大多数都有利于社会资本方，这必然进一步增加交易成本（Farquharson，

---

① 徐文强. 2004 年诺贝尔经济学奖得主理论贡献述评——时间一致性问题和实际经济周期理论的形成与发展 [J]. 世界经济研究, 2004（12）: 80 - 83.

② Missale A, Giavazzi F, Benigno P. Managing the public debt in fiscal stabilizations [J]. Ssrn Electronic Journal, 1997.

③ Waller C J. Monetary policy in interdependent economies: A game theoretic approach Matthew B. [J]. Atlantic Economic Journal, 1994, 22（4）: 63 - 70.

④ Yescombe E R. Chapter 1 - What are Public - Private Partnerships? [M] // Public - Private Partnerships. Elsevier Ltd, 2007: 1 - 14.

⑤ 刘尚希, 陈少强, 谭静等.《政府与社会资本合作条例》立法的基本思路 [J]. 财政研究, 2016（10）: 10 - 19.

Edward 等，2011）。[1] Yescombe（2007）[2] 认为，博弈的次数越多，交易成本越高，PPP 项目的收益率就越低，项目成功率也降低。政府在机会主义冲动下相机调整相关的优惠政策，很可能是得不偿失的。

6.3.5　金融机构对政策的动态不一致性的对策

第一，关注政府 PPP 优惠政策的颁布时间，因为颁布时间是 PPP 优惠政策有效性的重要因素之一。坚守承诺的政府的优惠政策是有效的，而相机抉择的政策往往无效，当政府对 PPP 项目的价值判定很低时，相机抉择性的政府 PPP 优惠政策也是有效的。Chari 等（1989）[3] 认为，动态不一致性是经济政策普遍的现象。相较于政府其他的政策，PPP 相关优惠政策的动态一致性问题更为明显。相较于普通的政策之于市场主体，PPP 模式下的政府与社会资本方的博弈频率与深度更高，忽略任何一个博弈方的反应都容易触发动态不一致。

第二，对于政府承诺的 PPP 优惠政策，要更加关注政策的稳定性。金融机构在参与 PPP 项目时，应尽可能地增加政府制定者的违约成本，只有当政策制定者的违约成本的现值不低于违约收益时，政府的政策才是可执行的，政策才能有效。如果采取立法或者与预算绑定的方式规制政策制定者的行为，使之不得不按事先承诺的规则来制定政策，能一定程度提高政策有效性。但是，过于严格的政策规制会降低政策的灵活性，这同样会损失社会福利（Bauer J. M.，2010）。[4] 因此，金融机构在参与 PPP 项目时，与政府部门签订的合同需要在规则和灵活性之间进行权衡，要综合考虑各方因素，尤其关注政府信誉，对于经济基础较差、信誉不佳的政府，尤其要保持谨慎的态度。

———————————

① Farquharson E, Clemencia T D M, Yescombe E R, et al. How to Engage with the Private Sector in Public – Private Partnerships in Emerging Markets [J]. General Information, 2011.

② Yescombe E R. Chapter 1 – What are Public – Private Partnerships? [M] // Public – Private Partnerships. Elsevier Ltd, 2007: 1 – 14.

③ Chari. V. , Kehoe, P. J, Prescott, E. C. Time Consistency and Policy. Report No. 115. [J]. Federal Reserve Bank of Minneapolis, 1989.

④ Bauer J M. Regulation, public policy, and investment in communications infrastructure [M]. Pergamon Press, Inc. 2010.

7 金融机构参与 PPP 项目的完整案例

7.1 项目概述

7.1.1 项目基本内容

为加快某国家级新区的建设，A 市人民政府决定于 2016 年陆续开展建设以下四个项目：（1）综合管廊及市政路网东区；（2）西区项目；（3）西区二期项目；（4）公共服务与公共管理项目。总投资合计 187 亿元。为缓解政府财政压力，筹集项目建设所需资金，提高项目的建设水平、建设速度和运营管理水平，并落实近年来国务院、省、市鼓励采用政府和社会资本合作 PPP 模式的政策精神，A 市该国家级新区管理委员会对该项目采用 PPP 模式，并指定 B 投资有限公司（该国家级新区国资委 100% 控股孙公司）作为政府方出资代表，与社会资本方 C 集团有限公司、D 公路工程有限公司出资成立项目公司 "SPV 建设投资有限公司"，共同对综合管廊及市政路网西区二期 PPP 项目进行投资、建设、运营和维护。

（一）项目建设内容

（1）综合管廊：新建综合管廊共 4 项，共 18.54 公里，形成管廊外壁与出入口界面合围空间约 31.65 万立方米（估算内体积为 21.21 万立方米）。

（2）市政道路及附属设施：道路建设共 4 条，共 16.95 公里，并随路附道路美化及照明等附属工程，形成道路红线内面积 142.52 万平方米。

具体建设内容如表 7 - 1 所示。

表 7 - 1　　　　　　　　西区二期项目建设内容说明

序号	项目名称	建设工期	起止位置
三	西区二期		道路及排水工程 4 项，管廊工程 4 项

序号	项目名称	建设工期	起止位置
1	五洲大街	2019.12.31	道路排水（含桥）：长吉北线至拟建乙五路，城市快速路。长 6.2 公里，道路铺装面积为 34.9 万平方米，道路红线宽 80 米。管廊：长吉北线至机场大道，总长 8.48 公里。单舱断面尺寸：（2.8 × 2.8）长 1.4 公里；双舱（2.0 + 2.25）×2.8，长 1.72 公里；双舱（2.0 + 2.25）×2.8，长 5.36 公里
2	货运干道	2019.12.31	道路排水：龙双公路至甲二路，城市快速路。长 1.73 公里，道路铺装面积为 5.6 万平方米，道路红线宽 50 米。管廊：龙双公路至甲二路，长 1.715 公里。2 舱、断面尺寸：6.5m×4.8m
3	甲二路	2019.12.31	道路排水（含桥）：货运干道至空港中街，城市快速路。长 2.9 公里，道路铺装面积为 9.3 万平方米，道路红线宽 50 米。管廊：货运干道至空港中街，长 2.8 公里。单舱、断面尺寸：3.85m×4.5m
4	机场大路	2019.12.31	道路排水：新港大街以西，五洲大街以东，近期按城市主干路修建，长 6.12 公里，道路铺装面积为 38.83 万平方米，道路红线宽 114 米。管廊：新港大街以西，总长 5.54 公里，位于道路北侧。其中五洲大街至乙五街，双舱（3.7 + 2.25）×3.4，长 3.2 公里；乙五街至甲一街，双舱（4.3 + 2.25）×3.4，长 1.54 公里；甲一街至新港大街，双舱（4.4 + 2.25）×3.8，长 0.8 公里

项目指标汇总如表 7 - 2 所示。

表 7 - 2　　　　　　　　项目指标汇总

序号	管廊道路名称	形式级别	建设计划	管廊里程（m）	管廊面积（m²）	管廊外部空间体积（m³）		新建道路里程（m）	红线宽（m）	红线内面积（m²）
1	五洲大街	单舱	2017—2019 年	8480	1400	7.84	10976	95228	6200	80	496000
		双舱	2017—2019 年		7080	11.9	84252				
2	货运干道	双舱	2017—2019 年	1715	31.2	53508		1730	50	86500
3	甲二路	单舱	2017—2019 年	2800	17.325	48510		2900	50	145000
4	机场大道西	双舱	2017—2019 年	5540	3200	20.23	64736	119247.8	6120	114	697680
		双舱	2017—2019 年		1540	22.27	34295.8				
		双舱	2017—2019 年		800	25.27	20216				
合计				18535	136.035	316493.8		16950		1425180

(二) 项目投资情况

该 PPP 项目已纳入财政部 PPP 项目库, 项目总投资 33.46 亿元人民币, 建设投资 31.34 亿元人民币, 建设期利息为 2.12 亿元人民币。合作期限 30 年, 包括建设期 3 年, 运营期 27 年。该项目年度支出已经被西南区管委会同意纳入某国家级新区年度财政预算, 政府每年支付服务费 30347 万元, 运营期共计支付 819369 万元。

表 7-3 项目费用说明

序号	项目	单位	合计	其中:	
				地下综合管廊	道路及附属设施
1	建设投资 (含预备费)	亿元	31.34	21.31	10.03
1.1	工程费用	亿元	21.62	14.70	6.92
1.2	工程建设其他费用 (不含土地费)	亿元	3.03	2.06	0.97
1.3	土地费	亿元	6.69	4.55	2.14
2	建设期利息	亿元	2.12	1.44	0.68
3	总投资	亿元	33.46	22.75	10.71

(三) 项目施工进度计划

表 7-4 某国家级新区综合管廊及市政路网 PPP 项目投资计划 单位: 万元

项目名称		年度投资计划				五洲大街	货运干道	甲二路	机场大路
		合计	2017 年	2018 年	2019 年				
建安工程费用	合计	216204.00	9939.00	160493.00	45772.00	94963.00	15134.00	31937.00	74170.00
	道路工程	58436.00	3109.00	43640.00	11687.00	27020.00	3081.00	5675.00	22660.00
	排水工程	16650.00	320.00	13000.00	3330.00	5275.00	1401.00	3244.00	6730.00
	绿化工程	19704.00		15763.00	3941.00	12842.00	267.00	447.00	6148.00
	交通工程	696.00			696.00	234.00	50.00	111.00	301.00
	照明工程	2468.00			2468.00	1002.00	109.00	593.00	764.00
	桥梁工程	11125.00		8900.00	2225.00	2445.00	—	8680.00	—
	管廊工程	107125.00	6510.00	79190.00	21425.00	46145.00	10226.00	13187.00	37567.00
工程建设其他费用		30273.00	9878.00	14340.00	6055.00				

项目名称	年度投资计划				五洲大街	货运干道	甲二路	机场大路
	合计	2017 年	2018 年	2019 年				
征地土地费用	66920.00	10969.00	55951.00	—				
建设期利息	21207.00		7500.00	13707.00				
总投资	334604.00	30786.00	238284.00	65534.00				

该 PPP 项目于 2017 年 8 月开始动工，受北方施工影响，预计 2017 年 11 月末至 2018 年 3 月末为修工期，2017 年投资计划为总投资的 9.2%，2018 年投资计划为总投资的 71%；2019 年为收尾年度，计划投资为总投资的 19%。

（四）工程结算安排

表 7 – 5　某国家级新区综合管廊及市政路网 PPP 项目资金结算计划　　单位：万元

项目名称		年度资金结算计划					
		合计	2017 年	2018 年	2019 年	2020 年	2021 年
建安工程费用	道路工程	58436.00	1900.00	30000.00	12000.00	11615.00	2921.00
	排水工程	16650.00	270.00	11000.00	3000.00	1547.00	833.00
	绿化工程	19704.00		13000.00	3500.00	2219.00	985.00
	交通工程	696.00		—	600.00	61.00	35.00
	照明工程	2468.00		—	2000.00	345.00	123.00
	桥梁工程	11125.00		7500.00	2000.00	1069.00	556.00
	管廊工程	107125.00	5500.00	70000.00	20000.00	6269.00	5356.00
工程建设其他费用		30273.00	9800.00	14000.00	6000.00	473.00	
征地土地费用		66920.00	10969.00	55951.00			
建设期利息		21207.00		7500.00	13707.00		
总投资		334604.00	28439.00	208951.00	62807.00	23598.00	10809.00

竣工结算为承包人在工程竣工验收合格后 60 天内申请竣工付款申请，发包人收到竣工付款申请单 28 天内审核无缺陷后进行结算，承包人提供 5% 的工程款质保金。

7.1.2　SPV 公司情况

B 投资有限公司注册资本为 67000 万元，成立日期为 2017 年 7 月 13

日，经营范围为以自有资金对综合管廊及市政路网、桥梁、绿化项目进行投资、设计、建设、维护、运营；综合管廊的随廊线路、管道、设备的安装；智能监控系统安装；城市综合服务设施建设；城乡一体化综合开发与运营。不得从事吸收存款、发放融资款、受托发放融资款、代客理财、融资担保等金融服务业务、严禁非法集资，依法须经批准的项目，经相关部门批准后方可开展经营活动。该公司股权结构如表 7 – 6 所示。

表 7 – 6   股权结构说明

股东名称	出资额（万元）	占总注册资本的比例	出资方式
B 投资有限公司	6700.00	10%	货币
C 集团有限公司	59630.00	89%	货币
D 公路工程有限公司	670.00	1%	货币
合计	67000.00	100%	

7.1.3 项目融资进展情况

目前项目融资款主要由国内股份制商业银行 G 行省级分行、国有商业银行 E 行省级分行及国有商业银行 F 行省级分行三家主导进行，具体进展情况如下：

（一）股份制商业银行 G 行。股份制商业银行 G 行拟独自承贷 26.7 亿元项目融资，目前已通过省级分行贷审会，预计 9 月底前报总行审查审批。

（二）国有商业银行 F 行省级分行。国有商业银行 F 行省级分行拟牵头组银团融资款 26 亿元，其中国有商业银行 F 行承贷 20 亿元，审批权限为省分行，目前支行已将调查流程提交至省行公司部调查。

（三）国有商业银行 E 行。国有商业银行 E 行拟组银团融资款 26 亿元，其中国有商业银行 E 行承贷 13 亿元，目前支行和省行业务部正在调查，预计 10 月提交总行审查审批。

此外，目前拟参与国有商业银行牵头的银行融资款的银行还有其他 4 家国内知名的股份制商业银行的项目所在地的省级分行。

作为社会资本方，融资人 C 集团为确保后续工程建设如期完成，向国内某金融机构进行融资；融资规模为 60000 万元，期限为 3 年；本金还款安排为自放款之日起第四个季度末偿还融资款本金 10%；第八个季度末偿还本金 20%；第十二个季度末偿还剩余全部融资款本金，利随本清（允许提前还款），还息方式为按照自然季支付利息，自然季末月的 20 日为结息日，

21 日为支付日。

7.1.4 项目可行性分析

（一）某国家级新区综合管廊 PPP 项目运作方式

本项目采用 BOT（建设—运营—移交）运作方式。项目实施方案已由某国家级新区管理委员会批准通过，已履行项目评估筛选、物有所值评价、财政承受能力论证等程序，已通过公开竞标确认 C 集团有限公司和 D 公路工程有限公司联合体为社会资本方。由某国家级新区管理委员会指定政府代表方 B 投资有限公司出资 10%，社会资本方 C 集团有限公司及 D 公路工程有限公司合计出资 90%（其中 C 集团有限公司出资 89%、施工方 D 公路工程有限公司出资 1%）共同成立 B 投资有限公司。某国家级新区管理委员会与项目公司签订 PPP 协议。PPP 合作期限包括建设期和运营期，其中建设期为 3 年，运营期为 27 年。项目公司依据 PPP 协议进行投资、设计、建设、运营、维护项目设施，在 PPP 合作期满后根据 PPP 协议的规定将项目设施无偿、完好移交给某国家级新区管理委员会或其他指定机构。

（二）某国家级新区综合管廊 PPP 项目的可行性

1. 该新区为国家级新区，该 PPP 项目工程为该国家级新区建设的基础工程，其建设及运营情况直接影响该国家级新区未来发展。

2. 综合管廊部分采用"使用者付费＋可行性缺口补助"模式运作；市政道路及附属设施采用"政府付费"模式运作；区域招商采用"招商绩效服务费"模式运作。依据该国家级新区管理委员会成交通知书投标报价，年服务费为 30347 万元，运营期服务费总计 819369 万元。

7.2 政府在项目前期的准备工作

××市政府召开会议明确推进综合管廊项目，采用 PPP 模式，住建局为责任部门（即确定了 PPP 实施机构）。

2014 年 6 月，B 投资有限公司完成规划设计单位招标，国内知名设计公司中标，开始综合管廊整体规划设计。在实践中，将设计深化到施工图阶段再做 PPP 的招标，避免在项目实施时，因设计频繁变更造成建设成本提高，但又不能超概算，进一步打击社会资本方的积极性，资金投入变缓，影响合作情绪和项目的推进。

2015 年 3 月，发改委报请市政府同意，拟定 2015 年政府性基本建设项目投资计划，综合管廊列入其中的前期项目，并备注"采用 PPP 模式"。

至 2015 年 6 月，B 投资有限公司完成了综合管廊整体规划设计和综合管廊板块规划方案并报市规划委审批通过，进而完成综合管廊初步方案设计和概算，逐渐清晰了综合管廊的各项经济指标。

2015 年 6 月，B 投资有限公司完成 PPP 咨询单位招标，国内某知名咨询公司开始进驻××。

至 2015 年 12 月，国内某知名咨询公司完成了物有所值评价、财政承受能力论证、初步实施方案，市住建局提报 PPP 联审领导小组和市政府研究。但因市政府领导换届、设计方案频繁调整以及市政府对项目投资规模、内部收益率等意见不明确，"两评一方案"迟迟未获批复。

2016 年 3 月，发改委报请市政府同意，拟定 2015 年政府性基本建设项目投资计划，综合管廊列入其中的新建项目、PPP 实施项目、重大投资项目，其中，重大投资项目清单经市人大审议通过。同月，完成项目用地预审。

2016 年 4 月，PPP 联审领导小组再发布确认××市 PPP 项目库。

2016 年 6 月，B 投资有限公司完成可研批复。因前期 PPP 联审领导小组明确表示不必报批可研，故 B 投资有限公司完成规划方案审批后没有立即委托编制可研。PPP 联审领导小组在组织物有所值评价、财政承受能力论证时才要求后补可研。同月，完成物有所值评价、财政承受能力论证。

注：咨询单位开始编制实施方案前的准备工作，理论上在项目发起后应报财政部门进行评估和筛选，但实操中往往自上而下，获得市政府的支持后直接确定行业主管部门为责任单位，财政部门评估和筛选可省略。实施方案审批前主要应证明项目的合法性，即取得可研批复，可研批复的前置条件则是取得规划审批和用地预审。

2016 年 8 月，发布 PPP 招标资格预审。实施方案经反复讨论已定稿，但仍未获得市政府的最终批复，因项目紧急，提前发布了资格预审。

2016 年 9 月，完成资格预审评审。

2016 年 10 月，实施方案获得市政府审批。在审批实施方案时，市政府主要关心的重点有：项目投资额（投资额控制得越低，政府支出自然越少，点状供地就是为了控制整体投资额）、内部收益率（内部收益率越低，政府支出自然越少，最终招标的上限定在 6.5%，打击了某些公司的参与热情，最后国内一家知名房地产企业以 6.18% 中标）、股权比例、合作边界、项目周期等。

2016 年 12 月，完成 PPP 招标，绿地中标。同月，PPP 合同获市政府批复，签订项目合同。

2017 年 1 月，项目公司成立。

经验总结：

（1）一个 PPP 项目从项目发起到成立项目公司，需要三年左右的时间。

（2）××项目是政府部门主动、全力支持的项目，同时与住建、国土、规划、发改、财政、建设、审计等全 PPP 过程涉及的部门均应保持热度，由专人串联起各个环节，才能确保项目的有序推进。

（3）综合管廊板块本身对投资方来说并不能带来收益，仅是靠政府的缺口补助获得既定的收益率利润，对投资方来说，建设成本的增加意味着利润的压缩。建议项目应一次性取得整体项目的开发权，防止因政策和上层领导的变动而造成项目搁浅。

（4）××项目自上而下的逻辑是项目得以在坎坷中依然快速推进的根本保障，通过政府的直接推进，确定了实施机构，定性了 PPP 模式，使项目绕开了理论上的评估和筛选过程。住建局和 B 投资有限公司在项目规划设计上的不断深化和 PPP 程序双管齐下、同步推进的高效执行力也是项目得以持续推进、免走弯路的保证。

（5）该项目的规划与设计委托了同一家设计院，在完成规划方案后立即进入初步方案设计和概算阶段，经济指标清晰，并及时进行可行性研究报告。这体现了可行性研究方案在 PPP 实施进程中代表着项目的合法性，不可或缺。

7.3 融资交易结构与投资收益

XD 股权投资基金管理有限公司（以下简称 XD 股权基金）作为 GP，认购 GF 城镇化并购重组基金（有限合伙）（以下简称 GF 基金）60 万元份额，该大型金融机构认购 LP 份额 59940 万元，母基金规模为 60000 万元。资金用于 C 集团有限公司垫付给 CH 建筑、CH 建筑垫付给分包 D 公路桥梁工程有限公司（以下简称路桥公司）用于该国家级新区综合管廊及市政路网 PPP 项目建设垫付工程款；SPV 公司向国内知名银行 E 行省分行融资款用于按工程进度结算工程款，CH 建筑用于结算路桥公司已验收合格工程进度款，路桥公司退还垫付工程款，路桥公司上交工程利润款作为补充还款。

表 7-7 融资交易结构说明

要素	说明
融资企业	C 集团有限公司
投资规模	60000 万元
基金形式	有限合伙
基金管理人	XD 股权投资基金管理有限公司
投资期限	3 年。国家级新区综合管廊及市政路网 PPP 项目建设期为 3 年，运营期为 27 年
资金用途	开展国家级新区综合管廊及市政路网 PPP 项目建设垫付项目公司工程款
投资方式	XD 股权投资基金管理有限公司 1. XD 股权基金作为 GP 认购有限合伙基金 GF 城镇化并购重组基金 60 万元份额，该知名金融机构认购 LP 份额 59940 万元。 2. XD 股权基金作为 GP 认购有限合伙基金长敏基金 1 万元（暂用名，该部分不对项目进行实际投资），GF 基金认购 LP 份额 60000 万元。 3. 长敏基金以委托融资款形式对 C 集团有限公司发放融资款
放款时点	落实总公司批复全部条款
投资收益	7.90%/年，由 C 集团有限公司支付
还息方式	按照自然季支付利息，自然季末月的 20 日为结息日，21 日为支付日
本金偿还安排	自放款之日起第四个季度末偿还融资款本金 10%；第八个季度末偿还本金 20%；第十二个季度末偿还剩余全部融资款本金
风控措施	1. C 集团有限公司为主债务人； 2. SPV 公司为 C 集团有限公司提供担保（除政府相关担保责任）； 3. C 集团有限公司以持有 SPV 公司 89% 股权质押； 4. 监管 C 集团有限公司设立的放款、回款账户，预留监管人员用印章； 5. 监管路桥公司账户，预留监管人员用印章； 6. 实际控制人林春荣和林春龙为 C 集团有限公司融资退出及投资收益提供无限连带保证责任担保； 7. C 集团有限公司法人和财务总监提供无限连带保证责任担保； 8. 设立现场监管人员
其他	1. 转让如果涉及税费支出，均由 C 集团有限公司承担； 2. 后续项目融资款由项目公司自行负责解决

按基金总投资 60000 万元、投资期限 36 个月、利率 10.90%/年进行测算，项目总收益共 17004.00 万元，基金管理人在分配时优先扣除增值税及附加（6.72%）1077.99 万元、基金管理费（0.5%，经双方协商最后确定）780 万元等，预计基金可分配收益为 15146.01 万元。金融机构出资 59940 万元，可从基金获得分配收益 15130.86 万元；扣除资金成本 8883.11 万元（按 5.7%/年计算）、人管费用 1240.73 万元（按收入的 8.2% 计算）、业务费用 100 万元（评估费 35.1 万元、律师费 15 万元、抵押费用 40 万元、公证费 5 万元、查档费等其他 4.9 万元）、不可预见费 50 万元，吉林分公司预计净收益为 4857.02 万元。

7.4　金融机构参与 PPP 项目的风险分析与风控措施

7.4.1　金融机构的风险分析

PPP 项目除了具备一般项目的风险特征外，因其参与主体众多、资金投入量大、投资周期长、合同结构相对复杂等特点，还具有复杂性、偶然性、阶段性和渐进性等特征，各参与主体对风险、收益的期望和衡量标准也不尽相同，因此对各方的不利因素均会引发项目风险。PPP 项目的风险可以从风险来源、参与主体、实施阶段等多种角度来衡量。此处主要参照世界著名咨询机构德勤有限公司的观点，从 PPP 项目的全生命周期视角去理解本项目风险。德勤有限公司把 PPP 项目的全生命周期风险管理分为政策风险、建造风险、运营风险、市场和收益风险、财政风险和法律风险六大模块、三十六个重点风险管控点。

（一）政府付款能力分析

该项目为政府建设项目，为国家级新区加快城市建设的重点项目，项目的可研、规划、环评等手续合法合规，符合政府购买服务和 PPP 项目流程管理程序；项目公司已与区管理委员会签署了 PPP 协议，不存在由于政策的变化而被迫与政府重新就投资建设进行谈判等各种变动情况。

1. 支出能力测算

财政支出测算部分包括对项目的政府方股权投资支出、运营补贴支出（含政府付费）、风险承担支出和配套投入四部分的测算。

（1）股权投资支出

本项目计划总投资 34 亿元人民币，政府方本年度股权投资支出为 6.88 亿元。

（2）运营补贴支出

进行财务测算时的运营补贴支出仅包括运营补贴。经初步测算，为使项目投资财务内部收益率（税前）达到 6% 这一合理回报区间下限以上，政府正常运营期间每年需要提供财政补贴 8903 万 ~ 21448 万元不等。

（3）风险承担支出

政府回收项目、政治风险、税法变更、不可预见等其他法律和政策风险，其支出数额和概率难以准确量化预测，结合本项目的特点，采用比例法，综合确定运营期项目公司风险承担支出按项目全部建设成本的 1% 计取。按投资比例，运营期内政府方风险承担支出为总风险的 40%，为 1720 万元。

表 7 - 8　　　　　　　PPP 项目全生命周期内财政支出估算表　　　　单位：万元

年份	股权投资支出	运营补贴支出	风险承担支出	配套投入	合计	合计现值
T + 1	68000	21138	1720	0	90858	86614
T + 2	0	21138	1720	0	22858	20772
T + 3	0	21138	1720	0	22858	19802
T + 4	0	21205	1720	0	22925	18932
T + 5	0	21205	1720	0	22925	18048
T + 6	0	21205	1720	0	22925	17205
T + 7	0	21278	1720	0	22998	16454
T + 8	0	21278	1720	0	22998	15685
T + 9	0	21278	1720	0	22998	14952
T + 10	0	21359	1720	0	23079	14304
T + 11	0	21359	1720	0	23079	13636
T + 12	0	21359	1720	0	23079	12999
T + 13	0	21448	1720	0	23168	12439
T + 14	0	21448	1720	0	23168	11858
T + 15	0	21448	1720	0	23168	11304
T + 16	0	8903	1720	0	10623	4941
T + 17	0	8903	1720	0	10623	4711
T + 18	0	8903	1720	0	10623	4491
T + 19	0	9011	1720	0	10731	4324

年份	股权投资支出	运营补贴支出	风险承担支出	配套投入	合计	合计现值
T+20	0	9011	1720	0	10731	4122
T+21	0	9011	1720	0	10731	3930
T+22	0	9129	1720	0	10849	3787
T+23	0	9129	1720	0	10849	3610
T+24	0	9129	1720	0	10849	3442
T+25	0	9259	1720	0	10979	3320
T+26	0	9259	1720	0	10979	3165
T+27	0	9259	1720	0	10979	3017
T+28	0	9402	1720	0	11122	2914
T+29	0	9402	1720	0	11122	2778
T+30	0	9402	1720	0	11122	2648
总计	68000	456396	51600	0	575996	360204

（4）配套投入

运营期间项目公司用水、用电、用气、用热均按照居民缴费标准执行。政府无额外配套投入。

（5）财政支出测算

对上述四部分支出进行估算，可得到项目全生命周期内财政支出额，具体参见表 7-8。

（6）全市 PPP 总体财政支出

依据该国家级新区公布的政府收入情况，该新区 2016 年一般公共预算支出为 130.9 亿元。2017—2020 年该国家级新区一般公共预算支出的数据需结合历史数据，通过数学方法予以预测。本规划拟采用指数平滑法进行预测。

依据该国家级新区财政局网站公布的 2010—2016 年预算报告，可以得到 2009—2016 年的全市及市本级财政一般公共预算支出数据，具体见图 7-1，该数据呈线性趋势，因此采用二次指数平滑法预测。

预测模型为

$$\begin{cases} \hat{Y}_{t+T} = a_t + b_t \cdot T \\ a_t = 2S_t^1 - S_t^2 \\ b_t = \dfrac{\alpha}{1-\alpha}(S_t^1 - S_t^2) \\ S_t^1 = \alpha Y_t + (1-\alpha)S_{t-1}^1 \\ S_t^2 = \alpha S_t^1 + (1-\alpha)S_{t-1}^2 \end{cases}$$

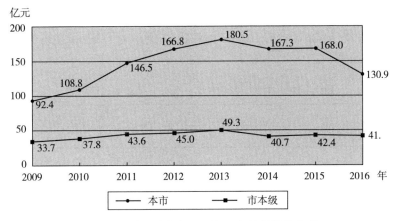

图 7 - 1　该国家级新区历年一般公共预算支出

其中，α 为平滑系数，Y_{t+T} 为第 T 期的预测值，S_t^1、S_t^2 分别为第 t 期的一次和二次指数平滑值。

指数平滑值初始值为

$$S_0^1 = Y_1 ; S_0^2 = S_0^1$$

平滑系数 α 的取值范围为 0 ~ 1 之间。以变量的实际值与估计值之间的最小方差为判定标准，α 取值不同时，变量的实际值与估计值之间方差越小表示估计效果越好，从而可确定 α 的合理取值。以此方法可确定 α 值为 0.125。

依据上述方法，得到预测结果如表 7 - 9 所示。

表 7 - 9　　　　　　　　　　　　预测结果说明

年份	全市	市本级
2017	154.6	42.8
2018	157.7	43.2
2019	160.7	43.6

续表

年份	全市	市本级
2020	163.8	44.4
平均	159.2	43.5

（7）支出比例测算

依据该国家级新区的财政预算报告，该国家级新区 2016 年一般公共预算支出为 130.9 亿元，2017 年一般公共预算支出为 154.6 亿元，本项目在该年度的财政支出为 90958 万元，占该年度全市一般公共预算的比例约为 5.89%。因此，PPP 项目财政支出占该年度全市一般公共预算支出的 5.98%，未触及 10% 这一红线。

表 7-10　　2018—2021 年某国家级新区一般公共预算支出预测表　　单位：亿元

年份	2017	2018	2019	2020	平均
年度一般公共预算支出预测值	154.6	157.7	160.7	163.8	159.2

运营期内该国家级新区一般公共预算参照 2017—2020 年平均支出额。该国家级新区 PPP 项目库内当前除老年公寓 PPP 项目外，仅有此一个项目，而老年公寓 PPP 项目年财政支出为 372 万 ~ 1108 万元之间，比例不足全市一般公共预算的 0.05%。本项目在第一年财政投入 90958 万元，约占全市一般公共预算的 6.45%，其余年度需补贴额度为 10623 万 ~ 22858 万元不等，占全市一般公共预算支出的 1.5% 以下，因此本 PPP 项目在建设期和运营期内的财政支出均在财政承受能力范围内，财政完全有能力支付项目的支出。

（二）商业可行性风险

该项目已履行项目评估筛选、物有所值评价、财政承受能力论证、可行性研究论证等程序，项目成熟度较高。综合管廊项目依法向入廊管线单位收取管线入廊费和管廊服务费，并获得政府给予的可行性缺口补助；市政道路及附属设施依法获得政府购买服务费；并与新区管理委员会共同负责产业开发工作，获得产业开发服务费，实施机构负责协调新区管理委员会落实"强制入廊"及"管廊有偿使用"，不确定性较低。

（三）融资风险

PPP 项目的一个特点就是在招标阶段选定中标者之后，政府与中标者先草签 PPP 基础协议，中标者要凭 PPP 基础协议在规定的建设期限内完成融资并投资。项目公司未按照 PPP 协议约定或未按照建设的需求满足资金到位，迟于 30 天仍未到位的，项目公司向新区管理委员会每日按照总投资的万分之一点五支付违约金等。项目公司已向省内的 D 股份制商业银行、E 银行、F 银行申请项目融资款，目前处于实质性上报阶段，且项目公司控股股东为资产规模较大的建筑型企业，融资经营较为丰富。

（四）市场需求变化风险

该项目运营周期较长，在运营期间内，由于宏观经济、社会环境、人口变化、法律法规调整等其他因素使市场需求变化，存在市场预测与实际需求之间出现差异从而产生需求不足的风险。但项目前期已经进行了物有所值分析和财政承受能力论证，充分考虑了宏观经济、社会环境、人口变化等因素可能带来的冲击，且该新区为国家级新区，国家要大力开发与发展该新区，市场需求疲软性较小。

（五）项目提前终止风险

在 PPP 协议中明确规定项目公司自协议生效日起六年内（建设期三年及运营期前三年内），项目公司股东 C 集团有限公司、D 公路工程有限公司不得向任何第三方（包括其关联方）转让其持有项目公司股权。同时融资公司将在合同中设置融资保护性条款和相应的应急措施，约定在合同提前终止、项目公司违约等突发情况下，金融机构有权宣布融资提前到期，并提前收回全部融资。

（六）项目建设风险

C 集团有限公司具有 PPP 项目运营管理经验，同时拥有公路工程施工总承包一级资质，具有丰富的施工经验。

综上所述，该项目符合国家政策导向，有助于加快城镇化金融业务结构调整，收益可期，风险可控。

7.4.2 风险控制措施

金融机构将根据该 PPP 项目实际情况，采取以下风控措施：

1. C 集团有限公司为主债务人；

2. SPV 公司为 C 集团有限公司提供担保（除政府相关担保责任）；

1. C 集团有限公司下属的物流发展有限公司：以公司名下位于某市经济技术开发区的仓储用地、综合用地，合计 10 万平方米国有土地使用权及地上数万平方米，以办公楼、厂房等为主的建筑物提供抵押担保。

2. C 集团有限公司下属的供应链管理股份有限公司：以公司名下位于某市核心地段的工业用地，合计数万平方米国有土地使用权及地上数千平方米，以办公楼、厂房等为主的建筑物提供抵押担保。

3. C 集团有限公司全资持有的实业有限公司：以公司名下位于某市数万平方米的工业用地及地上数万平方米厂房提供抵押担保。

4. C 集团有限公司实际控制人个人名下的不动产建筑，提供抵押担保。

3. C 集团有限公司以持有 SPV 公司 89% 股权质押；

4. 监管 C 集团有限公司设立的放款、回款账户，预留监管人员用印章，具体条款如下：

1. 融资款发放账户

本合同项下的融资款发放账户按照以下第(1) 种方式确定：

(1) 在本合同生效之日起贰 个工作日内且第一次融资款发放之前，甲方应在乙方开立专门的融资款发放账户，该账户专门用于本合同项下全部借款的发放和支付。

(2) 甲方在乙方开立的其他账户。

2. 还款准备金账户

本合同生效之日起贰 个工作日内，甲方应在乙方开立还款准备金账户或将已在乙方开立的现有账户作为还款准备金账户。还款准备金账户应满足以下要求：

(1) 项目或甲方的收入现金流（包括但不限于该国家级新区综合管廊与市政道路 PPP 项目收入、甲方其他经营收入、甲方股东追加投资等），应按照以下比例进入该账户：××%；

(2) 账户内的资金平均存量应符合以下要求：

账户内存款资金日均余额不得低于×××万元整；

(3) 甲方应确保每个还本日及/或付息日的前壹工作日的账户余额

不低于当期应还金额；

（4）未经乙方同意，甲方不得以任何方式（包括但不限于转账、支用）处分还款准备金账户内的资金。

3. 项目收入账户

本合同生效之日起贰个工作日内，甲方应在乙方开立项目收入账户或将已在乙方开立的现有账户作为项目收入账户，所有项目收入应进入该账户，并按照以下条件和方式对外支付：

（1）账户内所有资金对外支付须经乙方指定人员签字同意；

（2）账户内资金应按本协议约定比例进入还款准备金账户。

未经乙方同意，甲方不得以任何方式（包括但不限于转账、支用）处分项目收入账户内的资金。

4. 乙方有权对甲方在乙方开立的以下账户进行监控：

账号：×××× ×××× ×××× ×××× ×××；

乙方的监控措施包括但不限于：

（1）按甲乙双方另行签署的《账户监管协议》执行；

（2）未经乙方同意，甲方不得以任何方式（包括但不限于转账、支用）处分上述任一账户内的资金。

5. 监管建筑公司账户，预留监管人员用印章；

6. C 集团有限公司实际控制人为 C 集团有限公司融资退出及投资收益提供无限连带保证责任担保；

7. C 集团有限公司法人和财务总监提供无限连带保证责任担保，具体违约责任如下：

（1）如乙方无正当理由不按本合同约定发放融资款，甲方可要求乙方继续按本合同约定发放融资款；

（2）如乙方违反国家法律、法规的禁止性规定向甲方收取了不应收取的利息、费用，甲方有权要求乙方退还。

8. 设立现场监管人员；

9. 还款相关规定如下：

（1）还款原则

本合同项下甲方的还款按照下列原则偿还：

乙方有权将甲方的还款首先用于偿还本合同约定的应由甲方承担而由乙方垫付的各项费用以及乙方实现债权的费用，剩余款项按照先还息后还本、利随本清的原则偿还。但对于本金逾期超过九十天仍未收回的融资款、利息逾期超过九十天仍未收回的融资款或者法律、法规或规章另有规定的融资款，甲方的还款在偿还上述费用后应按照先还本后还息的原则偿还。

（2）提前还款

甲方提前还本时，须提前叁拾个工作日向乙方提出书面申请，经乙方同意，可提前偿还部分或全部本金。

甲方提前还本应按照实际用款天数及本合同约定的融资款利率计算利息。

乙方同意甲方提前还本的，有权向甲方收取补偿金，补偿金金额按以下第 1 种标准确定：

1. 补偿金金额＝提前还本额×提前还款月数× _____ ‰，不足一个月的按一个月计算；

2. _____。

甲方分次还款的，如提前归还部分借款本金，应按还款计划相反顺序还款。提前还款后，尚未归还的借款仍按本合同约定的融资款利率执行。

（一）按照本合同的约定提款并足额清偿借款本息，承担本合同约定的各项费用；

（二）按照乙方的要求提供有关财务会计资料、生产经营状况资料等各种资料，包括但不限于每季度第一个月的前叁拾个工作日内向乙方提供上季度末的资产负债表、截至上季度末的损益表（事业单位为收入支出表），并于年度终了及时提供当年现金流量表，并确保所提供资料的合法、真实、完整、准确、有效，不提供虚假材料或隐瞒重要经营财务事实；

（三）甲方发生影响其偿债能力的重大不利事项或其他危及乙方债权情形的，或发生名称、法定代表人（负责人）、住所、经营范围、注册资本金或公司（企业）章程等工商登记事项变更的，应当在发生后 3 个工作日内书面通知乙方，并附变更后的相关材料；

（四）甲方应按本合同约定的用途使用借款，不得挤占、挪用或用银行融资款从事非法、违规交易；应配合并接受乙方对其生产经营、财务活动及本合同项下借款使用情况的检查、监督；不得抽逃资金、转移资产或利用关联交易，以逃避对乙方的债务；不得利用与关联方之间的虚假合同，以无实际贸易背景的应收票据、应收账款等债权到银行贴现或质押，套取银行资金或授信；

（五）甲方如利用本合同项下的借款进行生产制造、工程建设，应当遵

守国家有关环境保护的规定;

（六）在未还清乙方融资款本息之前，未征得乙方同意不得用本合同项下的融资款形成的资产向第三人提供担保;

（七）甲方如为集团客户，应向乙方及时报告甲方净资产 10% 以上关联交易的情况，包括:（1）交易各方的关联关系;（2）交易项目和交易性质;（3）交易的金额或相应的比例;（4）定价政策（包括没有金额或只有象征性金额的交易）;

（八）甲方应保证拟建项目取得政府有关机关的批准且不发生任何违法违规情形，资本金或其他应筹措资金应按规定的时间和比例足额到位;应确保与借款同比例的项目资本金足额到位，并与借款配套使用;保证按计划完成项目进度;

（九）甲方进行合并、分立、股权转让、对外投资、实质性增加债务融资等重大事项前，应征得乙方的书面同意。但乙方的书面同意，并不影响日后乙方认为上述行为可能危及乙方债权安全时行使本合同所约定救济措施的权利;

（十）甲方应以　月　【以下两项任选其一:（1）月（2）季度】为周期，定期向乙方汇总报告借款支付情况。甲方最迟应当于每　月　【以下两项任选其一:（1）月（2）季度】初　伍　个工作日内向乙方汇总报告上月　【以下两项任选其一:（1）月（2）季度】借款支付情况;

（十一）甲方应协调并配合乙方对项目发起人生产经营、财务活动及项目建设和运营情况的检查、监督，并要求项目发起人对乙方的上述检查、监督予以配合;

（十二）甲方应将乙方作为项目所投保商业保险的第一顺位保险金请求权人，或采取以下措施，确保乙方能够有效控制保险赔款权益:

1. 甲方应在保单中约定所有保险赔款应直接支付至乙方指定的账户;

2. 乙方有权决定将保险赔款用于提前归还本合同项下借款或设定质押，甲方应予以配合;

（十三）甲方应根据乙方要求采取签订总承包合同、投保商业保险、建立完工保证金、提供完工担保和履约保函等各种方式，最大限度降低项目建设期风险。甲方也应要求项目相关方履行上述义务;

（十四）甲方应根据乙方要求采取签订长期供销合同、使用金融衍生工具、发起人提供资金缺口担保等各种方式，有效分散项目经营期风险。

一、乙方有权要求甲方按期偿还融资款本金、利息和费用，有权对融资款资金的支付进行管理和控制，有权对项目的收入现金流以及甲方的整体现金流进行动态监测，有权行使本合同约定的其他各项权利，要求甲方履行其在本合同项下的其他各项义务；

二、乙方有权根据需要，委托或者要求甲方委托具备相关资质的独立中介机构为项目提供法律、税务、保险、技术、环保和监理等方面的专业意见或服务；

三、乙方有权要求甲方、独立的中介机构和承包商等共同检查设备建造或者工程建设进度，并出具共同签证单。甲方应予以协调和配合；

四、按照本合同的约定发放融资款，但因甲方原因或其他不可归咎于乙方的原因造成的迟延除外；

五、对甲方提供的有关财务资料以及生产经营方面的商业秘密应予以保密，但法律法规和规章另有规定、有权机关另有要求或双方另有约定的除外；

六、不得向甲方及其工作人员提供贿赂或者索取、收受其贿赂；

七、不得有不诚信、损害甲方合法利益的行为。

7.5　项目协议

××国家级新区综合管廊及市政道路建设 PPP 项目融资合同

甲方：C 集团有限公司

乙方：某金融机构省级分公司

鉴于甲方"××国家级新区综合管廊及市政道路建设 PPP 项目"，甲方向乙方申请风险融资，乙方同意向甲方注资。根据有关法律法规和规章，甲乙双方经协商一致，订立本合同，以便共同遵守。

第一条　融资金额

甲方向乙方进行风险融资＿＿＿＿＿＿元人民币（金额大写）。

第二条　金额用途及还款来源

甲方应将融资额用于项目投资，未经乙方书面同意，甲方不得改变融资额用途。

本合同项下融资额所投资的项目（以下简称项目）及融资额具体用途、还款来源等情况，见附件 1 "项目及融资额基本情况"。

第三条 融资额期限

本合同约定融资额期限为＿＿＿＿＿＿，即从 年 月 日起至 年 月日。

本合同项下的融资额期限起始日与融资额转存凭证（融资额借据，下同）不一致时，以第一次放款时的融资额转存凭证所载实际放款日期为准，本条第一款约定的融资额到期日做相应调整。

融资额转存凭证是本合同的组成部分，与本合同具有同等法律效力。

第四条 融资额利率、罚息利率和计息、结息

一、融资额利率

本合同项下的融资额利率为年利率，利率为下列第(四)＿＿＿＿＿种：

（一）固定利率，即 ％，在融资额期限内，该利率保持不变；

（二）固定利率，即起息日基准利率＿＿＿＿＿＿（选填"上浮"或"下浮"）＿＿＿＿＿＿％，在融资额期限内，该利率保持不变；

（三）浮动利率，即起息日基准利率＿＿＿＿＿＿（选填"上浮"或"下浮"）＿＿＿＿＿＿％，并自起息日起至本合同项下本息全部清偿之日止每＿＿＿＿＿＿个月根据利率调整日当日的基准利率以及上述上浮/下浮比例调整一次。利率调整日为起息日在调整当月的对应日，当月没有起息日的对应日的，则当月最后一日为利率调整日。

（四）根据项目融资在不同阶段的风险特征和水平，采用不同的融资额利率。具体而言：

阶段1：自2013 年 10 月 1 日 至2018 年 9 月 30 日，融资额利率为下列第(3) 种：

（1）固定利率，即＿＿＿＿＿＿％，在融资额期限内，该利率保持不变；

（2）固定利率，即起息日基准利率＿＿＿＿＿＿（选填"上浮"或"下浮"）＿＿＿＿＿＿％，在融资额期限内，该利率保持不变；

（3）浮动利率，即起息日基准利率上浮（选填"上浮"或"下浮"）x ％，并自起息日起至本合同项下本息全部清偿之日止每壹拾贰个月根据利率调整日当日的基准利率以及上述上浮/下浮比例调整一次。利率调整日为起息日在调整当月的对应日，当月没有起息日的对应日的，则当月最后一日为利率调整日。

阶段2：自2018 年 10 月 1 日 至2023 年 10 月 1 日，融资额利率为下列第＿＿(3)＿＿种：

（1）固定利率，即＿＿＿＿＿＿％，在融资额期限内，该利率保持不变；

（2）固定利率，即起息日基准利率＿＿＿＿＿＿（选填"上浮"或"下浮"）＿＿＿＿＿＿%，在融资额期限内，该利率保持不变；

（3）浮动利率，即起息日基准利率<u>上浮</u>（选填"上浮"或"下浮"）<u>×</u>%，并自起息日起至本合同项下本息全部清偿之日<u>止每壹拾贰</u>个月根据利率调整日当日的基准利率以及上述上浮/下浮比例调整一次。利率调整日为起息日在调整当月的对应日，当月没有起息日的对应日的，则当月最后一日为利率调整日。

（五）其他约定

二、罚息利率

（一）甲方未按合同用途使用融资额的，罚息利率为融资额利率上浮<u>×</u>%，融资额利率若为浮动利率并按照本条第一款约定调整的，罚息利率根据调整后的融资额利率及上述上浮幅度同时进行相应调整。

（二）本合同项下融资额逾期的罚息利率为融资额利率上浮<u>×</u>%，融资额利率若为浮动利率并按照本条第一款约定调整的，罚息利率根据调整后的融资额利率及上述上浮幅度同时进行相应调整。

（三）同时出现逾期和挪用情形的融资额，应择其重计收罚息和复利。

三、本条中的起息日是指本合同项下首次发放的融资额转存到本合同第六条所约定的融资额发放账户（以下简称融资额发放账户）之日。

本合同项下首次发放融资额时，基准利率是指起息日当日中国人民银行公布施行的同期同档次融资额利率；此后，融资额利率依前述约定调整时，基准利率是指调整日当日中国人民银行公布施行的同期同档次融资额利率；如果中国人民银行不再公布同期同档次融资额利率，基准利率是指调整日当日银行同业公认的或通常的同期同档次融资额利率，双方另有约定的除外。

四、融资额利息自融资额转存到融资额发放账户之日起计算。本合同项下的融资额按日计息，日利率＝年利率/360。如甲方不能按照本合同约定的结息日付息，则自次日起计收复利。

五、结息

（一）实行固定利率的融资额，结息时，按约定的利率计算利息。实行浮动利率的融资额，按各浮动期当期确定的利率计算利息；单个结息期内有多次利率浮动的，先计算各浮动期利息，结息日加总各浮动期利息计算该结息期内利息。

（二）本合同项下融资额按以下第＿＿1＿＿种方式结息：

1. 按月结息，结息日固定为每月的第 20 日；

2. 按季度结息，结息日固定为每季度末月的第 20 日；

3. 其他方式＿＿＿＿＿＿＿＿＿＿＿。

第五条 融资额的发放与支付

一、发放融资额的前提条件

除乙方全部或部分放弃外，只有持续满足下列前提条件，乙方才有义务发放融资额：

1. 甲方已办妥与本合同项下融资额有关的批准、登记、交付、保险及其他法定手续；

2. 本合同设有担保的，符合乙方要求的担保已生效且持续有效；

3. 甲方已经按照乙方的要求开立用于提款、还款的账户；

4. 甲方没有发生本合同所约定的任一违约事项或本合同约定的任何可能危及乙方债权安全的情形；

5. 法律法规、规章或有权部门不禁止且不限制乙方发放本合同项下的融资额；

6. 与拟发放融资额同比例的资本金已足额到位，项目实际进度与已投资额相匹配；

7. 甲方的重要财务指标持续符合附件 2 "财务指标约束条款"的要求；

8. 单笔支付（支用）符合以下任一情形的，甲方应在融资额发放前向乙方提供相关资料：

（1）单笔支付（支用）金额超过项目总投资 5% （即伍仟万元人民币）；

（2）单笔支付（支用）金额超过 500 万元人民币；

上述任一情形下，甲方应向乙方提供的资料包括：

（1）甲方已签章的融资额转存凭证和甲方已签章的支付结算凭证；

（2）资本金到位及使用情况的证明（如注册资金证明、资本金账户明细、使用资本金的发票、付款凭证等）；

（3）该笔支付所对应的交易资料（包括但不限于商品/劳务合同或发票等能够证明支付事项真实存在的交易资料）；

（4）乙方要求提供的其他资料。

9. 单笔支付（支用）金额不符合本款第 8 项所列任一情形的，甲方应在融资额发放前向乙方提供与拟发放融资额相对应的使用计划以及乙方要求的其他资料。

10. 甲方向乙方提供的资料应符合以下要求：

（1）合法、真实、完整、准确、有效；

（2）乙方提出的其他要求。

11. 乙方如根据本合同第九条第三款要求甲方、独立的中介机构和承包商等共同检查设备建造或者工程建设进度，并出具共同签证单的，共同签证单须满足以下条件：

由共同签证方有权签字人员签字确认，并加盖公章；

_____；

_____。

12. 其他条件：

_____；

_____；

_____。

二、用款计划

用款计划按以下第___（四）___种方式确定：

（一）用款计划如下：

1. _____年_____月_____日　金额_____；

2. _____年_____月_____日　金额_____；

3. _____年_____月_____日　金额_____；

4. _____年_____月_____日　金额_____；

5. _____年_____月_____日　金额_____；

6. _____年_____月_____日　金额_____。

（二）用款计划如下：

1. _____年_____月_____日至_____年_____月_____日之间金额_____；

2. _____年_____月_____日至_____年_____月_____日之间金额_____；

3. _____年_____月_____日至_____年_____月_____日之间金额_____；

4. _____年_____月_____日至_____年_____月_____日之间金额_____；

5. _____年_____月_____日至_____年_____月_____日之间金额_____；

6. _____年_____月_____日至_____年_____月_____日之间

金额_____；

（三）按项目实际需求，随时申请用款。

（四）_____。

三、甲方应按第二款约定用款计划用款，除非经乙方书面同意，甲方不得提前、推迟、拆分或取消用款。

甲方应按如下约定向乙方支付融资额承诺费：

融资额承诺费一次性支付，甲方最迟应当于本合同签订后壹拾个工作日内向乙方支付融资额承诺费。

融资额承诺费计算公式为：

融资额承诺费 = 融资额金额 × ×‰

融资额承诺费按_____【以下两项任选其一：（1）月（2）季度】支付，甲方最迟应当于每_____【以下两项任选其一：（1）月（2）季度】初_____个工作日内向乙方支付上_____【以下两项任选其一：（1）月（2）季度】融资额承诺费。

四、甲方分次用款的，融资额期限的到期日仍依据本合同第三条的约定确定。

五、乙方受托支付

1. 只要单笔支付符合本条第一款第 8 项所列任一情形，甲方必须委托乙方将融资额资金支付给甲方交易对手。甲方不得将上述融资额资金自行支付给交易对手。

2. 在乙方受托支付模式下，乙方将融资额资金转存至融资额发放账户，然后将融资额资金由融资额发放账户直接支付至甲方交易对手的账户。甲方不得以任何方式（包括但不限于转账、支用）处分融资额资金。

3. 乙方根据甲方提供的资料对支付金额、支付时间、支付对象、支付方式及经办账户进行形式性审查。乙方完成对上述支付要素的形式性审查认为符合乙方要求后，将融资额资金支付给甲方交易对手。

4. 乙方对上述支付要素的形式性审查并不意味着乙方对交易的真实性及合法合规性进行确认，也不意味着乙方介入甲方与其交易对手或第三方的纠纷或需要承担甲方的责任和义务。乙方因受托支付行为所遭受的一切损失，甲方应予以赔偿。

5. 在乙方受托支付模式下，如果由于甲方提供信息错误等原因导致融资额资金未能成功支付至甲方交易对手账户，应按以下约定处理：

（1）由此造成的一切后果，包括但不限于融资额资金未能成功支付或未能及时支付至甲方交易对手账户所造成的一切损失，均由甲方承担。乙方不承担任何责任，乙方由此遭受的一切损失，甲方应予以赔偿；

（2）对于该部分融资额资金，甲方不得以任何形式（包括但不限于转账、提现）进行处分；

（3）甲方应于贰个工作日内根据乙方的要求履行重新提供资料、更正资料等义务。

6. 非因乙方过错导致的融资额资金支付失败、错误、延误等风险、责任及损失，均由甲方承担。乙方由此遭受的一切损失，甲方应予以赔偿。

六、融资额资金进入融资额发放账户后发生的被有权机关冻结、扣划等风险、责任及损失，均由甲方承担。乙方由此遭受的一切损失，甲方应予以赔偿。

第六条 账户使用与监管

1. 融资额发放账户

本合同项下的融资额发放账户按照以下第(1) 种方式确定：

（1）在本合同生效之日起贰 个工作日内且第一次融资额发放之前，甲方应在乙方开立专门的融资额发放账户，该账户专门用于本合同项下全部融资额的发放和支付。

（2）甲方在乙方开立的其他账户（账号：_____）。

2. 还款准备金账户

本合同生效之日起贰 个工作日内，甲方应在乙方开立还款准备金账户或将已在乙方开立的现有账户（账号：_____）作为还款准备金账户。还款准备金账户应满足以下要求：

（1）项目或甲方的收入现金流（包括但不限于××××项目收入、甲方其他经营收入、甲方股东追加投资等），应按照以下比例进入该账户：××％。

（2）账户内的资金平均存量应符合以下要求：

账户内存款资金日均余额不得低于×××万元整；

_____；

_____。

（3）甲方应确保每个还本日及/或付息日的前壹个工作日的账户余额不低于当期应还金额；

_____；

_____。

（4）未经乙方同意，甲方不得以任何方式（包括但不限于转账、支用）处分还款准备金账户内的资金。

3. 项目收入账户

本合同生效之日起**贰**个工作日内，甲方应在乙方开立项目收入账户或将已在乙方开立的现有账户（账号：_____）作为项目收入账户，所有项目收入应进入该账户，并按照以下条件和方式对外支付：

（1）账户内所有资金对外支付须经乙方指定人员签字同意；

（2）账户内资金应按本协议约定比例进入还款准备金账户；

（3）_____。

未经乙方同意，甲方不得以任何方式（包括但不限于转账、支用）处分项目收入账户内的资金。

4. 乙方有权对甲方在乙方开立的以下账户进行监控：

（1）账号：×××× ×××× ×××× ×××× ×××；

（2）账号：_____；

（3）账号：_____。

乙方的监控措施包括但不限于：

（1）按甲乙双方另行签署的《账户监管协议》执行；

（2）_____；

（3）_____。

未经乙方同意，甲方不得以任何方式（包括但不限于转账、支用）处分上述任一账户内的资金。

第七条　还款

一、还款原则

本合同项下甲方的还款按照下列原则偿还：

乙方有权将甲方的还款首先用于偿还本合同约定的应由甲方承担而由乙方垫付的各项费用以及乙方实现债权的费用，剩余款项按照先还息后还本、利随本清的原则偿还。但对于本金逾期超过九十天仍未收回的融资额、利息逾期超过九十天仍未收回的融资额或者法律、法规或规章另有规定的融资额，甲方的还款在偿还上述费用后应按照先还本后还息的原则偿还。

二、付息

甲方应在结息日向乙方支付到期利息。首次付息日为融资额发放后的第一个结息日。最后一次还款时，利随本清。

三、还本计划

还本计划按以下第____（一）____种方式确定：

（一）还本计划如下：

（二）_____。

四、还款方式

甲方应于本合同约定的还款日前在还款准备金账户或在乙方开立的其他账户上备足当期应付之款项并自行转款还贷（乙方也有权从该账户上划款还贷），或者于本合同约定的还款日从其他账户上转款用于还贷。

五、提前还款

甲方提前还本时，须提前叁拾个工作日向乙方提出书面申请，经乙方同意，可提前偿还部分或全部本金。

甲方提前还本应按照实际用款天数及本合同约定的融资额利率计算利息。

乙方同意甲方提前还本的，有权向甲方收取补偿金，补偿金金额按以下第 1 种标准确定：

1. 补偿金金额 = 提前还本额 × 提前还款月数 × $\times$‰，不足一个月的按一个月计算；

2. _____。

甲方分次还款的，如提前归还部分融资额本金，应按还款计划相反顺序还款。提前还款后，尚未归还的融资额仍按本合同约定的融资额利率执行。

第八条 甲方的权利和义务

一、甲方的权利

（一）有权要求乙方按合同约定发放融资额；

（二）有权按本合同约定的用途使用融资额；

（三）在符合乙方规定的条件下，有权向乙方提出融资额展期的申请；

（四）有权要求乙方对甲方提供的有关财务资料以及生产经营方面的商业秘密予以保密，但法律法规和规章另有规定、有权机关另有要求或双方另有约定的除外；

（五）有权拒绝乙方及其工作人员索取贿赂，对于上述行为或者乙方违反国家有关信贷利率、服务收费等法律法规的行为，有权向有关部门举报。

二、甲方的义务

（一）按照本合同的约定提款并足额清偿融资额本息，承担本合同约定的各项费用；

（二）按照乙方的要求提供有关财务会计资料、生产经营状况资料等各种资料，包括但不限于每季度第一个月的前　叁拾　个工作日内向乙方提供上季度末的资产负债表、截至上季度末的损益表（事业单位为收入支出表），并于年度终了及时提供当年现金流量表，并确保所提供资料的合法、真实、完整、准确、有效，不提供虚假材料或隐瞒重要经营财务事实；

（三）甲方发生影响其偿债能力的重大不利事项或其他危及乙方债权情形的，或发生名称、法定代表人（负责人）、住所、经营范围、注册资本金或公司（企业）章程等工商登记事项变更的，应当在发生后 3 个工作日内书面通知乙方，并附变更后的相关材料；

（四）甲方应按本合同约定的用途使用融资额，不得挤占、挪用或用银行融资额从事非法、违规交易；应配合并接受乙方对其生产经营、财务活动及本合同项下融资额使用情况的检查、监督；不得抽逃资金、转移资产或利用关联交易，以逃避对乙方的债务；不得利用与关联方之间的虚假合同，以无实际贸易背景的应收票据、应收账款等债权到银行贴现或质押，套取银行资金或授信；

（五）甲方如利用本合同项下的融资额进行生产制造、工程建设，应当遵守国家有关环境保护的规定；

（六）在未还清乙方融资额本息之前，未征得乙方同意不得用本合同项下的融资额形成的资产向第三人提供担保；

（七）甲方如为集团客户，应向乙方及时报告甲方净资产 10% 以上关联交易的情况，包括：（1）交易各方的关联关系；（2）交易项目和交易性质；（3）交易的金额或相应的比例；（4）定价政策（包括没有金额或只有象征性金额的交易）；

（八）甲方应保证拟建项目取得政府有关机关的批准且不发生任何违法违规情形，资本金或其他应筹措资金应按规定的时间和比例足额到位；应确保与融资额同比例的项目资本金足额到位，并与融资额配套使用；保证按计划完成项目进度；

（九）甲方进行合并、分立、股权转让、对外投资、实质性增加债务融资等重大事项前，应征得乙方的书面同意。但乙方的书面同意，并不影响日后乙方认为上述行为可能危及乙方债权安全时行使本合同所约定救济措施的权利；

（十）甲方应以　月　【以下两项任选其一：（1）月（2）季度】为周

期，定期向乙方汇总报告融资额支付情况。甲方最迟应当于每___月___【以下两项任选其一：（1）月（2）季度】初__伍__个工作日内向乙方汇总报告上__月__【以下两项任选其一：（1）月（2）季度】融资额支付情况；

（十一）甲方应协调并配合乙方对项目发起人生产经营、财务活动及项目建设和运营情况的检查、监督，并要求项目发起人对乙方的上述检查、监督予以配合；

（十二）甲方应将乙方作为项目所投保商业保险的第一顺位保险金请求权人，或采取以下措施，确保乙方能够有效控制保险赔款权益：

1. 甲方应在保单中约定所有保险赔款应直接支付至乙方指定的账户；

2. 乙方有权决定将保险赔款用于提前归还本合同项下融资额或设定质押，甲方应予以配合；

3. _____；

4. 乙方要求的其他措施。

（十三）甲方应根据乙方要求采取签订总承包合同、投保商业保险、建立完工保证金、提供完工担保和履约保函等各种方式，最大限度降低项目建设期风险。甲方也应要求项目相关方履行上述义务；

（十四）甲方应根据乙方要求采取签订长期供销合同、使用金融衍生工具、发起人提供资金缺口担保等各种方式，有效分散项目经营期风险。

第九条　乙方的权利和义务

一、乙方有权要求甲方按期偿还融资额本金、利息和费用，有权对融资额资金的支付进行管理和控制，有权对项目的收入现金流以及甲方的整体现金流进行动态监测，有权行使本合同约定的其他各项权利，要求甲方履行其在本合同项下的其他各项义务；

二、乙方有权根据需要，委托或者要求甲方委托具备相关资质的独立中介机构为项目提供法律、税务、保险、技术、环保和监理等方面的专业意见或服务；

三、乙方有权要求甲方、独立的中介机构和承包商等共同检查设备建造或者工程建设进度，并出具共同签证单。甲方应予以协调和配合；

四、按照本合同的约定发放融资额，但因甲方原因或其他不可归咎于乙方的原因造成的迟延除外；

五、对甲方提供的有关财务资料以及生产经营方面的商业秘密应予以保密，但法律法规和规章另有规定、有权机关另有要求或双方另有约定的除外；

六、不得向甲方及其工作人员提供贿赂或者索取、收受其贿赂；

七、不得有不诚信、损害甲方合法利益的行为。

第十条　违约责任及发生危及乙方债权情形的补救措施

一、乙方违约情形及违约责任

（一）如乙方无正当理由不按本合同约定发放融资额，甲方可要求乙方继续按本合同约定发放融资额；

（二）如乙方违反国家法律、法规的禁止性规定向甲方收取了不应收取的利息、费用，甲方有权要求乙方退还。

二、甲方违约情形

（一）甲方违反本合同任一约定或违反任何法定义务；

（二）甲方明确表示或以其行为表明将不履行本合同项下的任一义务。

三、可能危及乙方债权的情形

（一）发生下列情形之一，乙方认为可能危及本合同项下债权安全的：甲方发生承包、托管（接管）、租赁、股份制改造、减少注册资本金、投资、联营、合并、兼并、收购重组、分立、合资、股权转让、实质性增加债务融资、（被）申请停业整顿、申请解散、被撤销、（被）申请破产、控股股东/实际控制人变更或重大资产转让、停产、歇业、被有权机关施以高额罚款、被注销登记、被吊销营业执照、涉及重大法律纠纷、生产经营出现严重困难或财务状况恶化、信用状况下降，法定代表人或主要负责人无法正常履行职责；

（二）发生下列情形之一，乙方认为可能危及本合同项下债权安全的：甲方没有履行其他到期债务（包括对中国建设银行各级机构或其他第三方的到期债务），低价、无偿转让财产，减免第三方债务，怠于行使债权或其他权利，或为第三方提供担保；甲方财务指标未能持续符合附件2"财务指标约束条款"的要求；甲方未按本合同约定支付融资额资金，或以化整为零等方式规避乙方受托支付；项目进度落后于资金使用进度；甲方任一账户（包括但不限于还款准备金账户、项目收入账户等乙方监控账户）内资金出现异常波动。

（三）甲方的股东滥用公司法人独立地位或股东有限责任，逃避债务，乙方认为可能危及本合同项下债权安全的；

（四）本合同约定的发放融资额的任一前提条件没有持续满足；

（五）保证人出现以下情形之一，乙方认为可能危及本合同项下债权安全的：

1. 违反保证合同任一约定或陈述与保证的事项存在任何虚假、错误、遗漏；

2. 发生承包、托管（接管）、租赁、股份制改造、减少注册资本金、投资、联营、合并、兼并、收购重组、分立、合资、股权转让、实质性增加债务融资、（被）申请停业整顿、申请解散、被撤销、（被）申请破产、控股股东/实际控制人变更或重大资产转让、停产、歇业、被有权机关施以高额罚款、被注销登记、被吊销营业执照、涉及重大法律纠纷、生产经营出现严重困难或财务状况恶化、信用状况下降，或者法定代表人或主要负责人无法正常履行职责，可能影响保证人承担保证的能力；

3. 丧失或可能丧失保证能力的其他情形；

（六）抵押、质押出现以下情形之一，乙方认为可能危及本合同项下债权安全的：

1. 因第三人行为、国家征收、没收、征用、无偿收回、拆迁、市场行情变化或任何其他原因导致抵押财产或质押财产毁损、灭失、价值减少；

2. 抵押财产或质押财产被查封、扣押、冻结、扣划、留置、拍卖、行政机关监管，或者权属发生争议；

3. 抵押人或出质人违反抵押合同或质押合同的任一约定或陈述与保证的事项存在任何虚假、错误、遗漏；

4. 可能危及乙方抵押权或质权实现的其他情形；

（七）担保不成立、未生效、无效、被撤销、被解除，担保人违约或者明确表示或以其行为表明将不履行其担保责任，或担保人部分或全部丧失担保能力、担保物价值减少等其他情形，乙方认为可能危及本合同项下债权安全的；或者

（八）乙方认为可能危及本合同项下债权安全的其他情形。

四、乙方救济措施

出现本条第二款或第三款约定的任一情形，乙方有权行使下述一项或几项权利：

（一）停止发放融资额；

（二）宣布融资额立即到期，要求甲方立即偿还本合同项下所有到期及未到期债务的本金、利息和费用；

（三）甲方未按合同约定支用融资额的，则乙方有权要求甲方支付相当于未按约定支用金额×%的违约金，并有权拒绝甲方支用本合同项下未提款项；

（四）甲方未按本合同约定用途使用融资额的，对甲方挪用的部分，自未按合同约定用途使用融资额之日起至本息全部清偿之日止按罚息利率和本合同约定的结息方式计收利息和复利；

（五）融资额逾期的，对甲方未按时还清的融资额本金和利息（包括被乙方宣布全部或部分提前到期的融资额本金和利息），自逾期之日起至本息全部清偿之日止按罚息利率和本合同约定的结息方式计收利息和复利。融资额逾期是指甲方未按期清偿或超过本合同约定的分次还本计划期限归还融资额的行为。

融资额到期前，对甲方未按时还清的利息按本合同约定的融资额利率和结息方式计收复利。

（六）其他救济措施，包括但不限于：

1. 从甲方在中国建设银行系统开立的账户上划收人民币或其他币种的相应款项，且无须提前通知；

2. 行使担保权利；

3. 要求甲方对本合同项下所有债务提供符合乙方要求的新的担保；

4. 解除本合同。

第十一条　其他条款

一、费用的承担

1. 因甲方违反本合同任一约定导致的费用（包括但不限于因甲方违约导致乙方实际发生的诉讼费、仲裁费、财产保全费、差旅费、执行费、评估费、拍卖费、公证费、送达费、公告费、律师费等费用），应由甲方承担；

2. 对于其他费用，甲乙双方约定如下：

本合同及与本合同项下担保有关的律师服务、保险、保管、鉴定、公证、税务、技术、环保、监理等其他费用，由甲方承担。

二、甲方信息的使用

甲方同意乙方向中国人民银行及信贷征信主管部门批准建立的信用数据库或有关单位、部门查询甲方的信用状况，并同意乙方将甲方信息提供给中国人民银行及信贷征信主管部门批准建立的信用数据库。甲方并同意，乙方为业务需要也可以合理使用并披露甲方信息。

三、公告催收

对甲方拖欠融资额本息或发生其他违约情形，乙方有权向有关部门或单位予以通报，有权通过新闻媒体进行公告催收。

四、乙方记录的证据效力

除非有可靠、确定的相反证据，乙方有关本金、利息、费用和还款记录等内容的内部账务记载，乙方制作或保留的甲方办理提款、还款、付利息等业务过程中发生的单据、凭证及乙方催收融资额的记录、凭证，均构成有效证明甲乙双方之间债权关系的确定证据。甲方不能仅因为上述记录、记载、单据、凭证由乙方单方制作或保留而提出异议。

五、权利保留

乙方在本合同项下的权利并不影响和排除其根据法律、法规和其他合同所享有的任何权利。任何对违约或延误行为施以任何宽容、宽限、优惠或延缓行使本合同项下的任何权利，均不能视为对本合同项下权利、权益的放弃或对任何违反本合同行为的许可或认可，也不限制、阻止和妨碍对该权利的继续行使或对其任何其他权利的行使，也不因此导致乙方对甲方承担义务和责任。

六、除本合同项下的债务外，甲方对乙方还负有其他到期债务的，乙方有权划收甲方在中国建设银行系统开立的账户中的人民币或其他币种的款项首先用于清偿任何一笔到期债务，甲方同意不提出任何异议。

七、甲方的通信地址或联系方式如发生变动，应立即书面通知乙方，因未及时通知而造成的损失由甲方自行承担。

八、应付款项的划收

对于甲方在本合同项下的全部应付款项，乙方有权从甲方在中国建设银行系统开立的账户中划收人民币或其他币种的相应款项，且无须提前通知甲方。需要办理结售汇或外汇买卖手续的，甲方有义务协助乙方办理，汇率风险由甲方承担。

九、争议解决方式

本合同在履行过程中发生争议，可以通过协商解决，协商不成，按以下第 1 种方式解决：

1. 向乙方住所地人民法院起诉。

2. 提交 _____ 仲裁委员会（仲裁地点为 _____），按照申请仲裁时该会现行有效的仲裁规则进行仲裁。仲裁裁决是终局的，对双方均有约束力。

在诉讼或仲裁期间，本合同不涉及争议部分的条款仍须履行。

十、合同生效条件

本合同经甲方法定代表人（负责人）或授权代理人签字并加盖公章及

乙方负责人或授权代理人签字并加盖公章后生效。

十一、本合同一式＿＿陆＿＿份。

十二、其他约定事项

双方同意向公证机构申请对本合同办理具有强制执行力的公证。本合同经公证后即具有强制执行效力。甲方有逾期或其他违约情形或担保人违反担保合同的，乙方有权向公证机构申请执行证书并凭本合同公证书和执行证书向有管辖权的人民法院申请执行，甲方愿意接受人民法院的强制执行；

＿＿＿＿＿＿＿＿＿＿＿＿＿＿＿＿＿＿＿＿＿＿；

＿＿＿＿＿＿＿＿＿＿＿＿＿＿＿＿＿＿＿＿＿＿。

第十二条　声明条款

一、甲方清楚地知悉乙方的经营范围、授权权限。

二、甲方已阅读本合同所有条款。应甲方要求，乙方已经就本合同做了相应的条款说明。甲方对本合同条款的含义及相应的法律后果已全部通晓并充分理解。

三、甲方签署与履行本合同项下的义务符合法律、行政法规、规章和甲方章程或内部组织文件的规定，且已获得公司内部有权机构及/或国家有权机关的批准。

四、甲方符合国家对项目的投资主体资格和经营资质要求。

五、项目符合国家的产业、土地、环保和投资管理等相关政策，甲方已按规定履行了项目的合法管理程序。

六、甲方投资项目符合国家有关投资项目资本金制度的规定。

七、甲方及其控股股东具有良好的信用状况，无重大不良记录。

八、甲方声明在订立本合同时其自身及重要关联方不存在任何违反环境和社会风险管理法律、法规与规章的行为或情形，并且承诺本合同订立后加强自身及其重要关联方的环境和社会风险管理，严格遵守有关环境和社会风险管理的法律、法规与规章，杜绝在建设、生产、经营活动中给环境和社会带来危害及相关风险（包括但不限于与耗能、污染、土地、健康、安全、移民安置、生态保护、节能减排、气候变化等有关的环境与社会问题）。甲方认可，乙方有权对甲方的环境和社会风险管理情况予以监督，并有权要求甲方提交环境和社会风险报告。如果甲方上述声明虚假或者上述承诺未被履行，或者甲方可能造成环境和社会风险，乙方有权停止对甲方的授信（包括但不限于拒绝发放融资额、提供融资、开立保函或信用证或银行承兑汇票等），或者宣布债权（包括但不限于融资额、融资、已经或可能发生的垫款等）本息提前到期，或者采取本合同约定或法律允许的其他救济措施。

甲方（公章）：×××有限责任公司

法定代表人（负责人）或授权代理人（签字）：<u>×××</u>

<u>××××</u>年<u>××</u>月<u>××</u>日

乙方（公章）

负责人或授权代理人（签字）：<u>×××</u>

<u>××××</u>年<u>××</u>月<u>××</u>日

附件 1

项目及融资额基本情况

1. 项目名称：<u>×××× 项目</u>

2. 项目总投资额：

人民币（金额大写）_____元整，除非甲方提供明确的书面证明文件并经过乙方认可，否则甲方不得主张项目总投资额增加。

3. 项目地点：

<u>×× 市 ×× 区 ×× 地块</u>

4. 项目建设和运营期：

项目建设期 × 年，于 20×× 年动工，20×× 竣工，20×× 年投产运营，运营期 ×× 年。

5. 本合同项下融资额的具体用途：

用于 ×××× 项目建设，包括：支付工程款、购置项目建设所需材料及设备、偿还建设期利息、归还项目的负债性资金等。

6. 本合同项下融资额的还款来源：

（1）本合同项下融资额的还款来源为：<u>×××× 项目运营收入及甲方其他收入和筹措资金</u>；

（2）甲方应按以下约定（时间、频率、方式等）将上述还款用于归还本合同项下融资额：

<u>依照本合同约定的还款计划归还融资额。</u>

甲方应确保还款来源真实，还款现金流稳定、充足。

7. 其他：

<u>_____</u>。

附件 2

财务指标约束条款

甲方的财务指标，应持续满足以下限制：

1. 资产负债率应低于××%；

2. 流动比率不得低于××，速动比率不得低于××；

3. 长期投资累计额不得超过其净资产总额的××%；

4. 或有负债余额不得高于××××万元整；

5. 或有负债率不得高于××%；

6. 银行负债/股东权益的比例不得超过××%。

在提前__伍__个工作日通知甲方后，乙方有权对上述限制进行修改。

8 金融机构参与 PPP 项目的建议

8.1 参与原则

从理论研究结论来看，本文认为，金融机构参与 PPP 项目，要遵守以下两个原则：

（1）准公共产品属性原则，即只参与准公共产品类的 PPP 项目，尽量杜绝参与纯私人产品和纯公共产品的 PPP 项目。纯私人产品的 PPP 项目，从各国的实践以及我国政府已经颁布的政策文件来看，都是属于违规操作的 PPP 项目，显然不能参与；纯公共产品的项目，虽然 PPP 模式是公共产品供给方式的创新，理论上，通过 PPP 模式提供纯公共产品应当是可行的。但是，且不考虑纯公共产品 PPP 模式的供给，政府控制权对社会资本利益的过分干涉，单从控制权的角度来看，PPP 模式下纯公共产品的供给，单纯由一方提供的效率要高于 PPP 模式的效率，即传统的政府自行提供或政府采购方式的效率高于 PPP 模式。从世界各国的实践来看，鲜见将 PPP 模式应用于纯公共产品供给的案例。因此，我们建议，尽量只参与准公共产品的 PPP 项目。

（2）在参与 PPP 项目时，争取共享控制权。在 PPP 项目的合作双方都对项目进行投资时，尤其合作双方对投资的重要性以及投资比重基本相当时，研究表明，共享控制权配置能激励合作双方，是最优的控制权配置方式。

8.2 金融机构参与 PPP 项目的主要参与方式

从现阶段的实践来看，金融机构参与 PPP 项目的身份主要有两大类，一是以股东身份，即社会资本方的角色直接参与 PPP 项目投资，二是以财务投资人的角色间接参与 PPP 项目。第一种角色下，金融机构可以单独作为社会资本方参与，也可以联合具有基础设施设计、建设、运营等能力的社会资本组成投资联合体，与政府签订合作协议，在协议约定的范围内参与 PPP 项目的投资运作。第二种角色下，金融机构主要为负责设计、建设、运营等的社会资本方或者 PPP 项目公司提供资金，间接参与 PPP 项目。

8.2.1 以股东身份直接参与 PPP 项目

1. 金融机构作为唯一的社会资本方参与 PPP 项目（政府出资方＋金融机构）。现阶段，金融机构已成为 PPP 项目主要的资金来源，银行、信托、保险、券商及子公司、基金等金融机构纷纷参与 PPP 项目。但为了保障资金安全，金融机构一般会要求政府出资，作为金融机构资金的安全垫。但通常情况下，政府出资比例一般在 5%～30% 之间。

2. 金融机构与其他社会资本方组成投资联合体参与 PPP 项目（政府出资方＋金融机构＋建筑承包商＆运营商）。对于有些体量巨大的 PPP 项目，金融机构、建筑承包商、运营商组成联合体，共同参与 PPP 项目。一般来说，建筑承包商参与 PPP 项目的最大动力是获得施工利润，通常会联合具有资本运作实力的金融机构，各司其职，实现效率最大化。在这种情况下，金融机构将作为最大的出资方，负责 PPP 项目的资金融通，建筑承包商、运营商和政府出资方一般仅象征性地出资，占比较低。

8.2.2 以财务投资人身份间接参与 PPP 项目

在这种模式下，建筑商/运营商为股东，金融机构不占有 PPP 项目公司的股份。以大型央企为代表的建筑承包商，在 PPP 项目竞争中具有很大的优势，融资能力强，融资成本低，且管理更规范，综合实力更强，中标后一般会联合政府出资方共同组建项目公司，负责 PPP 项目资金筹集、建设、运营及维护等事宜。金融机构则为主要负责经营的社会资本方或者项目公司提供融资，间接参与 PPP 项目。融资方式可以采取项目贷款、信托贷款、明股实债、有限合伙基金、项目收益债和资产证券化等形式。

8.2.3 参与项目的付费机制与审查重点

对社会资本方之一的金融机构而言，相较于其他付费方式，可用性付费方式的风险更低，融资可行性更高，退出的可能性也更强。但这一方式下，政府能转移出来的风险也相对更低。同时，这一付费机制下，政府只能通过 PPP 项目公司报告或抽查的方式对 PPP 项目进行监控，且监控力度不够，这一付费机制缺乏收益激励机制。从现阶段 PPP 项目的发展趋势来看，未来，单独使用可用性付费的 PPP 项目会越来越少，取而代之的可能是其他方式，或可用性付费机制与绩效付费机制的搭配使用。

使用量付费的需求风险在项目方。对于在 PPP 项目合同签约前就已经参与进来的金融机构，应提前测算自身的盈亏点，以此倒推达到盈亏平衡点的最低使用量。争取与政府谈判时，签署的"最低使用量"高于自身盈亏平衡点的"最低使用量"，从而规避需求风险。在后期参与进来的金融机构，也同样需要测算该使用量对融资风险的影响。

要谨慎审查 PPP 项目付费中的绩效付费机制。要重点关注绩效标准的客观性与合理性。尤其是关注这些标准是否超过项目公司的能力范围，以及这些标准是否必需。要客观地审查绩效付费标准，尽量避免参与过于偏颇某一方的 PPP 项目，因为这种项目很难长期持续，最后可能会带来不确定性风险。

参与项目发起阶段 PPP 项目时，具体的参与程序按照前文的基本事项即可。需要注意的是，第一，根据我国现阶段执行的法律法规，PPP 项目发起股东存在股份"锁定期"，"锁定期"内几乎很难退出，相应的风险与回报需要提前测算。如果想提前退出，最好在项目合同申请时，就与地方政府沟通好，约定金融机构退出期限。第二，尽量提高政府的股权比重，以增加政府在 PPP 项目中的主动性以及规避由于政府不作为、迟作为、不守信等行为导致的风险。第三，在投资社会资本方控股的 PPP 项目时，社会资本方一般偏好于财务投资者与战略投资者的联合体。金融机构可以据此有针对性地选择自身作为财务投资者或者战略投资者的身份，以期提高 PPP 项目的落地率。

8.2.4　具体操作建议

从 PPP 项目的本质来看，政府的主要目的是缓解财政压力和分散风险。如果单纯地依靠政府担保或财政资金来规避风险，一旦 PPP 项目运营出现问题，现行的法律框架并不利于社会资本保护自身的权益，公司投资失败的风险会很大。因此，我们认为：

1. 尽量规避参与"明股实债"方式的 PPP 项目

无论是哪种形式的明股实债，本质上都是政府方的变相融资行为，都会构成政府的债务性支出，使社会资本方获得了实际上的债权人地位，这与 PPP 的内在要求是对立和冲突的，是典型的伪 PPP。在地方政府债务压力逐渐增加的背景下，这一种变相融资只会面临更加严格的监管。在上述几种风险存在的情况下，建议公司最好不要以"明股实债"方式参与 PPP 项目。

2. 建议优先考虑"政府付费"模式下的 PPP 项目

参与 PPP 项目，首先应当考虑的是 PPP 项目的经济可行性，即 PPP 项目可能的收益与风险。从 PPP 项目自身的特点来看，公司在未来参与 PPP 项目的运营时，应优先考虑"政府付费"模式的 PPP 项目。这类项目，一旦"政府付费"纳入预算，地方政府财力可控，则 PPP 运营本身的现金流一般较为稳定，收益风险基本可控。不仅如此，当前 PPP 资产证券化"绿色通道"正式落地，现金流的稳定是顺利推进 PPP 资产证券化的重要因素，也是公司适时退出 PPP 项目的可靠保障。

3. 可行性缺口与使用者付费机制下的 PPP 项目，要能准确预估未来的需求风险

对于这两类项目，作为社会资本方的公司可能需要承担一定的需求风险，而需求风险直接决定了项目未来的收益及是否成功。因此，要在准确测算未来需求风险的基础上，综合考虑地方政府的财力，通过与政府谈判，调整安排相关资金，以最大限度减少公司的风险，比如，可以约定社会资本方作为项目公司股东通过分红方式获取投资收益。

4. 正视 PPP 项目的风险问题，改变"重建设轻运营"的思维观念

PPP 的核心要求之一就是要由社会资本方承担项目的投资建设、运营责任及分担一定的风险。社会资本方参与 PPP 项目是一种投资行为，而投资既可能盈利也可能亏损。社会资本方能否如期获取合理投资回报关键要看其能否提高管理水平、有效控制成本，特别是能否通过其运营管理的参与提供优质的公共服务获取绩效付费，实现预期收益。政府与社会资本双方都应该深入了解 PPP 的理念精髓，让 PPP 在市场参与者之间充分竞争，进而实现市场资源的优化配置。政企双方只有通过事先良好的沟通和明确的约定，建立对双方都有约束力的履约保障机制，才能在平等协商的基础上实现 PPP 项目全生命周期的共赢目标。

8.3　金融机构参与 PPP 项目的风险控制建议

8.3.1　立足风险识别和防控，推动 PPP 项目拓展

第一，鉴于金融机构在 PPP 项目上尚无成熟的操作模式和标准的风险识别办法及防控措施，而 PPP 项目涉及资金金额一般也比较大。因此，在当前 PPP 项目的探索性拓展过程中，一定要全面、仔细分析项目中存在的风险点，特别是 PPP 模式的特有风险，并做好项目风险防控。

第二，从金融机构在 PPP 模式中的角色定位出发，根据作为社会资本参与 PPP 项目在可行性论证、合作方选择、收益保障、退出安排等环节上的要求，有针对性地进行风险分析。对于具体项目，由于在区域、行业、交易对手实力、交易结构设计等方面的差异性，各类风险点的重要性也不同，需具体问题具体分析。

第三，结合我国 PPP 项目操作实践以及公司业务特征，当前公司参与 PPP 项目应重点关注政策风险、信用风险、财务风险、财政可承受能力风险、项目建设与经营管理风险、增信措施落实风险、国有股权转让法律风险、专业技术风险八类风险。

8.3.2　根据 PPP 项目特征，做好三项重点风险控制

第一，密切关注项目所在地区的财政收支状况及政府信用情况，积极防范地方政府违约风险。及时跟踪当地 PPP 项目名录，并密切跟踪各级财政部门定期公布的 PPP 项目运营情况，包括项目使用量、成本费用、考核指标等信息，确保所参与项目涉及的地区政府整体 PPP 支出控制在一定比率之内。同时，对地方政府（尤其是政府付费模式和可行性缺口补助模式）的信用情况和履约能力进行全面了解、分析和判断，结合当地的产业结构与市场化程度，通过完善法律合约，降低政府"随意签约、肆意毁约"的概率，增加政府违约风险。在区域选择时，要重点考量地方政府的财政能力，优先考虑沿海经济发达地区和内地省会城市及财政实力较强的其他城市，尽量避免参与已经列入"地方政府性债务风险预警名单"的高风险地区的 PPP 项目。

第二，合理设定项目参与方式，有效防范项目运作风险。在参与方式

上，无论是股权投资方式还是债务融资方式，公司都需要选择合法合规的途径介入，并约定明确有效的退出途径，不可以"明股实债"等禁止方式介入，而在退出上通过合理的结构设计保障退出的及时性和定向性。在选择合作方时，应当对融资主体与相关管理团队进行全面的尽职调查，具体负责项目运营管理的企业应是相关领域的龙头，同时要通过相关协议获取参与重大事项决策的权利。

第三，审慎判断项目还款情况，认真防范项目信用风险。为 PPP 项目或其参与方进行债权融资是公司介入的主要方式之一，做好还款安排和信用风险防范尤为重要。首先，做好项目投资测算，资本方股权投入、商业银行贷款、施工方垫资、公司债权融资等各类确定性资金要能够覆盖项目全部支出，项目建成所需资金没有缺口。其次，在选择担保方式时，要掌握不同地区的抵押登记政策，将落实担保方式作为放款的前提，并尽量采取组合式增信方式，切实降低增信落实的风险，在选择担保物时，优先考虑流动性强的标的物。最后，公司债权应尽可能及早退出，除必要的商业银行贷款需按期偿还以及项目公司日常费用等支出外，项目取得各类收入应优先偿还公司债权。

8.3.3 PPP 新规下金融机构的应对措施

财政部于 2017 年 11 月 10 日发布《财政部办公厅关于规范政府和社会资本合作（PPP）综合信息平台项目库管理的通知》（财办金〔2017〕92号，以下简称 92 号文）。随后，为规范中央企业有序参与 PPP 项目并有效防范经营风险，国资委于 11 月 17 日发布《关于加强中央企业 PPP 业务风险管控的通知》（国资发财管〔2017〕192 号，以下简称 192 号文）。92 号文和 192 号文对公司在新形势下参与 PPP 项目提出了更高的要求。

1. 以积极的态度面对 PPP 项目资本金

面对当前的试验窗口期，金融机构要转变观念，以积极的态度面对。更要主动适应市场，顺应当前金融监管和创新的大形势，增加对真正可实现降杠杆目的的股权投资、类股权投资、标准化投资的研究和创新力度。相对于其他私募股权或股票类投资产品，PPP 项目资本金投资具备政府公共服务领域长期稳定现金流的特点，对本金和基础收益有一定保障，并且还可通过运营绩效提升股权浮动收益，因此应为传统经营债权业务的银行、信托等金融机构试点布局类股权投资的不错选择。

2. 主动培养 PPP 资本金专业投资能力

PPP 模式参与方众多、合作模式复杂，项目流程烦琐、周期长，政策不确定性强，这些都对各金融机构从事业务人员的专业能力提出了更高的要求。之前金融机构在 PPP 领域发声不多主要源于 PPP 资产自身的缺陷，吸引力不大，而随着 PPP 资金市场供求关系的改变，项目股权投资可预期收益的提高，金融机构需要加大对该领域的投入，培养本机构对 PPP 全流程的组织和监控能力、各相关方资源的整合和控制能力、增强对 PPP 各细分行业的学习和研究能力，以及中后台针对 PPP 资产的专业审批和风控能力，同时建立起对各地方政府债务、项目工程概算、各行业成本和利润的大数据分析能力及在 PPP 项目选择上的专业判断能力。

3. 进一步明确总部与子企业之间的具体管理制度，由集团统一审批 PPP 项目

根据 192 号文，应由央企集团公司（母公司）统一负责 PPP 业务的审批。值得关注的是，192 号文并未明确子企业参与 PPP 项目资格预审时是否需由母公司审批。为平衡监督与效率，可由子企业建立健全投标管理及合同谈判的具体管理制度，并将参与投标的决定及其决策依据、各管控部门意见报备集团总部，由集团总部进行事后审查和评价。

4. 审慎选择项目

认真筛选符合集团发展方向、具备竞争优势的项目，优先选择传统基础设施领域 PPP 项目库以及全国 PPP 综合信息平台项目库入库项目，严禁开展不具备经济性的项目以及付费来源缺乏保障的项目。

（1）项目应具备"经济性"

"经济性"是指 PPP 项目可以产生利润，即央企作为社会资本方参与合作项目时，"收益大于成本"。"低价中标""亏本项目"等项目则显然不具备"经济性"。

（2）不得参与付费来源缺乏保障的项目

根据我们为 PPP 项目提供法律服务的经验，付费来源缺乏保障的情形主要有：

①项目始终未能被纳入项目库；

②使用者付费水平无法达到可行性研究报告、实施方案和财政承受能力论证中的预测；

③未提供人大或其常委会出具的同意将本项目政府支出责任纳入年度财政预算和中期财政规划的批复；

④已获批的财政承受能力论证被证实存在瑕疵，需要重新审批的。

5. 严控 PPP 投资规模，谨防推高负债率，现阶段建议金融机构暂停 PPP 项目

尽管 92 号文和 192 号文对各方参与 PPP 项目提出了更高的要求，但这既是挑战，也是机遇。更规范的操作规程不仅有利于促进 PPP 模式健康、有序发展，有助于降低项目实施成本并减少合作各方可能存在的纠纷，也有利于社会资本平等、规范地参与 PPP 项目。

但是，现阶段直接开展股权投资太难，更为现实的做法是与建筑施工企业等其他社会资本风险共担，即继承 PPP 模式风险由最适宜承担的一方来负责的理念，将所有由社会资本承担的风险在社会资本合作方之间进一步分配。例如，施工和运营风险由某一方来承担，其他风险由另一方来承担。合作各方对风险如何分担、怎么分担、发生风险时如何承担损失等进行明确约定，实际上要做到这一点也并不容易。

更为重要的是，对于央企金融机构，随着各部委相关 PPP 新政的出台，对于未来 PPP 前景如何，尚待进一步观察。可以预见的是，此前已发布和未来将发布的一系列金融监管政策，将重塑目前的金融格局，这也将决定未来我们的金融体系能否支持或怎么支持 PPP 的推进。因此，在政策明朗之前，建议金融机构暂停所有 PPP 项目相关业务。

附件
PPP 政策文件汇总

序号	发文日期	文号	文件名
1	2014/5/18	发改基〔2014〕981号	关于发布首批基础设施等领域鼓励社会投资项目的通知
2	2014/7/4	财税〔2014〕55号	关于公共基础设施项目享受企业所得税优惠政策问题的补充通知
3	2014/9/12	发改投资〔2014〕2091号	关于加快推荐健康与养老服务工程建设的通知
4	2014/9/21	国发〔2014〕43号	国务院关于加强地方政府性债务管理的意见
5	2014/9/23	财金〔2014〕76号	关于推广运用政府和社会资本合作模式有关问题的通知
6	2014/9/26	国发〔2014〕45号	国务院关于深化预算管理制度改革的决定
7	2014/10/23	财预〔2014〕351号	关于印发《地方政府存量债务纳入预算管理清理甄别办法》的通知
8	2014/10/31	财社〔2014〕105号	关于做好政府购买养老服务工作的通知
9	2014/11/16	国发〔2014〕60号	关于创新重点领域投融资机制鼓励社会投资的指导意见
10	2014/11/18	财建〔2014〕692号	关于新能源汽车充电设施建设奖励的通知
11	2014/11/29	财金〔2014〕113号	关于印发《政府和社会资本合作模式操作指南（试行）》的通知
12	2014/11/30	财金〔2014〕112号	关于政府和社会资本合作示范项目实施有关问题的通知
13	2014/12/2	发改投资〔2014〕2724号	关于开展政府和社会资本合作的指导意见
14	2014/12/15	财综〔2014〕96号	关于印发《政府购买服务管理办法（暂行)》的通知
15	2014/11/26	财建〔2014〕839号	关于开展中央财政支持地下综合管廊试点工作的通知

序号	发文日期	文号	文件名
16	2014/12/30	财金〔2014〕156 号	关于规范政府和社会资本合作合同管理工作的通知
17	2014/12/31	财建〔2014〕838 号	关于开展中央财政支持海绵城市建设试点工作的通知
18	2014/12/31	财库〔2014〕214 号	关于《政府采购竞争性磋商采购方式管理暂行办法》的通知
19	2014/12/31	财库〔2014〕215 号	关于《政府和社会资本合作项目政府采购管理办法》的通知
20	2015/1/15	国家发改委令第 25 号	基础设施和公用事业特许经营法（征求意见稿）
21	2015/1/20	国能新能〔2015〕8 号	关于鼓励社会资本投资水电站的指导意见
22	2015/1/20	财办建〔2015〕4 号	关于组织申报 2015 年海绵城市建设试点城市的通知
23	2015/1/30	国务院令第 658 号	中华人民共和国政府采购法实施条例
24	2015/2/3	民发〔2015〕33 号	关于鼓励民间资本参与养老服务业发展的实施意见
25	2015/2/13	财建〔2015〕29 号	关于市政公用领域开展政府和社会资本合作项目推介工作的通知
26	2015/3/10	发改投资〔2015〕445 号	关于推进开发性金融支持政府和社会资本合作有关工作的通知
27	2015/3/17	发改农经〔2015〕488 号	关于鼓励和引导社会资本参与重大水利工程建设运营的实施意见
28	2015/4/7	财金〔2015〕21 号	关于印发《政府和社会资本合作项目财政承受能力论证指引》的通知
29	2015/4/9	财建〔2015〕90 号	关于推进水污染防治领域政府和社会资本合作的实施意见
30	2015/4/10	财预〔2015〕47 号	关于印发《2015 年地方政府一般债券预算管理办法》的通知
31	2015/4/14	民发〔2015〕78 号	关于开发性金融支持社会养老服务体系建设的实施意见
32	2015/4/20	财建〔2015〕111 号	关于在收费公路领域推广运用政府和社会资本合作模式的实施意见

续表

序号	发文日期	文号	文件名
33	2015/4/21	财综〔2015〕15 号	关于运用政府和社会资本合作模式推进公共租赁住房投资建设和运营管理的通知
34	2015/4/25	发展改革委 2015 年第 23 号令	基础设施和公用事业特许经营管理办法
35	2015/5/5	国办发〔2015〕37 号	国务院办公厅转发文化部等部门关于做好政府向社会力量购买公共文化服务工作意见的通知
36	2015/5/5	交财审发〔2015〕67 号	关于深化交通运输基础设施投融资改革的指导意见
37	2015/5/6	国办发〔2015〕38 号	国务院办公厅关于城市公立医院综合改革试点的指导意见
38	2015/5/7	发改基础〔2015〕969 号	关于当前更好发挥交通运输支撑引领经济社会发展作用的意见
39	2015/5/15	国办发〔2015〕40 号	转发财政部、人民银行、银监会关于妥善解决地方政府融资平台公司在建项目后续融资问题意见的通知
40	2015/5/18	国发〔2015〕26 号	国务院批转发展改革委关于 2015 年深化经济体制改革重点工作意见的通知
41	2015/5/19	发改办农经〔2015〕1274 号	关于开展社会资本参与重大水利工程建设运营第一批试点工作的通知
42	2015/5/19	国办发〔2015〕42 号	转发财政部、发展改革委、人民银行关于在公共服务领域推广政府和社会资本合作模式指导意见的通知
43	2015/5/22	财综〔2015〕15 号	关于运用政府和社会资本合作推进公共租赁住房投资建设和运营管理的通知
44	2015/5/25	发改办财金〔2015〕1327 号	关于充分发挥企业债券融资功能支持重点项目建设促进经济平稳较快发展的通知
45	2015/6/19	国发〔2015〕35 号	关于印发推进财政资金统筹使用方案的通知
46	2015/6/24	财金〔2015〕201 号	关于印发《城市管网专项资金管理暂行办法》的通知
47	2015/6/25	财金〔2015〕57 号	关于进一步做好政府和社会资本合作项目示范工作的通知

续表

序号	发文日期	文号	文件名
48	2015/6/30	国发〔2015〕37 号	关于进一步做好城镇棚户区和城乡危房改造及配套基础设施建设有关工作的意见
49	2015/6/30	财库〔2015〕124 号	关于政府采购竞争性磋商采购方式管理暂行办法有关问题的补充通知
50	2015/7/2	发改法规〔2015〕1508 号	关于切实做好《基础设施和公用事业特许经营管理办法》贯彻实施工作的通知
51	2015/7/10	发改基础〔2015〕1610 号	关于进一步鼓励和扩大社会资本投资建设铁路的实施意见
52	2015/7/24	财库〔2015〕135 号	关于做好政府采购信息公开工作的通知
53	2015/7/31	财税〔2015〕61 号	关于印发《排污权出让收入管理暂行办法》的通知
54	2015/8/3	发改基础〔2015〕1788 号	关于加强城市停车设施建设的指导意见
55	2015/8/10	国办发〔2015〕61 号	关于推进城市地下综合管廊建设的指导意见
56	2015/8/10	银监发〔2015〕43 号	关于银行业支持重点领域重大工程建设的指导意见
57	2015/8/11	国办发〔2015〕62 号	国务院办公厅关于进一步促进旅游投资和消费的若干意见
58	2015/8/12	水规计〔2015〕321 号	关于印发推进海绵城市建设水利工作的指导意见的通知
59	2015/8/26	财综〔2015〕57 号	关于做好城市棚户区改造相关工作的通知
60	2015/9/7	国办发〔2015〕68 号	国务院办公厅关于加快融资租赁业发展的指导意见
61	2015/9/9	国发〔2015〕51 号	关于调整和完善固定资产投资项目资本金制度的通知
62	2015/9/22	农加发〔2015〕5 号	关于积极开发农业多种功能大力促进休闲农业发展的通知
63	2015/9/25	国发〔2015〕54 号	国务院关于国有企业发展混合所有制经济的意见
64	2015/9/25	财金〔2015〕109 号	关于公布第二批政府和社会资本合作示范项目的通知
65	2015/9/29	国办发〔2015〕73 号	关于加快电动汽车充电基础设施建设的指导意见
66	2015/10/16	国办发〔2015〕75 号	关于推进海绵城市建设的指导意见

续表

序号	发文日期	文号	文件名
67	2015/11/12	财预〔2015〕210 号	关于印发《政府投资基金暂行管理办法》的通知
68	2015/11/17	发改能源〔2015〕1454 号	关于印发《电动汽车充电基础设施发展指南（2015—2020 年）》的通知
69	2015/11/18	国办发〔2015〕84 号	关于推进医疗卫生与养老服务相结合指导意见的通知
70	2015/11/22	国办发〔2015〕85 号	关于加快发展生活性服务业促进消费结构升级的指导意见
71	2015/11/23	国发〔2015〕66 号	关于积极发挥新消费引领作用加快培育形成新供给新动力的指导意见
72	2015/11/26	发改价格〔2015〕2754 号	关于城市地下综合管廊实行有偿使用制度的指导意见
73	2015/12/2	银监发〔2015〕43 号	中国银监会　国家发展和改革委员会关于银行业支持重点领域重大工程建设的指导意见
74	2015/12/8	财金〔2015〕158 号	关于实施政府和社会资本合作项目以奖代补政策的通知
75	2015/12/18	财金〔2015〕167 号	关于印发《PPP 物有所值评价指引（试行）》的通知
76	2015/12/18	财金〔2015〕166 号	关于规范政府和社会资本合作（PPP）综合信息平台运行的通知
77	2015/12/21	财预〔2015〕225 号	关于对地方政府债务实行限额管理的实施意见
78	2016/1/3	建城〔2015〕165 号	关于推进开发性金融支持海绵城市建设的通知
79	2016/1/11	财建〔2016〕7 号	关于"十三五"新能源汽车充电基础设施奖励政策及加强新能源汽车推广应用的通知
80	2016/1/25	发改基础〔2016〕159 号	关于印发《加快城市停车场建设近期工作要点与任务分工》的通知
81	2016/2/2	财综〔2016〕4 号	关于规范土地储备和资金管理等相关问题的通知
82	2016/2/2	国发〔2016〕8 号	国务院关于深入推进新型城镇化建设的若干意见
83	2016/2/10	国发〔2016〕14 号	国务院关于进一步健全特困人员救助供养制度的意见

序号	发文日期	文号	文件名
84	2016/2/16	财办建〔2016〕21 号	关于开展 2016 年中央财政支持地下综合管廊试点工作的通知
85	2016/2/22	财建〔2016〕34 号	关于推进交通运输领域政府购买服务的指导意见
86	2016/2/25	财办建〔2016〕25 号	关于开展 2016 年中央财政支持海绵城市建设试点工作的通知
87	2016/3/16		中华人民共和国国民经济和社会发展第十三个五年规划纲要
88	2016/3/21	银发〔2016〕65 号	关于金融支持养老服务业加快发展的指导意见
89	2016/3/24	发改振兴〔2016〕623 号	关于推进东北地区民营经济发展改革的指导意见
90	2016/3/25	财综〔2016〕11 号	关于《进一步做好棚户区改造相关工作》的通知
91	2016/3/31	国能法改〔2016〕96 号	关于《在能源领域积极推广政府和社会资本合作模式》的通知
92	2016/4/5	发改能源〔2016〕621 号	关于实施光伏发电扶贫工作的意见
93	2016/4/15	环大气〔2016〕45 号	关于积极发挥环境保护作用促进供给侧结构性改革的指导意见
94	2016/4/19	财综〔2016〕11 号	关于进一步做好棚户区改造相关工作的通知
95	2016/5/28	财金〔2016〕32 号	财政部 发展改革委关于进一步共同做好政府和社会资本合作（PPP）有关工作的通知
96	2016/5/31	国发〔2016〕31 号	土壤污染防治行动计划
97	2016/6/12	财金函〔2016〕47 号	关于组织开展第三批政府和社会资本合作示范项目申报筛选工作的通知
98	2016/6/18	发改基础〔2016〕1198 号	关于推动交通提质增效提升供给服务能力的实施方案
99	2016/6/21	国办发〔2016〕47 号	国务院办公厅关于促进和规范健康医疗大数据应用发展的指导意见
100	2016/7/3	主席令〔2016〕2 号	保险资金间接投资基础设施项目试点管理办法
101	2016/7/4	国办发明电〔2016〕12 号	国务院办公厅关于进一步做好民间投资有关工作的通知
102	2016/7/17	财金〔2016〕92 号	政府和社会资本合作项目财政管理办法（征求意见稿）

序号	发文日期	文号	文件名
103	2016/8/10	发改办基础〔2016〕1818号	国家发展改革委办公厅关于国家高速公路网新建政府和社会资本合作项目批复方式的通知
104	2016/8/10	发改投资〔2016〕1744号	国家发展改革委关于切实做好传统基础设施领域政府和社会资本合作有关工作的通知
105	2016/9/2	发改办投资〔2016〕1963号	关于请报送传统基础设施领域PPP项目典型案例的通知
106	2016/9/7	建村〔2016〕147号	关于开展特色小镇培育工作的通知
107	2016/9/14	建城〔2016〕193号	关于进一步完善城市停车场规划建设及用地政策的通知
108	2016/9/21	发改办投资〔2016〕1722号	各地促进民间投资典型经验和做法
109	2016/9/29	财金〔2016〕85号	普惠金融发展专项资金管理办法
110	2016/10/10	建村〔2016〕220号	关于推进政策性金融支持小城镇建设的通知
111	2016/10/11	发改振兴规〔2016〕1966号	关于支持老工业城市和资源型城市产业转型升级的实施意见
112	2016/10/11	发改投资〔2016〕2068号	关于开展重大市政工程领域政府和社会资本合作（PPP）创新工作的通知
113	2016/10/12	财金〔2016〕90号8136,838	关于在公共服务领域深入推进政府和社会资本合作工作的通知
114	2016/10/13	财金〔2016〕91号	关于联合公布第三批政府和社会资本合作示范项目加快推动示范项目建设的通知
115	2016/10/20	财金〔2016〕92号	政府和社会资本合作项目财政管理暂行办法
116	2016/10/20	建城〔2016〕208号	关于进一步鼓励和引导民间资本进入城市供水、燃气、供热、污水和垃圾处理行业的意见
117	2016/10/21	中评协〔2016〕38号	PPP项目资产评估及相关咨询业务操作指引
118	2016/10/24	财办金〔2016〕118号	关于征求《政府和社会资本合作物有所值评价指引（修订版征求意见稿）》意见的函
119	2016/10/27	发改投资〔2016〕2231号	传统基础设施领域实施政府和社会资本合作项目工作导则
120	2016/10/28		政府和社会资本合作项目信息公开暂行管理办法（征求意见稿）

续表

序号	发文日期	文号	文件名
121	2016/10/31	发改规划〔2016〕2125 号	关于加快美丽特色小（城）镇建设的指导意见
122	2016/11/16	国发〔2016〕62 号	国务院关于深入推进实施新一轮东北振兴战略加快推动东北地区经济企稳向好若干重要举措的意见
123	2016/11/17	国办发〔2016〕82 号	国务院办公厅关于对真抓实干成效明显地方加大激励支持力度的通知
124	2016/11/29	国发〔2016〕67 号	国务院关于印发"十三五"国家战略性新兴产业发展规划的通知
125	2016/12/21		国家发展改革委办公厅印发《传统基础设施领域政府和社会资本合作（PPP）项目库管理办法（试行）》
126	2016/12/26	发改投资〔2016〕2698 号	国家发展改革委 中国证监会关于推进传统基础设施领域政府和社会资本合作（PPP）项目资产证券化相关工作的通知
127	2016/12/29		中央财政拨付 2.6 亿元 PPP 项目奖补资金
128	2017/2/17	国办发〔2017〕17 号	国务院办公厅关于创新农村基础设施投融资体制机制的指导意见
129	2017/3/16	国办发〔2017〕21 号	关于进一步激发社会领域投资活力的意见
130	2017/3/24	环办水体函〔2017〕430 号	关于印发《近岸海域污染防治方案》的通知
131	2017/3/27	财金〔2017〕8 号	财政部关于印发《政府和社会资本合作（PPP）咨询机构库管理暂行办法》的通知
132	2017/4/10	银监发〔2017〕6 号	中国银监会关于银行业风险防控工作的指导意见
133	2017/4/26	财预〔2017〕50 号	关于进一步规范地方政府举债融资行为的通知
134	2017/5/4	保监发〔2017〕41 号	中国保监会关于保险资金投资政府和社会资本合作项目有关事项的通知
135	2017/5/28	财预〔2017〕87 号	关于坚决制止地方以政府购买服务名义违法违规融资的通知
136	2017/5/31	财金〔2017〕50 号	财政部 农业部关于深入推进农业领域政府和社会资本合作的实施意见

续表

序号	发文日期	文号	文件名
137	2017/6/27	财金〔2017〕55 号	关于规范开展政府和社会资本合作项目资产证券化有关事宜的通知
138	2017/6/27	财预〔2017〕97 号	关于印发《地方政府收费公路专项债券管理办法（试行）》的通知
139	2017/7/1	财建〔2017〕455 号	财政部　住房城乡建设部　农业部　环境保护部关于政府参与的污水、垃圾处理项目全面实施PPP模式的通知
140	2017/8/1	财金函〔2017〕76 号	文化部办公厅《关于做好文化类政府和社会资本合作（PPP）示范项目申报工作的补充通知》
141	2017/8/14	财金〔2017〕86 号	关于运用政府和社会资本合作模式支持养老服务业发展的实施意见
142	2017/9/15	国办发〔2017〕79 号	国务院办公厅印发《关于进一步激发民间有效投资活力促进经济持续健康发展的指导意见》
143	2017/10/19	上海证券交易所、深圳证券交易所、机构间私募产品报价与服务系统三部门共同发布	政府和社会资本合作（PPP）项目资产支持证券挂牌条件确认指南和信息披露指南
144	2017/11/6	中华人民共和国国家发展和改革委员会令第9 号	工程咨询行业管理办法
145	2017/11/10	财办金〔2017〕92 号	财政部办公厅印发《关于规范政府和社会资本合作（PPP）综合信息平台项目库管理的通知》
146	2017/11/17	国资发财管〔2017〕192 号	国务院国有资产监督管理委员会发布《关于加强中央企业PPP业务风险管控的通知》
147	2017/11/28	发改投资〔2017〕2059 号	国家发展改革委关于鼓励民间资本参与政府和社会资本合作（PPP）项目的指导意见
148	2017/11/29	交办财审〔2017〕173 号	交通运输部发布关于印发《收费公路政府和社会资本合作操作指南》的通知
149	2017/12/7	发改农经〔2017〕2119 号	国家发展改革委　水利部关于印发《政府和社会资本合作建设重大水利工程操作指南（试行）》的通知

续表

序号	发文日期	文号	文件名
150	2018/2/8	发改办财金〔2018〕194 号	国家发展改革委办公厅 财政部办公厅关于进一步增强企业债券服务实体经济能力严格防范地方债务风险的通知
151	2018/3/30	财金〔2018〕23 号	财政部关于规范金融企业对地方政府和国有企业投融资行为有关问题的通知
152	2018/4/19	文旅旅发〔2018〕3 号	文化和旅游部 财政部关于在旅游领域推广政府和社会资本合作模式的指导意见
153	2018/4/24	财金〔2018〕54 号	财政部印发关于进一步加强政府和社会资本合作（PPP）示范项目规范管理的通知
154	2018/5/4	财库〔2018〕61 号	财政部关于做好 2018 年地方政府债券发行工作的意见
155	2018/5/11	财预〔2018〕69 号	财政部关于印发《地方财政预算执行支出进度考核办法》的通知
156	2018/5/11	发改外资〔2018〕706 号	国家发展改革委 财政部关于完善市场约束机制严格防范外债风险和地方债风险的通知
157	2018/5/14	国办发〔2018〕35 号	国务院办公厅关于转发财政部、国务院扶贫办、国家发展改革委扶贫项目资金绩效管理办法的通知
158	2018/5/16	国务院国有资产监督管理委员会 财政部 中国证券监督管理委员会令第 36 号	上市公司国有股权监督管理办法
159	2018/5/21	交通运输部令 2018 年第 8 号	城市轨道交通运营管理规定
160	2018/6/4	深府办函〔2018〕76 号	深圳市人民政府办公厅关于印发《深圳市政府和社会资本合作（PPP）联席会议制度》的通知
161	2018/6/6	发改法规规〔2018〕843 号	国家发展改革委关于印发《必须招标的基础设施和公用事业项目范围规定》的通知
162	2018/6/27	国发〔2018〕22 号	国务院关于印发打赢蓝天保卫战三年行动计划的通知

续表

序号	发文日期	文号	文件名
163	2018/6/28	国办发〔2018〕52 号	国务院办公厅关于进一步加强城市轨道交通规划建设管理的意见
164	2018/6/30		中共中央　国务院关于完善国有金融资本管理的指导意见
165	2018/7/30	财综〔2018〕42 号	财政部关于推进政府购买服务第三方绩效评价工作的指导意见
166	2018/8/14	财库〔2018〕72 号	财政部关于做好地方政府专项债券发行工作的意见
167	2018/8/30	发改办规划〔2018〕1041 号	国家发展改革委办公厅关于建立特色小镇和特色小城镇高质量发展机制的通知
168	2018/9/1		中共中央　国务院关于全面实施预算绩效管理的意见
169	2018/9/13		中共中央办公厅　国务院办公厅印发《关于加强国有企业资产负债约束的指导意见》
170	2018/9/26		中共中央 国务院印发《乡村振兴战略规划（2018—2022 年）》

The Effectiveness of Preferential Policy of PPP——Based on a Dynamic Consistency Analysis of Tripartite Game

WANG Jingling ZHAO Wei HUANG Yanna

Abstract: This paper focuses on optimizing the government's policy enforcement strategy to improve the effectiveness of PPP preferences, compared to most research on what PPP policy promulgated by the government. In this paper, we use the time inconsistency model and the most typical tripartite participation structure of PPPs to construct the dynamic consistency model of the three – party game to analyze the effect of dynamic consistency problem on the PPP's preferential policies. The study shows that the commitment time of government policy is an important factor. "Commitment" government is effective in formulating preferential policies in the early stage of PPP project, and the preferential policies of "camera choice" type government will meet inconsistent problem. The public and private sector game more frequently and directly in PPPs, so time inconsistency issues are more pronounced. Therefore, to avoid time inconsistency, when making preferential policies of PPPs, the government should take the private sector's future expectations and reactions into considerations, and to pay more attention to policy stability.

Key words: preferential policy of PPP, effectiveness, dynamic consistency, game

Authors: WANG JingLing is a post – doctor in Renmin University of China Postdoctoral Workstation, China Great Wall Asset Management Co. , Ltd. Postdoctoral Workstation, Beijing 100872, China; ZHAO Wei is a post – doctor in. Post doctoral station of the people's Bank of China, Beijing, 100800; HUANG Yanna is a Doctor Student of Chinese Academy of fiscal Sciences, Beijing, 100037.

附　录

证明 1 :

当 $\Delta\mu^E \geqslant \mu_0 - \dfrac{r-1}{r}$ 时，政府的效用最大化问题为

$$
\begin{cases}
\max\limits_{0 \leqslant \Delta\mu \leqslant 1} \left[(1 - \mu_0 + \Delta\mu) Br + \dfrac{1}{2}(1 - \delta_0 + \delta(\Delta\mu))^2 w^2 \right] \\
(\mu_0 - \Delta\mu) Br + (\delta_0 - \Delta\delta)(1 - \delta_0 + \Delta\delta) w^2 \geqslant V_0 \qquad (A-1) \\
\Delta\mu \geqslant \mu_0 - \dfrac{r-1}{r}
\end{cases}
$$

建立拉格朗日方程

$$
L(\Delta\mu, \Delta\delta, \lambda_1, \lambda_2, \varepsilon_1, \varepsilon_2) = (1 - \mu_0 + \Delta\mu) Br + \dfrac{1}{2}(1 - \delta_0 + \delta(\Delta\mu))^2 w^2 +
$$

$$
\lambda_1 \left[(\mu_0 - \Delta\mu) Br \right] + \lambda_1 (\delta_0 - \delta(\Delta\mu)) \left[(1 - \delta_0 + \delta(\Delta\mu)) \omega^2 - \varepsilon_1{}^2 - f \right] + \lambda_2 \left[\Delta\mu \right.
$$

$$
\left. - \mu_0 + \dfrac{r-1}{r} - \varepsilon_2{}^2 \right] \qquad (A-2)
$$

为求最优税率，分别将拉格朗日方程的上述六个变量求一阶偏导：

$$
\dfrac{\partial L}{\partial \Delta\mu} = - Br + \lambda_1 Br - \lambda_2 = 0 \qquad (A-3)
$$

$$
\dfrac{\partial L}{\partial \Delta\delta} = - (1 - \delta_0 + \Delta\delta) w^2 + \lambda_1 w^2 - 2(\delta_0 - \Delta\delta)\lambda_1 w^2 = 0 \qquad (A-4)
$$

$$
\dfrac{\partial L}{\partial \lambda_1} = (\mu_0 - \Delta\mu) Br + (\delta_0 - \Delta\delta)(1 - \delta_0 + \Delta\delta) w^2 - \varepsilon_1^2 - V_0 = 0
$$

$$
(A-5)
$$

$$
\dfrac{\partial L}{\partial \lambda_2} = - (\mu_0 - \Delta\mu) - \varepsilon_2^2 + \dfrac{r-1}{r} = 0 \qquad (A-6)
$$

$$
\dfrac{\partial L}{\partial \varepsilon_1} = 0 \Leftrightarrow \lambda_1 \left[(\mu_0 - \Delta\mu) Br + (\delta_0 - \Delta\delta)(1 - \delta_0 + \Delta\delta) w^2 - V_0 \right] = 0
$$

$$
(A-7)
$$

$$\frac{\partial L}{\partial \varepsilon_2} = 0 \Leftrightarrow \lambda_2 \left[-\mu_0 + \Delta\mu + \frac{r-1}{r} \right] = 0 \qquad (A-8)$$

其中，方程（A-3）、方程（A-4）为最优条件，方程（A-5）、方程（A-6）为可行性条件，方程（A-7）、方程（A-8）为补充性条件，构造拉格朗日方程的参数 λ_1、$\lambda_2 \geq 0$。对于方程（A-6），$\varepsilon_2^* = 0, \Delta\mu^* = \mu_0 - \frac{r-1}{r}$ 时，将 $\varepsilon_1^* = 0$ 代入方程（A-5），得出：

$$(\delta_0 - \Delta\delta)(1 - \delta_0 + \Delta\delta)w^2 = V_0 - B(r-1) \qquad (A-9)$$

解之得：$\Delta\delta^* = \delta_0 \pm \frac{1}{2w}\sqrt{w^2 - 4[V_0 - (r-1)B]} - \frac{1}{2}$

$(\mu_0 - \Delta\mu)Br$ 为政府对建筑商的纳税收入，当 $\Delta\delta = \delta_0 - \frac{1}{2}$ 时，政府对运营商的纳税收入达到最大，为 $1/4w^2$。将上述结论代入方程组（A-1），可以得出 $4V_0 - (r-1)B \leq w^2$。即求出的运营商的两个最优优惠政策均为实数根。

证明 2：

相机抉择型的政府政策下，建筑商的优惠政策只能基于预期，因此，优惠政策带来的效果的范围较之前有所扩大，为 $\Delta\mu \geq \mu_0 - 1$，相应地，政府的效用最大化问题为

$$\begin{cases} \max \left[(1 - \mu_0 + \Delta\mu)Br + \frac{1}{2}(1 - \delta_0 + \delta(\Delta\mu))^2 w^2 \right] \\ (\mu_0 - \Delta\mu)Br + (\delta_0 - \Delta\delta)(1 - \delta_0 + \Delta\delta)w^2 \geq V_0 \\ \Delta\mu \geq \mu_0 - 1 \end{cases} \qquad (A-10)$$

与证明 1 相同的处理方式，建立拉格朗日方程

$$L(\Delta\mu, \Delta\delta, \lambda_1, \lambda_2, \varepsilon_1, \varepsilon_2) = (1 - \mu_0 + \Delta\mu)Br + \frac{1}{2}(1 - \delta_0 + \delta(\Delta\mu))^2 w^2 +$$

$$\lambda_1 \left[(\mu_0 - \Delta\mu)Br \right] + \lambda_1 (\delta_0 - \delta(\Delta\mu)) \left[(1 - \delta_0 + \delta(\Delta\mu))\omega^2 - \varepsilon_1^2 - f \right] + \lambda_2 \left[\Delta\mu - \mu_0 + 1 - \varepsilon_2^2 \right] \qquad (A-11)$$

为求最优税率，分别对拉格朗日方程的上述六个变量求一阶偏导：

$$\frac{\partial L}{\partial \Delta\mu} = -Br + \lambda_1 Br - \lambda_2 = 0 \qquad (A-12)$$

$$\frac{\partial L}{\partial \Delta\delta} = -(1 - \delta_0 + \Delta\delta)w^2 + \lambda_1 w^2 - 2(\delta_0 - \Delta\delta)\lambda_1 w^2 = 0 \qquad (A-13)$$

$$\frac{\partial L}{\partial \lambda_1} = (\mu_0 - \Delta\mu)Br + (\delta_0 - \Delta\delta)(1 - \delta_0 + \Delta\delta)w^2 - \varepsilon_1^2 - V_0 = 0$$

$$(A-14)$$

$$\frac{\partial L}{\partial \lambda_2} = -(\mu_0 - \Delta\mu) - \varepsilon_2^2 + 1 = 0 \qquad (A-15)$$

$$\frac{\partial L}{\partial \varepsilon_1} = 0 \Leftrightarrow \lambda_1 [(\mu_0 - \Delta\mu)Br + (\delta_0 - \Delta\delta)(1 - \delta_0 + \Delta\delta)w^2 - V_0] = 0$$

$$(A-16)$$

$$\frac{\partial L}{\partial \varepsilon_2} = 0 \Leftrightarrow \lambda_2 [-\mu_0 + \Delta\mu + 1] = 0 \qquad (A-17)$$

（1）当 $Br \leqslant V_0 \leqslant \frac{1}{4}w^2 + (r-1)B$ 时，

令 $\Delta\mu' = \mu_0 - 1$，从方程（A-15）可得 $\varepsilon'_2 = 0$，$\varepsilon'_1 = 0$。

将 $\Delta\mu' = \mu_0 - 1$ 代入方程（A-14），解之得：

$$\Delta\delta' = \delta_0 \pm \frac{1}{2w}\sqrt{w^2 - 4[V_0 - (r-1)B]} - \frac{1}{2} \qquad (A-18)$$

与证明 1 类似，$\Delta\delta_1' = \delta_0 + \frac{1}{2w}\sqrt{w^2 - 4[V_0 - (r-1)B]} - \frac{1}{2}$ 为最优解。

我们需要检验方程组以确认最后的均衡解是否有效。根据方程（A-12）、

方程（A-13），我们可以求出 $\lambda'_1 = \dfrac{1 + \Delta\delta'_1 - \delta_0}{1 + 2\Delta\delta'_1 - 2\delta_0} \geqslant 0$，$\lambda'_2 = $

$\dfrac{Br(\Delta\delta'_1 - \delta_0)}{1 + 2\Delta\delta'_1 - 2\delta_0} \geqslant 0$。方程组的解有效。

（2）当 $B(r-1) \leqslant V_0 \leqslant Br$ 时，

$\Delta\mu' = \mu_0 - \dfrac{V_0}{Br}$，$\Delta\delta' = \delta_0$，$\lambda'_1 = 1$，$\lambda'_2 = 0$，$\varepsilon'_1 = 0$，$\varepsilon'_2 = \sqrt{1 - \dfrac{V_0}{Br}}$

（3）当 $V_0 \leqslant B(r-1)$ 时，

$\Delta\mu' = \mu_0 - \dfrac{V_0}{Br}$，$\Delta\delta' = \delta_0$，$\lambda'_1 = 1$，$\lambda'_2 = 0$，$\varepsilon'_1 = 0$，$\varepsilon'_2 = \sqrt{1 - \dfrac{V_0}{Br}}$

可见，与第二种情况的结果相似，但是 $\Delta\mu' = \mu_0 - \dfrac{V_0}{Br} > \mu_0 - \dfrac{r-1}{r}$，这

意味着，从建筑商的角度来看，项目是可行的。

参考文献

[1] E. S. 萨瓦斯. 民营化与 PPP 模式：推动政府和社会资本合作 [M]. 北京：中国人民大学出版社，2015.

[2] 安东尼·奥格斯. 规制：法律形式与经济学理论 [M]. 北京：中国人民大学出版社，2008.

[3] 财政部. 关于推广运用政府和社会资本合作模式有关问题的通知 [Z]. 2014 – 07 – 22.

[4] 陈炳辉. 国家治理复杂性视野下的协商民主 [J]. 中国社会科学，2016 (5)：136 – 153.

[5] 陈刚. 当 PPP 的税务问题遇上了"营改增" [R]. 财政部 PPP 中心，2016.

[6] 陈新平. PPP 涉税问题研究 [J]. 中国财政，2016 (14)：38 – 40.

[7] 达霖·格里姆赛，莫文·K. 刘易斯. 公司合作伙伴关系：基础设施供给和项目融资的全球革命 [M]. 北京：北京大学出版社，2008.

[8] 达庆利，张骥骥. 有限理性条件下进化博弈均衡的稳定性分析 [J]. 系统工程理论方法应用，2006，15 (3)：279 – 284.

[9] 邓峰. PPP 的制度困境和出路 [J]. 财经杂志，2016 (12).

[10] 付大学，林芳竹. 论公私合作伙伴关系（PPP）中"私"的范围 [J]. 江淮论坛，2015 (5)：109 – 113.

[11] 国家发展改革委，财政部，水利部. 关于鼓励和引导社会资本参与重大水利工程建设运营的实施意见 [Z]. 2015 – 03 – 17.

[12] 国家发展改革委，国家林业局. 关于运用政府和社会资本合作模式推进林业建设的指导意见 [Z]. 2016 – 11 – 21.

[13] 国家发展改革委. 关于国家高速公路网新建政府和社会资本合作项目批复方式的通知 [Z]. 2016 – 08 – 10.

[14] 杭怀年，王建平. PPP 模式公私博弈框架和合作机制构建 [J]. 建筑经济，2008 (9)：40 – 42.

[15] 黄华珍. 完胜 PPP——融资与建造的全域解析 [M]. 北京：法律

出版社，2016.

[16] 黄锡生．资产证券化基本法律问题之探讨 [J]．重庆大学学报社会科学版，2002，8（1）：68 - 71.

[17] 吉富星．我国 PPP 政府性债务风险治理的研究 [J]．理论月刊，2015（7）：120 - 124.

[18] 李军林，李世银．制度、制度演进与博弈均衡 [J]．教学与研究，2001，10（200）：3.

[19] 李军林．声誉、控制权与博弈均衡——一个关于国有企业经营绩效的博弈分析 [J]．上海财经大学学报，2002，4（4）：38 - 45.

[20] 李尚公，沈春晖．资产证券化的法律问题分析 [J]．法学研究，2000（4）：19 - 30.

[21] 李小朋．PPP 项目政府与私人合作的协同效应研究 [J]．建筑经济，2010（12）：56 - 60.

[22] 林华，罗桂连，张志军．PPP 与资产证券化 [M]．北京：中信出版社，2016.

[23] 林毅夫，刘明兴．经济发展战略与中国的工业化 [J]．经济研究，2004（7）：48 - 58.

[24] 刘尚希．以共治理念推进 PPP 立法 [J]．经济研究参考，2016（15）：3 - 9.

[25] 刘志荣，陈雪梅．论循环经济发展中的政府制度设计——基于政府与企业博弈均衡的分析 [J]．经济与管理研究，2008（4）：76 - 80.

[26] 刘志荣，陈雪梅．论政府与企业在循环经济发展中的博弈均衡——兼论政府发展循环经济的制度设计 [J]．经济研究参考，2007（70）：28 - 31.

[27] 鲁鹏宇．法政策学初探——以行政法为参照系 [J]．法商研究，2012（4）：112.

[28] 路卓铭，罗宏翔．偏好内生、资本进入效用前提下政府开支分析的一般理论框架 [J]．云南财经大学学报，2007，23（3）：5 - 13.

[29] 吕炜，王伟同．发展失衡、公共服务与政府责任——基于政府偏好和政府效率视角的分析 [J]．中国社会科学，2008（4）：52 - 64.

[30] 蔡志鸿，王春婷．社会共治：多元主体共同治理的实践探索与制度创新 [J]．中国行政管理，2014（12）.

[31] 欧纯智，贾康．PPP 在公共利益实现机制中的挑战与创新——基

于公共治理框架的视角 [J]. 当代财经, 2017 (3): 26-35.

[32] 彭惠, 李勇. 不良资产证券化的收益分析与风险管理——资产证券化对发起人的影响 [J]. 国际金融研究, 2004 (6): 14-22.

[33] 施嘉尧. 所有权结构、流通性和公司风险承担研究 [D]. 广州: 暨南大学, 2012.

[34] 史际春, 肖竹. 公用事业民营化及其相关法律问题研究 [J]. 北京大学学报 (哲学社会科学版), 2004, 41 (4): 79-86.

[35] 史普原. 多重制度逻辑下的项目制: 一个分析框架——以粮食项目为例 [J]. 华中师范大学学报 (人文社会科学版), 2014 (2).

[36] 孙奉军. 我国资产证券化的制度约束及对策 [J]. 投资研究, 2001 (6): 22-26.

[37] 孙静. PPP 税收政策设计思路与操作路径 [J] 税务研究, 2016 (9).

[38] 孙庆文, 陆柳, 严广乐等. 不完全信息条件下演化博弈均衡的稳定性分析 [J]. 系统工程理论与实践, 2003, 23 (7): 11-16.

[39] 唐清利. 公权与私权共治的法律机制 [J]. 中国社会科学, 2016 (11): 111-128.

[40] 汪丁丁. 从 "交易费用" 到博弈均衡 [J]. 经济研究, 1995, 9 (1): 18.

[41] 王经绫, 华龙. PPP 机制应用于我国养老机构建设的必要性研究 [J]. 经济研究参考, 2014 (52).

[42] 王立勇, 亓欣, 赵洋. 基于全口径政府债务率数据的我国最优债务率估算 [J]. 经济理论与经济管理, 2015, 35 (2): 70-79.

[43] 王名, 蔡志鸿, 王春婷. 社会共治: 多元主体共同治理的实践探索与制度创新 [J]. 中国行政管理, 2014 (12).

[44] 王晓. 资产证券化对系统性风险的影响机制 [J]. 金融论坛, 2012 (4): 43-48.

[45] 吴孝灵, 周晶, 彭以忱等. 基于公私博弈的 PPP 项目政府补偿机制研究 [J]. 中国管理科学, 2013 (1).

[46] 谢煊, 孙洁, 刘英志. 英国开展公私合作项目建设的经验及借鉴 [J]. 中国财政, 2014 (1): 66-69.

[47] 徐文强. 2004 年诺贝尔经济学奖得主理论贡献述评——时间一致性问题和实际经济周期理论的形成与发展 [J]. 世界经济研究, 2004 (12):

80－83.

[48] 姚鹏程，王松江．政府与私人合作项目的博弈结构分析和策略研究 [J]．项目管理技术，2011 (4)：22－26.

[49] 尤黎明．试论老年照护体系的研究 [J]．中国护理管理，2004 (4)：10.

[50] 喻文光．PPP 规制中的立法问题研究——基于法政策学的视角 [J]．当代法学，2016，30 (2).

[51] 约翰·基恩．公共生活与晚期资本主义（资本主义研究丛书）[M]．北京：社科文献出版社，1999.

[52] 张成福，李丹婷．公共利益与公共治理 [J]．中国人民大学学报，2012，26 (2)：95－103.

[53] 张维迎，马捷．恶性竞争的产权基础 [J]．经济研究，1999 (6)：11－20.

[54] 张伟．资产证券化的基本理论 [J]．北京大学中国经济研究中心学刊，1999 (2).

[55] 张喆，贾明，万迪昉．不完全契约及关系契约视角下的 PPP 最优控制权配置探讨 [J]．外国经济与管理，2007，29 (8)：24－29.

[56] 赵福军．资产证券化是推动 PPP 发展的重要引擎 [N]．上海证券报，2016－01－12.

[57] 郑晓辉，周林洁．经济政策动态一致性理论研究进展 [J]．经济学动态，2004 (3)：57－61.

[58] 中华人民共和国国务院．国务院关于投资体制改革的决定 [Z]．2014－07－22.

[59] 周小付，赵伟．公私合作伙伴关系中政府性债务的审计困境与对策研究 [J]．审计研究，2015 (6).

[60] 周小付，萨日娜．PPP 的共享风险逻辑与风险治理 [J]．财政研究，2016 (1).

[61] 周小付．公私合作模式下的财政风险：基于产权的视角 [J]．地方财政研究，2013 (3).

[62] 周雪光，练宏．中国政府的治理模式：一个"控制权"理论 [J]．社会学研究，2012 (5)：69－93.

[63] 周雪光．项目制：一个"控制权"理论视角 [J]．开放时代，2015 (2)：82－102.

［64］周佑勇．行政法的正当程序原则［J］．中国社会科学，2004
（4）：115－124.

［65］Aghion P, Tirole J. Formal and real authority in organizations［J］.
Journal of political economy, 1997: 1－29.

［66］Alkaf N, Karim A. Risk Allocation in Public－Private Partnership
（PPP）Project: A Review on Risk Factors［J］. International Journal of Sustain-
able Construction Engineering & Technology, 2011, 2（2）.

［67］Auziņš A, Nipers A, Kozlinskis V. Effect of value added tax rate
changes on market equilibrium［J］. Management Theory & Studies for Rural Bus-
iness & Infrastructure, 2008.

［68］Bangaribuan W. Trust, Norms and Networks: The Role of Social Cap-
ital in Cattle Redistribution Implementation Towards Indonesian Beef Sovereignty:
Case of Tanah Laut and Pulang Pisau, South and Central Kalimantan Provinces,
Indonesia［M］. Erasmus University, 2012.

［69］Bank I A D, Unit E I. Evaluating the environment for public－private
partnerships in Latin America and the Caribbean: The 2010 Infrascope: A guide to
the index and methodology［J］. Idb Publications, 2010.

［70］Baranson J. The Essence Of Transnational Alliances［J］. Industrial
Management, 1990.

［71］Barro R J, Gordon D B. Rules, discretion and reputation in a model
of monetary policy［J］. Journal of Monetary Economics, 1983, 12（1）: 101－
121.

［72］Benton W C, Maloni M. The influence of power driven buyer/seller
relationships on supply chain satisfaction［J］. Journal of Operations Management,
2005, 23（1）: 1－22.

［73］Besley T J, Ghatak M. Government versus private ownership of public
goods［J］. Quarterly Journal of Economics. 2001.

［74］BI X, Jin D. The Distribution of Residual Control Rights under Self－
interest Behavior［C］//Proceedings of the 21st International Conference on In-
dustrial Engineering and Engineering Management 2014. Springer, 2015: 13.

［75］Bird R C. Employment as a Relational Contract［J］. Social Science
Electronic Publishing, 2005（1）: 149.

［76］Boschen J F, Weise C L. Does the dynamic time consistency model of inflation explain cross – country differences in inflations dynamics? [J]. Journal of International Money & Finance, 2004, 23 (5): 735 – 759.

[77] Burger P, Hawkesworth I. How To Attain Value for Money: Comparing PPP and Traditional Infrastructure Public Procurement [J]. Oecd Journal on Budgeting, 2011, 11 (1): 4.

[78] Burger, Philippe. The Dedicated PPP Unit of the South African National Treasury [M] // Policy, Finance & Management for Public – Private Partnerships. 2009: 82 – 96.

[79] CePPPari, Aliona, Davis, et al. Fiscal Risks: Sources, Disclosure, and Management [J]. Fiscal Affairs Department International Monetary Fund 2013.

[80] Chari V V. Time consistency and optimal policy design [J]. Quarterly Review, 1988 (Fall): 17 – 31.

[81] Chari. V., Kehoe, P. J, Prescott, E. C. Time Consistency and Policy [R]. Report No. 115. Fedaral Reserve Bank of Minneapolis.

[82] Colverson, S. Harnessing the Power of Public – Private Partnerships: The role of hybrid financing strategies in sustainable development [J]. IISD Report, February 2012.

[83] Cowen T, Glazer A, Zajc K. Credibility may require discretion, not rules [J]. Journal of Public Economics, 1995, 76 (2): 295 – 306.

[84] Csapó G, Müller R. Optimal mechanism design for the private supply of a public good [J]. Games & Economic Behavior, 2013, 80 (3): 229 – 242.

[85] De Clerck D, Demeulemeester E. Towards a More Competitive PPP Procurement Market: A Game – Theoretical Analysis [J]. Journal of Management in Engineering, 2016, 32 (6).

[86] Dorothy Morallos, Adjo Amekudzi. The State of the Practice of Value for Money Analysis in Comparing Public Private Part – nerships to Traditional Procurements [J]. Public Works Management & Policy, 2008, 13 (2).

[87] Douglas M. Lambert, A. Michael Knemeyer, & John T. Gardner. Supply chain partnerships: model validation and implementation. Journal of Business Logistics, 2004, 25 (2), 21 – 42.

[88] Drazen A, Masson P R. Credibility of Policies Versus Credibility of

Policymakers ［J］. Quarterly Journal of Economics, 1993, 109 (3): 735 - 754.

［89］Dutz M, Harris C, Dhingra I, et al. Public - Private Partnership U-nits: What Are They, and What Do They Do? ［J］. World Bank Other Operational Studies, 2006.

［90］Dutz, M. , Harris, C. , Dhingra, I. and Shugart C. Public - Private Partnership Units: What Are They, and What Do They Do? ［J］. World Bank Public Policy Journal, 2006, 311: 1 - 4.

［91］EPEC. VAT and PPP tax——review of key arising in the European context ［R］. 2013.

［92］Farquharson E, Clemencia T D M, Yescombe E R, et al. How to Engage with the Private Sector in Public - Private Partnerships in Emerging Markets ［J］. General Information, 2011.

［93］Farrugia C, Reynolds T, Orr R J. Public - Private Partnership Agencies: A Global Perspective ［J］. Environ Ie, 2008.

［94］Farrugia C, Reynolds T, Orr R J. Public - Private Partnership Agencies: A Global Perspective ［J］. Environ Ie, 2008.

［95］Fischer S. `Optimal fiscal and monetary policy in an economy without capital`by Robert E. Lucas and Nancy L. Stokey ［J］. Journal of Monetary Economics, 1983, 12 (1): 95 - 99.

［96］Francesconi M, Muthoo A. Control Rights in Public - Private Partnerships ［J］. Social Science Electronic Publishing, 2006, 2 (1): 26 - 27.

［97］G Lehman, I Tregoning. Public - private partnerships, taxation and a civil society. Journal of Corporate Citizenship. , 2004 (15): 77.

［98］Garba, B. Public private partnership to reinforce the effects of public policies. Paper presented at the WEC Africa Workshop on Energy Efficiency: What are the Priorities, the proper Policy Measures and the best Practices for Africa, Addis Ababa, Ethiopia. 29 - 30th June, 2009.

［99］Grimsey D, Lewis M K. Evaluating the risks of public private partnerships for infrastructure projects ［J］. International Journal of Project Management, 2002, 20 (2): 107 - 118.

［100］Grimsey, D. & Lewis, M. Public private partnerships and public procurement. Agenda A Journal of Policy Analysis & Reform, 2007, 14 (2):

171 – 188.

[101] Grossman S J, Hart O D. The costs and benefits of ownership: A theory of vertical and lateral integration [J]. The Journal of Political Economy, 1986: 691 – 719.

[102] Hart, Oliver, Andrei Shleifer, and Robert W. Vishny. The proper scope of government: theory and an application to prisons. No. w5744. National Bureau of Economic Research, 1996.

[103] Hawkesworth I, Ratra S, Sheppard J, et al. Dedicated public – private partnership units: A survey of institutional and governance structures [M]. 2010.

[104] Hodge G A, Greve C. Public – private Partnerships: an International Performance review [J]. Public Administration Review, 2007, 67 (3): 545 – 558.

[105] Hwang, B. G., Zhao, X., & Gay, M. J. S. (2013). Public private partnership projects in singapore: factors, critical risks and preferred risk allocation from the perspective of contractors. International Journal of Project Management, 31 (3), 424 – 433.

[106] Idelovitch E, Ringskog K. Private sector participation in water supply and sanitation in Latin Institute W B, PPIAF. Public – Private Partnerships: Reference Guide Version 1.0 [J]. World Bank Publications, 2012, 41 (1): 354.

[107] Iossa E, Martimort D. Risk allocation and the costs and benefits of public – private partnerships [J]. The RAND Journal of Economics, 2012, 43 (3): 442 – 474.

[108] Iossa E, Martimort D. The Theory of Incentives Applied to the Transport Sector [J]. Ssrn Electronic Journal, 2009 (13).

[109] Istrate E, Puentes R. Moving Forward on Public Private Partnerships: U. S. and International Experience with PPP Units [J]. General Information, 2011.

[110] James J E. Third – party threats to research integrity in public – private partnerships. [J]. Addiction, 2002, 97 (10): 1251.

[111] James Sheppard. Dedicated Public – Private Partnership Units: A Survey of Institutional and Governance Structures Complete Edition [J]. Sourceo-

ecd Governance, 2009, volume 2010 (5): i – 121 (121).

[112] Kai A K. Privacy and time – consistent optimal labor income taxation [J]. Journal of Public Economics, 2001, 79 (3): 503 – 519.

[113] Kargol, A. , & Sokol, E. Public private partnership and game theory. Gazdálkodás Scientific Journal on Agricultural Economics, 2008, 51 (19).

[114] Kathleen A. Kearney, Brice Bloom – Ellis, Roger Thompson. Breaking Down the Silos: Lessons Learned From the Expansion of Performance – Based Contracting to Residential Treatment Services in Illinois [J]. Journal of Public Child Welfare, 2012, 6 (1): 83 – 107.

[115] Kydland F E, Prescott E C. Rules Rather than Discretion: The Inconsistency of Optimal Plans [J]. Journal of Political Economy, 1977, 85 (Volume 85, Number 3): 473 – 491.

[116] Li B, Akintoye A, Edwards P J, et al. Perceptions of positive and negative factors influencing the attractiveness of PPP/PFI procurement for construction projects in the UK: Findings from a questionnaire survey [J]. Engineering, Construction and Architectural Management, 2005, 12 (2): 125 – 148.

[117] Li B, Akintoye A, Edwards P J, et al. Perceptions of positive and negative factors influencing the attractiveness of PPP/PFI procurement for construction projects in the UK: Findings from a questionnaire survey [J]. Engineering, Construction and Architectural Management, 2005, 12 (2): 125 – 148.

[118] Linder S H. Coming to Terms With the Public – Private Partnership: A Grammar of Multiple Meanings [J]. American Behavioral Scientist, 1999, 43 (1): 35 – 51.

[119] Lorz O. Time Consistent Optimal Redistribution Policy in an Overlapping Generations Model [J]. Journal of Public Economic Theory, 2004, 6 (1): 25 – 41.

[120] Majumdar S K, Marcus A A. Rules versus Discretion: The Productivity Consequences of Flexible Regulation [J]. Academy of Management Journal, 2000, 1 (1): 170 – 179.

[121] Maloni B, Michael. Influences of power upon supply chain relationships: an analysis of the automotive industry [J]. 1997.

[122] Mcclure J H. PPP, interest rate parities, and the modified Fisher effect in the presence of tax agreements: A comment [J]. Journal of International

Money & Finance, 1988, 7 (3): 347 – 350.

[123] Morris G M, Goodsell D S, Halliday R S, et al. Automated docking using a Lamarckian genetic algorithm and an empirical binding free energy function [J]. Journal of computational chemistry, 1998, 19 (14): 1639 – 1662.

[124] N Carbonara, N Costantino, R Pellegrino. Designing the tendering process in PPP: A transaction cost – based approach [J]. Engineering, Construction and Architectural Management, 2015, 7 (1): 76 – 92.

[125] Nini G, Smith D C, Sufi A. Creditor control rights and firm investment policy ☆ [J]. Journal of Financial Economics, 2009, 92 (3): 400 – 420.

[126] OECD. Dedicated Public – Private Partnership Units: A survey of institutional and governance structures [R].

[127] OECD. Public – Private Partnerships: In Pursuit of Risk Sharing and Value For Money [R]. 2008.

[128] Ovsiannykova I. The Features of Determining The Discount Rate in The Context Of Assessing The Efficiency of Public Private Partnership [J]. Economics of Development, 2013, 65 (1).

[129] Provan K G, Milward H B. A preliminary theory of interorganizational network effectiveness: A comparative study of four community mental health systems [J]. Administrative science quarterly, 1995: 1 – 33.

[130] Rankin J, Christian A J, Lundrigan B. A quality management tool for a public – private partnership highway project [C] // Eighth International Conference on the Application of Artificial Intelligence To Civil and Structural Engineering Computing. Civil – Comp Press, 2001: 11 – 12.

[131] Rausser G, Stevens R. Public – Private Partnerships: Goods and the Structure of Contracts [J]. Annual Review of Resource Economics, 2009, 1 (1): 75 – 97.

[132] Regan M. Public private partnership units [J]. Infrastructure Economics, 2012.

[133] Rubinstein A. Perfect equilibrium in a bargaining model [J]. Econometrica: Journal of the Econometric Society, 1982: 97 – 109.

[134] Rufin C R, Riverasantos M. Between Commonweal and Competition: Understanding the Governance of Public – Private Partnerships [J]. Journal of

Management: Official Journal of the Southern Management Association, 2012, 38 (5): 1634 – 1654.

[135] Rui S M. PPPs and Fiscal Risks: Experience of Portugal [M] // Public Investment and Public – Private Partnerships. Palgrave Macmillan UK, 2008.

[136] Sanghi A, Sundakov A, Hankinson D. Designing and Using Public – Private Partnership Units in Infrastructure: Lessons from Case Studies Around the World [J]. World Bank Other Operational Studies, 2007.

[137] Sarmento J M, Renneboog L. Public – Private Partnerships: Risk Allocation and Value for Money [J]. Social Science Electronic Publishing, 2014 (22).

[138] Savas E. Privatization and Public – Private Partnerships for Local Services [J]. Chatham House, 2000, 87 (1): 21 – 23.

[139] Savas E. Privatization and Public – Private Partnerships for Local Services [J]. Chatham House, 2000, 87 (1): 21 – 23.

[140] Sciulli N. Measuring Compliance with Public Private Partnership Policy [J]. International Review of Business Research Paper, 2009.

[141] Sharma, Bindal. Public – Private Partnership [J]. International Journal of Reseach, 2014 (7): 1270 – 1274.

[142] Vagts D F. World development report. [M]. Oxford University Press, 2011.

[143] Vanhoucke M, Vereecke A, Gemmel P, et al. The project scheduling game (PSG): simulating time/cost trade – offs in projects [J]. Project Management Journal, 2005, 36 (1): 51 – 59.

[144] Venter J C, Adams M D, Myers E W, et al. The sequence of the human genome [J]. science, 2001, 291 (5507): 1304 – 1351.

[145] Warner C M. Political Parties and the Opportunity Costs of Patronage [J]. Party Politics: The International Journal for the Study of Political Parties and Political Organizations, 1997, 3 (4): 533 – 548.

[146] Warner C M. Political Parties and the Opportunity Costs of Patronage [J]. Party Politics: The International Journal for the Study of Political Parties and Political Organizations, 1997, 3 (4): 533 – 548.

[147] Watson, J. Failure rates for female - controlled businesses: are they

any different? [J]. Journal of Small Business Management, 2003, 41 (3): 262 – 277.

[148] World Bank. Public – private partnership units: lessons for their design and use in infrastructure [J]. 2007.

[149] Yescombe E R. Chapter 3 – PPPs Worldwide [J]. Public – Private Partnerships, 2007: 29 – 48.

[150] Yescombe E R. Private – Sector Financing – Sources and Procedures [J]. Public – Private Partnerships, 2007, 284 (14): 124 – 142.